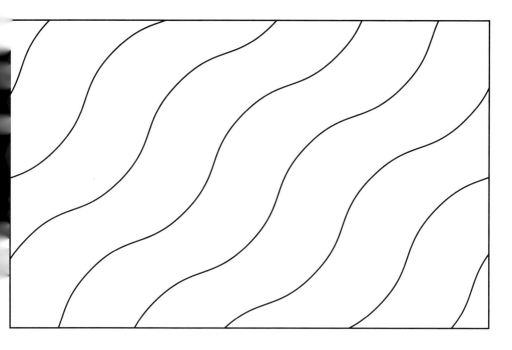

走路的历史

［美］丽贝卡·索尔尼 / 著

刁筱华 / 译

WANDERLUST:
A HISTORY OF WALKING

上海三联书店

雅众文化 出品

序

理解走路

因为牛棚书展 [1] 的活动,要陪驻展作家李欧梵带一群朋友来趟"走路工作坊",从金钟走到铜锣湾,边走边谈。回家之后,意犹未尽,就把从前翻过、但未细读的《浪游之歌》[2] 拿出来好好看一遍。这本书原名 *Wanderlust*,作者丽贝卡•索尔尼是个行路迷,于无车不行的美国加州,她住在最适合用双脚行走的旧金山。

城市,有走不动的城市和可行走的城市(walkable city)两种。走不动的城市典范,是我住过的洛杉矶。洛城的走不动不是因为它太笨重,而是它太过轻灵,全城被一条条公路贯穿,汽车方便地在每个角落流动,将建筑物隔离成一座座疏离的岛屿。洛杉矶扩散得如此之广,因此不用太多的密集高楼;就算市中心,比起其他城市也要显得稀疏。这种城市是一眼望去,所有东西都清清楚楚呈现眼前的透明都市。

索尔尼住的旧金山和她喜欢的纽约及意大利诸城,则是可以好好

---

1 香港牛棚艺术村举办的另类书展。由 2003 年开始,作为香港贸易发展局以书商为主的书展以外的一个另类选择。

2 即《走路的历史》,此处系沿用本书 2013 年简体中文版的书名。

走上几天的城市。这些地方对行人来讲不只是方便，也因为它们太丰富，丰富得几近沉重，所以走在其中的街巷，总有一种变化无穷、走多少回都走不透的感觉。行走俨然成为一种阅读，人们经由漫步翻阅城市的前世今生。当然，世上行人的梦想城市依然是巴黎，这个明明呈辐射状清晰扩散的太阳城，总是有挖不完的深度和重重包裹的神秘氛围。所以，第一个研究现代"逛街"这种行为的德国大哲人本雅明，就是用巴黎来当他的经典范例，并在其生命最后十年孜孜不倦地以巴黎为写作题材笔耕不缀。巴黎教会了他迷失的艺术，在他的眼里，这个城市的一景一物皆传递着独特的言语，以空间而非时间叙述着自己。索尔尼也注意到了，巴黎是世界上出产最多"走路"理论家的地方，他们把巴黎写在诗词里，描绘在画中。这城的居民如此热爱走路，乃至于可以为她发展出理论。

写走路和它的历史，索尔尼把更多的篇幅花在大自然的漫游之中。相比起都会里的逛街，荒野漫行好像更有灵性。自然使孤独变得纯粹，远离了世俗的秩序，人们追寻起自我的真实。卢梭便是此类的个中翘楚，对他而言，行走与思维密不可分，是开启他心灵的密匙——我只有在走路时思考，如果停下脚步，我便停止思考。而他的后继者华兹华斯更是身体力行，健行英国百万里，在行走中书写，在书写中行走。他们经由身体探索世界，任心灵漫行于天地之间，走路成为其追寻自己、面对世界的方式。又如某支爱斯基摩人有这样的习俗，谁要是生气，就让他带一根树枝到雪地上走一直线，以消解怒气，一直走到在心灵获得平静的那个点上，插上树枝——以见证愤怒的力度和长度。

梁文道

目 录

第一篇

思想的步调

追踪一处山岬

　　这一切是怎么开始的？肌肉抽紧，一条腿当支柱，让身体昂然挺立于天地间；另一条腿则如钟摆般由后方摆荡到前方。脚跟着地，身体的重心前倾，移往拇趾底部的肉球。接着两腿交换位置，继续往前移动，一步又一步，有如鼓点般有节奏。这便是行走的节奏，是全世界最明显也最模糊的一件事，跟宗教、哲学、景观、都市政策、解剖学、寓言，乃至心碎都相关。

　　行走的历史是一部没有书写过的神秘历史，其片段散布在无数书本的平凡段落中，也出现在歌谣、街道，以及几乎每个人的冒险经历中。有关行走的生理历史属于双足进化和人类解剖学的范畴。在大部分时间，走路只是一种实际需求，是衔接两地间最自然的移动方式。将行走归类于一项探索、一种仪式、一类沉思，乃属于行走历史中特殊的一支，它们和邮车载运邮件，同上班族赶火车在行为模式方面固然大同小异，但在哲学意境上则迥然不同。换句话说，以行走为主题，就某种角度而言不啻是给一项普遍的行为赋予特殊的意义。如同饮食或呼吸一样，走路可以被赋予各式各样的文化内涵，由食欲的满足到灵性的追求，从革命性的行为到艺术的表征等。行走的历史俨然成为了创作力与文化历史的一部分——成为了不同种类的行走方式和行走者于不同时代所追求的某种娱乐、自由与意义的一部分。这种创作力不但引导了我们前进的方向，也受我们双脚所经之处影响。行走已创造出途径、马路和贸易路线；启发本土与跨洲意识；塑造出城市与公园；刺激地图、旅游指南、装备等的发展，进而营造出数不尽的讲述朝圣之旅、登山探险、随兴漫步，以及夏日远足的行走故事和诗集。都市和乡村景观都足以酝酿出故事，而故事又会将我们带回到这段历史所发生的地点。

正如行路本身是一项业余行为一样，行走的历史是一种业余性质的历史。行走闯入各个领域，包括解剖学、人类学、建筑、园艺、地理、政治与文化史、文学、两性，乃至宗教研究领域，而且行行重行行，并不在任何上述领域中驻足。如果将某一专业领域想象为一块园地——一块整整齐齐呈四方形的、被悉心照料耕耘的生产某种特殊作物的园地——那么行走的园地就如同行走本身一样，没有局限与限定。由于行走涵盖的领域太广，又关乎每个人的经验，因此其主题可以说是没有止境；而我所撰述的这段历史也只能视为其中的某一部分，仅是一名行者所经历的独特行径，其间不乏该行者辗转其行驻足观看之处。在本书中，我将尝试描绘几条今日美国大多数民众都曾走过的道路，书写一部大半由欧洲源起、受美洲所影响与颠覆、历经几世纪的适应与变化，以及近年来受到其他传统、尤其亚洲传统所冲击而成的历史。行走的历史是每个人的历史，任何成文的历史都只能描绘出其作者周遭的成熟途径。这便意味着，我所描绘的途径绝不是仅有的道路。

一个春天的早上，我坐下来准备书写有关行走的文章，过会儿我又站了起来，因为这种大题材实在不是埋首桌前所能因应的。金门大桥以北有个山岬，其上点缀着几座废弃的军事碉堡。我爬上山谷，沿着山脊而行，来到太平洋海岸。去年异常潮湿的冬季过后，山丘上绿意盎然，彰显着春天的回归。那些草坪在去年经过了夏阳染金，又为冬雨冲洗成一片土灰，而今重又吐出了新鲜的绿意。昔日亨利·戴维·梭罗在大陆的另一边走得比我还要勤快，他也曾描绘过当地的情况："一片崭新的视野实乃赏心乐事，而我每天下午都可以获得这种快乐。两三个钟头的漫步总能满足我的期盼，让我身处一片奇特的乡村景致中。一间我从来没有见过的农舍有时就像达荷美国王所统领的土地一样美好。方圆十英里，即步行一个下午所及之处，与一个人的一生，着实散发出一种源源不绝的和谐之美。风景日日翻新。"

我从十年前一个困顿的年份开始涉足这些由小径与道路辗转串联而成、大约六英里长的山径，以此来化解当时内心的苦恼。此后，我不断回到这条途径以消除身心的疲劳，或寻求工作所需的灵感。身处一个生产至上的文化中，一般人总认为思考就是无所事事，但无所事事是很困难的，最好的办法是假装有事，而最接近无所事事的行为就是走路。走路本身是一种有意志的行为，其节奏却与呼吸、心跳等无意志的身体活动极为类似，可以使人在工作与懒散、存在与作为之间取得微妙的平衡。它是一种生理的劳动，却可以孕育出思想、经验与领悟。在行走多年以此解决众多问题之后，比照梭罗的逻辑，我追本溯源，来到自家附近思索有关行走的意义，也是理所当然的。

走路最理想的状态，就是一种将心理、生理与世界镕铸于一炉的状态，仿佛三者终于有了对话的机会，亦仿佛三个音符突然结合成一个和弦。走路使我们能存在于我们的身体与世界中，却不会被身体与世界弄得疲于奔命，使我们可以独立思考，却不会全然迷失于思绪中。我不确定我此行是否能刚好碰上此处山岬盛开的羽扇豆，不过小径两旁阴暗处盛开着的白帽花，使我想起我年幼时的山麓，那儿每年初春都会被漫天盛开的白花所覆盖。黑蝴蝶在周遭拍翅，翅膀随着海风在空中翻飞，令我回想起昔日另一个生命片段。双脚的移动似乎有助于思绪在时间中的游走，心绪也逐渐由手边的计划转移到回忆和观想。

行走的步调激发思想的节奏，行经的景观也会刺激思绪的内容或与之产生共鸣。这种内外掩映创造出一种奇特的调和，显示人的心灵也是某种景观，而走路正是观赏该景观的一种方式。正如思维比起劳作更像是一种旅行，一个新意念经常反映出常在此景观的某种特色。如此我们便印证了，行走的历史和思想的历史有相辅相成的一面；思想活动无法追踪，但凡走过必留下痕迹却是不辩自明的。走路也可以想象成是一种视觉活动，每一趟行走都是一段观光旅游，行者可以尽情观赏与思考周边景物，将新信息内化为已知信息。也许这便是走路对思想家独具功效的道理所在吧！长途跋涉与环球旅行中所能收获到的惊喜、解放与澄清，亦可得自于居家四周的散步。或许我们应将走路称为行动，而非旅行，因为一个人可以绕着圈子打转，或黏在椅子上环游世界。不过对某些漫游者而言，身体的行动是必需的，车船或飞机无法给予他们同等的满足。只有行动中的漫游以及漫游中所观赏的景物才能激发他们心灵的活动。这也是行走既难以界定又内涵丰富的原因所在：它不但是手段，也是目的；既是一段旅程，也是目的地。

　　陆军过去开辟的破败红土路蜿蜒而上，穿过山谷。我偶尔会专注于走路，但大部分时间都只是信步而行，两脚以内蕴的平衡感前进，绕过地面的石头与坑洞，自然调整步履，这使我自由地观看远处起伏的山丘与沿途盛开的繁花：一种我从未听说过的，有着粉色纤薄花瓣的花朵；酸草花，随处绽放、有如幸运草般的黄色野花；而从最后一段弯路的半途开始，则是一片雪白的水仙花。爬了二十分钟坡路后，我不禁驻足，俯身轻嗅水仙花的芳香。在这山谷中本来有座乳酪农场。在湿漉漉、满布杨柳的山谷另一边，仍可见到一处农家的地基，还有若干零落的水果树。这是一个工作型的山谷，而非娱乐之处：先来的是米沃克印第安人，其次是农人。一个世纪后农田被军事基地所取代，直到二十世纪七十年代，当战争逐渐抽象与空中化时，该基地才被关闭。此后，这地方交由国家公园管理处经营，然后移交给我这在大自然景观中漫步取乐的文化传人。那些庞大的水泥碉堡、掩体与坑道永远不会像昔日农庄一样消失，但那一簇簇在土生植物中不时冒出的花朵，却绝对是那些农家的鲜活遗产。

　　走路是辗转的。我的思想在红土路那丛水仙花中漫游，然后两脚也跟着踱开。陆军开辟的道路爬升到坡顶，和一条小径交叉而过；那条小径横越坡顶，迎风下坡而行，然后逐渐爬升到这座坡顶的西侧。在小径上方的山脊，有座古老的雷达站，周遭环绕着八边形栅栏。那些坐落在沥青道路上形状奇特的建筑和水泥掩体，是"胜利女神"

飞弹系统的一部分，可以指挥下方山谷飞弹基地的核弹直捣其他大陆，只是迄今从未发射过一颗。所以我们不妨把这片废墟想成已被取消的世界末日纪念品。

其实当初就是核武器让我首度涉足行走的历史，而其所经的路径和对思潮造成的影响出乎各方所料。上世纪八十年代，我成为反核运动的一分子，在内华达州的核试验基地参加过春季示威游行。那座基地隶属能源部，位于内华达州南部，占地有如罗德岛大小，负责进行核试爆，自一九五一年迄今达一千次以上。核武器有时似乎只是一种难以捉摸的预算数字、核废料处置数据，与可能伤亡的人数等，因此，种种示威抗议、出版呼吁，以及游说立法都很难着力。在武器与反武器竞赛双方官僚体系的运作下，一般人很难理解核武器问题的根本始终在于其对生命和大自然的摧毁性。但在核试爆地，情况就不同了。摧毁性武器就在一个空旷美丽的地点被引爆，因此每次即将试爆时，我们就在附近扎营一两个星期示威。一九六三年起虽改为地下试爆，但辐射仍会渗透到大气中，而且总会造成大地震撼。是我们这群示威分子迫使一向模糊的政策不得不透明化——我们这群人主要是衣衫褴褛的反传统分子，但也包括广岛和长崎的幸存者、佛教僧侣、圣方济各教士和修女、改而主张和平主义的退伍军人、变节的物理学家、活在核弹阴影下的哈萨克人、德国人、波利尼西亚人和美国西岸的肖肖尼族印第安人等。当时除了实际的场所、情景、行动和激情——手铐、刺马、尘沙、炙热、口渴、辐射危险、辐射牺牲者的证言，还有奇特的沙漠之光、广阔空间的自由，以及和我们抱持同样信念的数千人所形成的热闹场面，我们都认为核武器绝非书写世界历史的正当工具。我们实地见证我们的信念，

8

体验美丽的沙漠，并感受世界末日就在咫尺之外的冲击。我们采取的示威方式就是走路：在栅栏一边公有土地上行走便是合法的示威；而在另一边"禁止进入"区行走则属于擅闯禁区，会遭到逮捕。我们以史无前例的规模进行和平抵抗，而我们沿袭的正是梭罗缔造的美国传统。

梭罗本人既是大自然的歌颂者，也是社会制度的批判者。他著名的反抗行为便是消极抵抗——拒绝缴税让政府经营战争、反对奴隶制度，结果他被抓进监狱关了一晚。他的行为和他从事探索并诠释当地景观的行为并没有直接关联。但出狱那天，他主持了一个越橘宴会。我们在核试爆地露营、走路和闯关的示威行为，结合了自然诗篇和对社会的批判。对我而言，这是一场革命：单单穿越沙漠，穿越一处看守牛群的岗哨，进入禁区，便具有政治意义。在这片风景中行走时，我开始发掘其他有别于沿岸地区的西部景物，并开始探索那些景观与吸引我前来的历史因素——不单是西部发展史，而且也包括行走与风景间的浪漫情怀、有关反抗与革命的民主传统，乃至以行走追求精神目标的古老历史。那段试爆场地的岁月，激发我以作者的立场描述我所经历的层层历史，也让我在描绘其地点与历史背景的同时，开始思索与书写行走。

当然，正如所有看过梭罗《瓦尔登湖》的读者都知道，在沉思漫步的主题时，是很容易离题的。比如位于金门湾北侧山岬飞弹导弹站下方的美国樱草便会令我驻足而观。那是我最喜爱的一种野花，紫红色的小球果和尖锐的黑刺，俨然以流体力学的原理塑造，仿佛在进化过程中，忘记花朵该有茎有根，应该附着大地而生长，只可惜它从来没有机会起飞。山径两侧的丛林，在干燥季节有海雾笼罩，平日有山坡的庇荫，生长得十分茂盛，令我回忆起英国的树篱与围筑其间的植物与鸟雀，以及英国的田园之美。这里的丛林多是蕨类植物、野草莓，以及藏身山狼丛下盛开的鸢尾花。

我虽然来此思考走路，但却无法停止思考别的事，比如几封应回复的信函，以及最近和别人的对话，比如今天早上和友人索诺的通话。索诺的一辆卡车最近在西奥克兰工作室被偷。她告诉我，虽然每个人都认为这是件不幸的事，但她却不难过，也不急着添新车。她告诉我她发现自己还有力气走路，能用两脚走到目的地很高兴。她还发现能和邻人建立更直接和具体的关系是很棒的事。我们在电话中还谈到昔日的时间观，借步行和公共运输工具而行的年代。昔日须事先规划时间，不能捱到最后一分钟才行动。我们还谈到唯有借徒步才能获得的方位感。现代许多人都生活在室内所形成的一系列空间中——家、汽车、健身房、办公室、商店，这使人与人之间失去了联系。徒步而行让每件事都可以串联在一起，因为只有在行走时，一个人才可以活在整个世界中，而不只是分割出的一个个小小世界中。

我上坡来到小径顶端，踏上通往飞弹导弹站的一条古老灰色沥青道路。由小径踏上沥青路时，大海跃然眼前，一望无际，直抵遥远的日本海岸。每回穿过屏障，重新见到大海时，我内心总感到欢欣。在阳光灿烂的日子，大海波光粼粼；在阴暗的日子，大海一片墨绿；冬雨季节，河川注入大量污水，将海水染成一片黄褐；而蓝天白云的日子，海水则映出湛蓝与乳白；只有在雾气最大的日子，才朦胧一片，但光是海水的咸味就足以让我知道我来到海边了。这天万里无云，海水一片澄蓝，一直延伸到迷蒙的海天交接处。至此，我便踏上下坡路。我告诉索诺我几个月前在洛杉矶时报上看到一则广告，令我沉思至今。那是一则关于百科全书光盘的广告，广告内容盘踞整个版面："在过去，你必须在滂沱大雨中，横跨一个城镇，去查阅我们的百科全书。而如今，你的孩子只要按按键盘，就可以把数据找出来了。"我认为，孩子在雨中走路才是真正的教育，至少这在感官意识和想象力方面有其意义。也许使用百科全书光盘的孩子也有迷路的时候，但流连于书本或计算机的世界毕竟有地域与感官的限制。而生命的组成，除正经事以外，还包括正经事之间不可预期的许多小事；而这些不可算计的部分才会赋予生命价值。两个世纪以来，无论乡间和城市都以行走探索生命可以预期却无法算计的事，但是如今乡间和城市漫步都受到来自四面八方的攻击。

今日科技不断进步，并以效率之名在不断扩充的时间与地域的领域致力于生产，侵夺人们的休闲时间，并将两地间旅行的时间缩至最短。节省时间的新科技，提高了大多数工作人员的生产力，却没有增加更多休闲时间，我们的世界似乎运转得愈来愈快。这些科技人员对效率的定义是：凡是不能量化的东西都是没有价值的；换句话说，许多落入无所事事领域的娱乐，比如心不在焉的出神、凝视天上的云、到处闲逛，以及逛橱窗等，都只是没有意义的空白，应填注一些比较明确、比较有生产力或步调比较快的事物。即便这条山岬上的小径，没有通往任何重要地点，纯粹以漫步为乐，曲折的道路间也让人们走出一条条快捷方式，仿佛追求效率已成了人们的惯性。虽然随性漫步可以发现许多东西，但如今所追求的却不是漫无目标的漫步，而是以最快速度走最短路程，或是尽量利用电子传送的方式，使实际行旅变得不那么必要。作为一个在家工作者，可以利用最新科技节省时间尽兴做白日梦或随性漫游,我当然知道那些科技有用,我也用——我有卡车、计算机和调制解调器,但是那些科技所制造出的虚假紧急感、对速度的追求,以及对目的而非过程的坚持,却令我忧心忡忡。我喜欢散步,因为散步速度缓慢,而且我相信人类心灵也像两脚一样,以大约一个钟头三英里的速率运作。如果确系如此,那么现代生活的速度便比思想或沉思的速度快。

步行是一种在公共空间进行的户外运动。然而,许多老城市的公共空间受到科技和不需要离开家的种种服务影响,渐渐被废弃与侵蚀。许多地方更有治安危机——陌生的地方比熟悉的地方更令人恐惧,因此愈少人散步的城市便愈令人恐惧;而散步的人愈少,散步本身也变得愈寂寞、愈危险。同时,在许多地方,公共空间甚至不在设计之列:以往保留的公共空间成了停放车辆之处;购物中心取代了大街;街道不再设计人行道;建筑入口成了停车场入口;而且每样东西都设有上墙壁、栅栏和铁门。恐惧感产生了一系列建筑样式和都市设计,这种景象在南加州格外明显。在南加州许多新地区与架设铁门的小区,行人往往被视为形迹可疑之人。同时,乡下地方以及昔日美好的市镇周围地区,不是汽车通勤区,就是与世隔绝的地方。在某些地方,到公共空间已成不可能之举,这对独行者或对该公共空间的民主功能都产生了潜在的危险。许久前我们在内华达沙漠上所要反抗的,就是这种对生命和景观的分割。

正如索诺所言,当公共空间消失时,人的身体也不再有漫步的体力。索诺和我都发现,我们的邻里,即湾区若干最令人恐惧的地区其实并不那么危险,虽然也没安全到让我们忘记自身安危的程度。

许久前，我曾经当街被威胁、抢劫。但是有更多的时间，我会和朋友擦身而过；会在商店橱窗里发现一本我正在寻觅的书；会听到我的友善邻人间的赞美与招呼声；会目睹怡人的建筑设计；会在墙壁和电线杆上见到有关音乐和讽刺性政论的海报；会碰到算命的人；会望见月亮从两栋建筑中冉冉上升；会瞥见其他生活面和其他住家；会听到行道树上吱喳的鸟叫声。这种不规律、没经过筛选的情景，会让你寻获某种未知的你正在搜寻的东西；而除非某地能让你感受到惊喜，要不就是你对那地方还不够了解。行走是让心灵、身体、景观、城市等不致被上述趋势腐蚀的堡垒，每名散步者都是巡逻警卫，力挽狂澜的独行者。

在往海边下坡大约三分之一的道路上，铺放了一张橘色的网，远观很像网球网，走近一看，才发现是盖住地面一个大坑洞的网。自从十年前开始漫步以来，这条路的情况便一直恶化。以往这条路可一路通畅地由海边直通山脊。一九八九年靠海岸一端的路面出现少许腐蚀现象，来往其间必须绕行；随着腐蚀的路面愈来愈大，人们便走出一条便道辗转而行。每回冬雨后，路面裸露的红土愈来愈多，逐渐崩塌，沿着陡坡滑落坡底，堆成一座土坡。初次目睹道路崩毁的情景时，我内心颇感震惊，因为人们总认为道路或小径应当一路蜿蜒、延续不断。随着一年年过去，道路塌陷的情况也愈演愈烈。由于经常来往其间，因此每一部分的变化都会引起我注意。我记得每一处塌陷的过程，也记得道路完整无缺时我是如何不同的一个人。记得大约三年前，我还在这条道路上向一位朋友解释我为什么喜欢来回走这条路。我改编了古希腊智者赫拉克利特有关河流的著名箴言，说我们不可能在同一小径上走两次。不料我的话刚说完不久，便见到原本陡峭的坡道上新砌了一个阶梯，而且兴建在靠内陆的地方，可以保证许多年不致遭到腐蚀。如果说行走有什么历史，那么今日的世界已来到一个道路崩塌之处；一个没有公共空间、风景被铺成道路之处；一个休闲空间被压缩、让必须从事生产的焦虑感所摧毁之处；一个身体不再属于整个世界而被束缚在汽车、建筑之内，因速度崇拜而落伍、虚弱的地方。就此来看，行走已被全然颠覆，如同一条几近荒废的观景步道，其间的思想与体会早已不复往昔。

由于道路崩落，我必须往右绕行一条新便道。在这条路上行走，爬坡的炎热和山区的闷热总会在下坡的某一时刻为海上的空气所取代；而这回在通过绿色蛇纹石崩落所新形成的碎石堆，来到阶梯处时，我便感觉到了。在那以后不久，我便抵达转折点，折向后一段山路，辗转蜿蜒，离山崖愈来愈近，海浪冲打在崖壁的暗色岩石上，轰然一声，粉碎成团团白沫。我来到海边，见到冲浪者在海湾边缘逐浪，一个个身穿黑色泳衣，滑溜得有如海豹；海滩上小狗追逐棍棒，人们懒洋洋地躺在毛毯上；海浪席卷而来，奔流在海滩上，舔舐着我们的脚，只有地势较高的砂质丘峰和沿着舄湖附近没有受到海浪波及。舄湖成土黄色，布满水鸟。

此行令我意外的是一条腹带蛇——暗色躯体上布有黄色条纹，因此得名。那种蛇体积小小的，像海浪一样扭曲前行，越过小径，隐身于小径另一边的草丛。它并没有吓着我，却引起了我的注意。我突然从漫想中清醒过来，再度留意周遭的每件事——柳树上的穗状花、沙滩上海水的舔舐、小径上叶状的阴影，以及自己——以一种长途漫步后、极其协调的姿态行走，两臂与两腿交叉摆动，身体笔直延伸,如小蛇般呈现出力与美。我的漫游已接近尾声,在结束后,我知道了我的主题是什么, 也知道应以何种方式落笔, 这些都不是走六英里路之前的我所拥有的。这些领会不是来自突然而至的灵感, 而是一种逐渐成形的笃定, 一种有如方位感的体悟。当你把自己交给大地, 大地自然会把你交还给自己。你愈了解大地, 便愈能由其间汲取回忆、想法与新的可能性。探索世界、漫游于世界与心灵之间的途径, 是探索心灵的最佳方式之一。

时速三英里的思维

行者与建筑

卢梭在《忏悔录》一书中评论："我只有走路时才能思考。一旦停下脚步，我便停止思考；我的心灵只跟随两腿运思。"走路的历史比人类的历史还要久远，但若把它界定为有意识的文化行为而非达到终点的一项方式的话，走路在欧洲只有几世纪的历史，而卢梭首开其端。这段历史始于十八世纪不同人物的步履，但文人们却牵强附会，将走路推崇为希腊人的贡献。比如古怪的英格兰革命家、作家约翰·赛华尔，便写了一本长篇累牍的巨著《逍遥行》，结合了卢梭浪漫主义与似是而非的古典传统。他在书中评论道："至少有一点我可以大言不惭，我和古代圣贤一样朴素：我在行走之际沉思。"自从一七九三年他的书问世后，很多人做过同样的叙述，使古人边走边想成为一种稳固的概念，甚至此种印象也成了文化史的一部分：身着长袍的男子口吐智慧之语，神情严肃地行走在单调的中古世纪风景中，周遭伫立着大理石石柱。

这个信念是由建筑和语言的巧遇而形成的。当亚里士多德打算在雅典设立一所学校时，雅典城拨了一块地给他。菲利克斯·格雷夫在阐述这所学校的历史时写道："那儿有阿波罗和缪斯女神的神殿，或许还有其他较小的建筑……一条搭有顶棚的柱廊通往阿波罗神殿，或许还衔接缪斯女神神殿；至于那柱廊是原有的还是当时新建的，则不得而知了。该校的名字就是由那条柱廊或走路（peripatos）而来，据推测，该柱廊最初是学生聚集与老师演讲的场所。因为他们在该处来回行走，后来大家就传说，亚里士多德本人在演讲和教学时是来回走动的。"那批来自该校的哲学家便被称为逍遥派哲学家，或逍遥学派；而在英语中，peripatetic 意指"一个习惯于走路、到处行走的人"。就此，peripatetic philosophers 这个名称便结合了思考与走路。除了这个在一所附设柱廊的阿波罗神殿中设立一所哲学学校的巧合外，思考和走路的结合还有另一段插曲。

智者学派在苏格拉底、柏拉图和亚里士多德之前统驭着雅典人的生活哲学，他们也是著名的走路者，经常在日后亚里士多德设立学校的小树林中从事教学。由于柏拉图对该学派的严词攻击，使得 sophist 和 sophistry 二词至今仍是"欺骗"和"狡诈"的同义字，尽管其字根 sophia 实有"智慧"之意。不过，十九世纪美国的智者学派致力于娱乐式教学与公开演讲活动。他们到处讲演，以满足一群群渴求信息与观念的观众。智者学派虽然将雄辩视为取得政权的工具，将劝说和辩论能力视为雅典民主的支柱，但是他们也传授其他知识。柏拉图在攻讦智者学派时其实有失真之处，因为他将智者学派学者编造为古今最狡猾、最具说服力的一群雄辩家。

不论智者学派的道德操守为何，他们都跟许多只忠于自己信念的人一样，流动性很大。也许因为他们所效忠的都是难以捉摸的信念，而一般人所效忠的对象则多拘泥于人物或场所，所以他们经常被迫四处游荡，因为他们的信仰需要逃脱各种束缚。再者，信念毕竟不像作物，如玉米一样可靠或普遍，因此，要有收获，必须四处寻求支持与真实。在许多文化中，有许多行业，从音乐家到医生不等，都属于游牧民族，它们对一般地域性的争执具有类似外交豁免的余裕。亚里士多德本人原先也打算继承父亲的衣钵，成为医生。在那个时代，医生属于一种秘密旅者公会，该公会自我宣称是医疗之神的后代。如果他在智者学派时期成为一名哲学家的话，他可能会背井离乡、四处游荡，因为直到他那个年代哲学学派才首次在雅典扎根。

我们现在无法断定亚里士多德和其逍遥学派是否真正习惯于边走边谈哲学，但在古希腊时期，思想和走路再度有了交集，而希腊建筑亦将走路视为一种社交和语言行为。正如逍遥学派以学校中的柱廊为校名，斯多亚学派也以雅典的柱廊——一条他们经常漫步交谈的彩绘柱廊——为名。许久后，走路和哲学之间的联系更深植人心，以至中欧有许多地方均以其为名，比如海德堡著名的"哲学家小径"，据说黑格尔曾漫步其间；又如现已改建为火车站的柯尼斯堡的"哲学大坝"则是康德每天散步的必经之处；另外，索伦·奥贝·克尔凯郭尔亦提及哥本哈根有一条"哲学家小径"。

走路的哲学家亦不乏其人——毕竟走路是一项普遍的人类行为。杰里米·边沁、约翰·穆勒和其他许多人都很健行，托马斯·霍布斯甚至在手杖中装置了一个墨水壶，以便在行走时随时做笔记。身体羸弱的康德每天晚餐后便在柯尼斯堡绕行散步——但那主要是运动，因为他沉思时都坐在火炉旁，凝视着窗外的教堂塔楼。年轻时的尼采也曾附庸风雅地宣称："就娱乐而言，我寄情于三件事，三者都给我极大的娱乐——叔本华、舒曼的音乐，以及最后一项，独自漫步。"二十世纪，罗素对其友人路德维希·维特根斯坦曾有下列描述："他经常在午夜来到我房间，然后像关在笼子里的老虎一样，来回踱步好几个钟头。而且来的时候总宣称，一旦离开我这里，他就去自杀。尽管睡意朦胧，我仍不愿把他请走。有天晚上，在沉默了一两个钟头后，我问他：'你是在思考逻辑问题，还是在反省你的罪？''两样都有。'他答了一句，便又陷入沉默。"哲学家喜欢走路。但是思考走路问题的哲学家却罕有其人。

走路的神圣化

卢梭是第一位奠基一座思想的殿堂、将走路奉为神明的人——这里所谓的走路，不是维特根斯坦在罗素房间内来回踱步，而是使尼采步入风景中的走路。一七四九年，作家暨百科全书编纂人德尼·狄德罗因一篇质疑上帝是否善良的论文而锒铛入狱。当时和他交好的卢梭前去探访，从他在巴黎的家到文森城堡的地牢足足走了六英里路。那年夏天酷热难耐，但卢梭在他那本并非完全可靠的《忏悔录》中表示，因他实在太穷便不得不走着去。"为了消遣，"卢梭写道，"我带了一本书。那天我带的是《法国信使》。我一面走、一面看，结果瞥见第戎科学院所出的一道题目：试问科学和艺术的进步给人类道德带来何种腐蚀与进步？在瞥见题目的那一刻，我便仿

20

佛目睹了另一个宇宙，变成了另一个人。"在此另一个宇宙中的那个人赢得了首奖，而其出版的论文亦以其对这种进步的大加挞伐而声名大噪。

卢梭与其说是个原创性的思想家，不如说是个胆大的思想家。他对既存的紧张情势大肆批评，而对正兴起的感性主义则狂热地赞美。当时，上帝、君主政体、大自然三者合而为一的主张已经无法再持续了。卢梭以其出身中下阶级的愤恨、卡尔文教派瑞士人对帝王和天主教的质疑、语不惊人死不休的欲望，以及其不可撼动的自信心，成了那些模糊叫嚷声浪的最佳代言人。在《论艺术与文学》一文中，他宣称知识，甚至印刷术，都将对个人及文化带来腐蚀与削弱的影响。"人类企图摆脱造物主加诸于人的无知状态，但在此尝试中仅产生了奢侈淫逸和奴役下人。"他断言，艺术和科学不会为人类带来快乐，也不会启发自我学习，而只会造成神经错乱与腐化。

如今大自然、善良、单纯合而为一的想法似乎相当普遍，但在当时却是极具煽动性的言论。在基督教的教义中，大自然和人性在人类被逐出伊甸园后便失去了上帝的恩宠，是基督教文明使自然和人性获得新生，即善良具有文化内涵，而非自然现象。卢梭学派的翻案，歌颂人类和自然的原始状态，以及其他相关言论，是对城市、贵族、技术、世故，甚至神学的攻击，这种趋势一直延续至今。奇特的是，原本卢梭的主要听众，甚至依据其主张从事革命的法国人，长久以来对卢梭的信念已经很少响应，甚至比不上英国人、德国人和美国人。卢梭在其《论人类不平等的起源和基础》一文和他的两部小说《新爱洛伊丝》和《爱弥儿》中，对这些信念有更进一步的

21

阐述。两部小说以不同方式描绘出一种比较单纯的乡间生活——虽然两者都没有涉及多数乡间居民必须从事的苦役。他所杜撰的小说人物像他自己在最快乐的时刻一样，都生活在一个没有矫饰的轻松情境中，由看不见的苦役维生。卢梭作品中的不一致性并不重要，因为严格而言，那不是要求真确的分析性作品，而是描绘一种新感性和其所带来的新热忱。此外，卢梭优雅的遣词用字也属于作品的矛盾之一，但也是他的作品被广为阅读的原因之一。

在《论人类不平等的起源和基础》一文中，卢梭描绘了自然状态中的人："在森林中漫步，没有工业、没有讲演、毋需定居、没有战争、没有任何联系，对伙伴没有需要，也没有加害他们的必要。"虽然他也承认我们不可能知道他所描写的是何种情况。这篇论文毫不客气地漠视了基督教义对人类起源的叙述，以洞见之姿主张社会化的比较人类学。他虽然复述了基督教人类堕落的言论，但他的立论反其道而行，认为人类不是坠入自然，而是坠入了文明。在此意识形态中，走路是人类单纯的一个象征，当一个人独自行走于乡间时，代表着他置身自然而外于社会。这种行者不同于旅人，没有虚饰与夸大的旅行，只是倚仗其本身的体力，而不是人工制作或购买的种种便利措施，比如马匹、船只、马车等。毕竟自远古以来，走路便是一种没有什么进化的活动。

卢梭常把自己描绘成行人，也宣称自己是这种理想的行者，而他一生中也确实走了不少路。他的漫步生涯起始于某个星期天回日内瓦的行程，他发现他回来得太晚，城门已经关上了。冲动之余，十五岁的卢梭决定放弃他的出生地、他的学徒生涯，甚至他的信仰。他毅然掉头，徒步离开了瑞士。他在意大利和法国不断调换工作、雇主和朋友,过着漫无目的的生活,直到有一天他阅读了《法国信使》一书,才找到他一生的志向。从那时起,他似乎一直企图实现年轻时自由漫游的梦想。他描述过一件事:"我忘了自己曾经有一段时间完全自由自在、无忧无虑,就像那七八天……那回忆使我对所有类似的远足都有着强烈的憧憬,尤其是山区步行。除了那段年少轻狂的岁月外,我从未那样旅行过,对我而言那永远是一次美妙无比的体验……有很长一段时间,我在巴黎一直寻求和我有同样喜好的人,每人分担五十路易和一年时间,共同步行前往意大利,除了差遣一个男孩负责背行囊外,任何仆从都不带。"

卢梭从来没有找到一个真心愿意和他从事这种徒步旅游的人。撇开分担开销,他也从未解释为何需要伴侣一同从事这趟旅游。但每有机会,他就会继续走路。他还在别处如此宣示:"我只有在徒步旅行的时刻,才想得这么多,活得如此鲜活,体验如此丰富,能尽情地做回自己。走路似乎有什么魔力,可以刺激和活化思想。当我停留在一处时,几乎不能思考;我的身体必须保持活动,心灵才能启动。乡村的景致、一幅接一幅的愉悦景观、开阔的空间、良好的胃口,以及我从走路中锻炼出来的健康,旅店里轻松的气氛,没有任何让我觉得倚赖的东西,没有一件东西让我联想起我当前的处境——这种种都使我的灵魂获得释放,使我的思绪变得大胆而恣意,使我能自由地结合和拣选思想,没有恐惧与局限。"当然,他所形容的是一种理想的走路,即一个健康人,在愉悦而安全的环境中所从事的旅行。就是这种步行,被他无数传人引为一种富足的表示,能和自然结合,自由自在,而且有助于操守。

卢梭将行走描写成一种简约的运动与沉思方式。在这期间,他正着手于几篇论文，晚餐后便单独前往布洛涅森林散步，"思考手边准备撰述的主题，直到晚上才回家"。这是引自《忏悔录》中的一段文字。《忏悔录》直到卢梭去世后才出版。一七六二年他的书在巴黎和日内瓦遭焚，被放逐后他便开始浪迹天涯。不过在《忏悔录》完稿前，他的读者便已将他和林间徒步联想在一起了。一七六四年当詹姆士·鲍斯韦尔前往瑞士纳沙泰尔附近拜访他所景仰的卢梭时，曾写道："为准备这项伟大的会晤，我只身往外走去，沉吟地漫步在鲁斯河畔，河水潺流于群山环抱的山谷。山头有些怪石嶙峋，有些闪烁着皑皑白雪。"鲍斯韦尔当年二十四岁，和卢梭一样自我意识强烈，而且有过之而无不及。他当时便已知道走路、独处、野外是卢梭所标榜的，所以刻意在拜访前先进行一番心灵洗礼，就像传统晤面时，先打点门面一样。

在卢梭论著中，独处的意义是暧昧的。在《论人类不平等的起源和基础》一文中，他将处于自然状态的人们描述为友善的森林独居者。但在其他比较个人化的作品中，他经常言及独处并非一种理想状态，而是面临背叛与失望时获得慰藉与庇护之所。其实，在许多文章中，他总辗转探索人是否该和其他同类产生联系，以及如何产生联系。他个性敏感，近乎偏执；他相当坚持自己反传统、唱反调的观念和行为，坚信自己是正确的，因此对其他人的批判往往反应过度。根据现在普遍的分析，卢梭的文章其实是在散播他的个人经验，他对人类由单纯和恩宠之境坠落的描述，主要反映他离开瑞士后单纯、安定生活的事实，或由童年的纯真闯入国外置身贵族与知识阶层的不安。不管这种分析正确与否，由于卢梭的著作影响力极深，迄今仍少有人能完全摆脱他的影响。

最后，在生命逐渐步向尽头之际，卢梭又撰述了《一个孤独漫步者的遐想》一书。这本书的内容可以说跟走路有关；也可以说无关。它每一章的名称都叫行走，在《第二次行走》一章中，他述及撰写该书的动机："一旦决定描述我的习惯性心态，我能设想到的最简单与确定的方式，便是忠实地记录我的独行以及行进间我的回忆与感触。"这些短文反映了人们在走路时可能酝酿的一连串心思，但没有证据显示他所撰述的思想是某几次外出漫步的收获。比如有些是对某句话的省思，有些是回忆，有些不过是膨胀的感怀之作。总计十篇短文，其中第八、第九篇仍是草稿，第十篇在他一七七八年过世时尚未完稿。内容描述了一个在野外漫步沉思中寻求抚慰的人，他由此来寻求与追忆一个安全的庇护所。

独行者一方面在这世界上行走，一方面又脱离这个世界，怀抱着旅人孑然一身的孤立性，而不像工人、居民或团体成员等均有所系属。走路成为卢梭所选的生活模式，因为在行走间，他可以活在他的思想与回忆中，可以自给自足，也只有这样，他才能生活在这个他觉得背叛他的世界中。这种生活方式也提供了他发表其论点的文学上的位置。就文学结构而言，记载行旅的作品可以自由离题，也可以契合主题立论，不像传记或历史叙事体性质的文体要求那么严格。一个半世纪后，詹姆斯·乔伊斯和弗吉尼亚·伍尔夫尝试叙述思想运作的方式，从而发展出一种叫意识流的文体。在他们的小说《尤利西斯》和《达洛维夫人》中，主角人物的想法和回忆在步行时展现得最成功。这种没有架构而有关联的思绪，经常和行走衔接在一起，显示走路不是一种可以分析的行为，而是一种即兴的行为。卢梭的《一个孤独漫步者的遐想》是描绘思想和走路关系的最佳作品之一。

卢梭单独行走，他所收集的植物和所遇到的陌生人是他唯一表露温情的时刻。在《第九次行走》一章中，他追忆早年行走的情形——他像是选用不同焦距的镜片、在显微镜下审视他遥远的过去一样，追忆历年行走的种种回忆。开始时，他叙述两天前步行前往军事学校，然后叙述两年前在巴黎外的一次行走，然后又追述四五年前和妻子在花园的散步，最后叙及一次更久以前的步行情形。在那次行走时，他向一名贫穷的小女孩买下所有苹果，然后分送给在附近徘徊的饥饿孩童。这种种回忆都是因为见到一名熟人的讣闻而引发的，因为讣闻中提及那名过世女子对孩子的爱心，使卢梭对被自己抛弃的孩子感到愧疚。虽然有些现代学者质疑卢梭根本没有孩子，但是在他的《忏悔录》中，他说他和合法妻子泰瑞莎生有五个孩子，而且都送往孤儿院抚养。这些回忆所挞伐的，是只有他本人心知肚明的罪状，而他申辩的方式是宣称正如他在几次偶遇时所表露的爱心那样，他对孩童是有爱心的。这篇论文是对一场想象中的审判所做的思想上的辩护。其结论则转到另一个主题，叙述名气带给他的苦难，以及他无法再默默无闻地在人群中安静地走路了。这项结论暗示，即使连这种最平凡的社交机会他都被剥夺了，因此只有在回忆中他才能自由漫步。这本书大部分是他住在巴黎、因名气与疑心病而处于孤立状态时写的。

哲学性走路文学起始于卢梭，因为他是最初少数认为详细记录自己运思情况有价值的人之一。如果他是个激进者，那么他最激进的行为便是对私人性和隐秘性重新赋予价值，就此而言，走路、独处和荒野都提供了最有利的情况。如果他启发了革命，包括想象力

26

和文化的革命，以及政治革命，那么那些革命对他而言都是必要的，那都是为了除去个人自由生活的障碍。他所有才智和最有力的辩论都发挥在《一个孤独漫步者的遐想》一书中所描绘的心灵与生活状态中了。

他在两次行走中，回忆起他最珍视的乡间宁静。在著名的第五次行走中，他描述他在比尔湖圣皮埃尔岛所寻获的快乐。他在被批判、逐出莫提尔斯后，投奔到那座岛。莫提尔斯在纳沙泰尔附近，是鲍斯韦尔曾造访他之处。"这种极大的满足在哪里可以寻获？"他自问，接着便形容一种简单朴素的生活，在这生活中，他除了研究植物与划船外什么也不做。那是一种卢梭式的宁静王国，拥有不需劳动的特权，但却没有贵族隐居地的世故与社交面。第十次行走是对类似乡居快乐的讴歌，那是他十几岁时和他的赞助人与情人刘易斯·德·华伦夫人共度的一段岁月。那是他终于找到取代圣皮埃尔岛之处的阿蒙农维拉庄园后所撰述的。他七十五岁去世，留下了第十次行走的残稿。阿蒙农维拉庄园的主人吉拉丁侯爵将卢梭葬在一处遍植白杨树的小岛上，后来该处亦成为众多多情人士前来吊唁的朝圣之处。该处还印有旅游指南，不但指示访客如何经由花园前往墓地，还指示访客应如何感受。卢梭的个人反叛俨然已经成了大众文化。

边走边想

索伦·克尔凯郭尔是另一位对走路和思想有许多论点的哲学家。

他选择城市——哥本哈根——作为他走路与研究人类主题的地点，不过他也比较过他的都市游走与乡间研究植物之旅的不同：他所搜集的标本是人类。他比卢梭晚生一百年，出生在另一个新教城市，但他的生活在某些方面和卢梭迥然不同：他对自己所设立的严苛苦行标准迥异于卢梭的自我放纵，他始终居住于出生地，始终和家人在一起，而且终其一生都信仰他的宗教，虽然他和上述信守的一切都有所龃龉。在其他方面，包括社交上的孤立、文学与哲学的丰富创作，以及焦躁的自我意识，则和卢梭极为相像。克尔凯郭尔的父亲是个富有而虔诚的商人，他几乎一生都靠父亲的遗产，活在父亲的阴影下。他在一篇以笔名发表的回忆性文章中，叙及他的父亲为了不让他出去，经常和他在房间内走来走去，他将房间内的世界描绘得活灵活现，仿佛他能看到该世界煽起的一切内容。当他长大后，他父亲让他融入以下这样一个世界："以往史诗性质的描绘，现在成了戏剧。他俩彼此对话。如果走在熟悉的路径上，他们会对望，确保不致有所遗漏；如果约翰踏入一个陌生的领域，他便自行创造，而他父亲丰富的想象力更是发挥到极致，利用每一个童稚的幻想作为戏剧的素材。对约翰而言，他们对话所描绘的世界栩栩如生，仿佛父亲便是上帝，而他则是最受钟爱的上帝之子。"

克尔凯郭尔、他父亲，以及上帝之间的三角关系吞蚀了克尔凯郭尔的一生，有时候，他似乎是以他父亲的形象来塑造上帝。他父亲也似乎刻意利用那些局限于房间内的行走塑造出克尔凯郭尔其人。克尔凯郭尔形容自己在童年时就已经是个老人、是个鬼魂、是个流浪者，而那些房间内的踱步似乎是他日后生命的通告，使他一生均活在一个由想象力塑造的虚幻世界中，其中只有一个存在实体：

他自己。他许多最著名的作品都是用假名出版的，那些假名似乎是他在彰显自己之际，用以埋没自己的设计，是他在独处中制造出的人群。在他成年的生命中，克尔凯郭尔几乎从未在自己家接待过客人，而且终其一生几乎没有一个朋友，只有无数相识的人。他的一个侄女说哥本哈根的街道是他的接待室，而他每天最大的娱乐似乎就是在他的城市中行走。那是无法与人相处的人置身人群的一种方式。是从短暂相遇、相互问好、与别人交谈中获得些许人性温暖的一种方式。一名独行者既存在于周遭的世界，也不属于这个世界；是一名观众，而不是一名参与者。走路可以缓和这种疏离，或加以合法化：一个人因为正在走路，所以维持淡淡的疏离关系，而不是因为他无法和人建立关系。克尔凯郭尔和卢梭一样，在走路中和许多人维持泛泛之交，使他们浸淫于自己的思想。

一八三七年，克尔凯郭尔在文学生涯开始之际写道："很奇怪，当我一个人坐在人群中，当四周的混乱和噪音需要毅力的克制才能维持思绪于不坠时，我的想象力反而特别丰富；没有这种环境，没有各种思绪纷繁，我的想象力反而油尽灯枯。"他在街上也追求同样的喧杂。十余年后，他在另一篇日记中宣称："为了释放心灵上的紧张，我非得设法分心才行，比如在街头巷尾跟人寒暄，因为跟特定的几个人接触，事实上根本分不了心。"在类似陈述中，他认为在分心的情况下，心灵的运作状况最佳，会将注意力集中于抽离喧闹的环境，而不是被孤立起来。他最喜欢扰攘多变的都市生活，他在另一篇作品中表示："此时此刻，街那头有个手风琴演奏者正在自弹自唱，感觉很美好。生命中就属这些偶发与次要的事物最有意义。"

在日记中，他坚持他是在徒步中完成所有作品的。比如他在一篇日记中写道："《非此即彼》大部分内容只写了两次（当然，我在走路时构思的内容不算，我一向是在走路时构思的）；而现在我喜欢写三次。"他曾多次表示，虽然一般人认为他的散步是懒散的表现，但那正是他作品丰富的原委所在。他的其他作品曾提及他在走路时和其他人的接触情形，但那一定是长途漫步中的偶发事件，否则他便无法组织思绪酝酿当天的写作内容了。也许是街头散步的喧哗使他能暂时遗忘自己，作较有意义的思考，因为他的心思经常在自我意识与绝望之间回旋。在一八四八年的一篇日记中，他形容他在回家的路上，"脑子里胀满了等待下笔的点子，使我精疲力竭得几乎走不动"。他经常会碰上一个穷人，如果他拒绝跟那人讲话，那他脑子里的点子便会不翼而飞，"我会陷入最可怕的精神磨难，觉得上帝也会像我对待那人一样对待我。但是如果我肯花点时间跟那人谈一谈，就不会发生那种事了"。

　　置身公共空间几乎是他唯一的社交机会，他对自己在哥本哈根舞台的表演之所以如此重视也可以得到解释。就某一方面而言，他在街头的表现就像他在文字中的表现一样：虽然致力与人接触，但保持若干距离，而且必须依他的条件才行。他和卢梭一样不善处理公众关系。他以笔名出版许多作品，然后抱怨被误认为是一个无所事事的人，因为没有人知道他漫游回家后便致力笔耕。在与维珍妮·奥逊解除婚约后——该婚约的破裂是他生命中一项决定性的悲剧，他仍然能在街上见到维珍妮，除此外便没有其他接触了。多年后，他们一再同时出现在港区的街上，使他十分烦恼其中的意义。对一般拥有完整私生活的人而言，大街是最普通的人生场景，但是对克尔凯郭尔而言，大街是他最私人化的舞台。

在他平静无波的生命中，另一项重大危机发生在他在丹麦一本粗鄙反讽杂志《海盗》上发表一篇攻击性短文后。虽然该杂志的编辑很尊敬他，但是该杂志仍刊登了有关他的嘲讽性照片与篇章，而丹麦群众也引为笑谈。虽然大部分玩笑无伤大雅，比如将他描绘成裤管一长一短的人，取笑他精心取用的假名，在图画中将他画成一个精力充沛、身穿长礼服、衣摆宽大得衬托出他两条细腿等。但这些戏谑之作使他成为一个众所周知的人物，外界的嘲讽让他很痛苦，而且他总会怀疑别人在取笑他。克尔凯郭尔似乎过分夸大了《海盗》的笑谑，并因此深受其苦——不仅仅因为他无法再自由自在地在街头游荡。"我的环境已被毁坏。因为我的忧郁和庞杂的工作，我需要人群中孤独的处境得以休息。因此，我感到沮丧。我不再能找到这样的处境。到处都有人对我感到好奇。"一位克尔凯郭尔的传记作家说失去人群中孤独的处境是克尔凯郭尔生命中最终的危机，是此危机使克尔凯郭尔在生命的最后阶段只是神学作家，而非哲学及美学作家。不过，克尔凯郭尔仍继续游走在哥本哈根的街道，在一次行走时他昏倒被送到医院，数周后在医院去世。

一如卢梭，克尔凯郭尔是杂学家、哲学作家，而非正统哲学家。他们的作品常常是描述性、联想式和个人化的，并带股诗意的朦胧，与西方哲学传统所强调的缜密思辨形成尖锐对照。卢梭和克尔凯郭尔的文章容得下乐趣与个性，及某种近于街上的手风琴演奏者的声音或岛上小兔的东西。卢梭涉足小说、自传、回忆录，这种玩弄形式的精神近于克尔凯郭尔的作品：克尔凯郭尔喜欢在短文后加上巨幅后记、在文章中堆砌假名作家。伊塔洛·卡尔维诺与豪尔赫·路易斯·博尔赫斯似乎是克尔凯郭尔的传人，这两位作家喜做文体实验并玩弄形式、声音、引文等技巧。

卢梭和克尔凯郭尔的步行对我们来说很亲切，因为他们以个人化、描述性的作品——卢梭的《忏悔录》和《一个孤独漫步者的遐想》、克尔凯郭尔的日记——书写步行，而不是在非个人的、普遍的哲学领域内思索步行。或许因为走路本是一种将个人思考植根于对世界的个人化、身体化体验方式，才造成上述写作。这也是走路的意义在诗、小说、信件、日记、旅者记述、第一人称散文中获得的讨论比在哲学中获得的讨论多的原因。此外，卢梭和克尔凯郭尔把走路当成一种缓和疏离的方式，而这疏离是新现象。他们既未沉浸于社会——除了在克尔凯郭尔的晚年、《海盗》事件后，也未在宗教静思传统中退出社会。他们在这世界中又不属于这世界。独行者总是不安定、在两地之间、被欲望与匮缺带入行动，有旅行者的疏离而无工人、居住者、团体成员的羁绊。

失落的主题

二十世纪初，一哲学家将步行说成他知识计划中最重要的事物。无疑，步行在那之前就已是重要的事物。克尔凯郭尔喜欢举第欧根尼为例："众所周知，当埃利亚学派否定运动时，第欧根尼走出来表示反对。他真的走出来，因为他没说一个字，而只是来回踱步，以此表示他完全不赞同他们。"一九三一年现象学家埃德蒙德·胡塞尔在论文《当下世界与外在世界的构造》中，将走路描述成我们借以了解身体与世界关系的经验。他说，身体是我们对总在此处者的体验，运动中的身体作为不断移往彼处的此处，体验了总在此处者的所有环节。也就是说，移动的是身体但改变的是世界，这是我们区分自我与世界的方式：旅行是一种在变幻世界中体验自我流动性的方式，我们借此认知自我与世界的关系。胡塞尔的论文不同于先前有关人如何体验世界的思考之处，在于它强调行走的动作而非强调意识与心灵。

行走的主题至当代已经失落。许多人以为后现代理论对行走有许多说法，因为流动性和身体是后现代理论的两大主题——当身体流动，它便在走路。许多当代理论都出自女性主义对先前理论普遍集中在男性的特殊体验上、还有部分集中在白种人和优势民族上的抗议。女性主义和后现代主义都强调身体经验的特殊性塑造人的知识内容。古老的客观性概念已寿终正寝；一切事物皆来自"位置"，而每个位置都是政治性的。如很久以前乔治·奥威尔所说，"艺术不该是政治性的"的观念本身即一种政治观念。但在借强调"族裔、性别的身体"角色以拆除虚假的客观性之时，后现代思想家显然据自身的特殊经验——或非经验——而将肉身、人的意义普遍化了，身体在后现代理论中显然在高度封闭的环境中过着消极的生活。

在后现代理论中被再三陈述的身体在封闭环境下生活、遇见别的物种、经验恐惧或感受欢欣、或拉紧肌肉到极致。总之，身体不从事体力劳动，也不在户外过日子。后现代理论家经常使用的"身体"一词似乎说的是一个消极物体，那身体常躺在诊疗榻上或床上。身体在后现代理论中是医疗和性现象，是知觉、过程、欲望所在的地点，而非行动和创造力的根源。此类身体自体力劳动中解放出来、被放在封闭环境内，除了情欲外什么也没有。我的意思不是说性和情欲是迷人、深刻的东西，只是说性和情欲在后现代理论中之所以受到强调，是因为身体的其他面受到了压抑。对于后现代理论中的消极身体而言，性和生物功能是唯一生命体征，不过事实上这并不泛指普遍的人体，而是白领都市人的身体，或说是理论化的身体，因为连小体力劳动都不曾出现：此类后现代理论中的身体即使拖着克尔凯郭尔的全部作品行进也不会感到疼痛。"如果身体是我们在时空中位置、人的感知和知识有限的隐喻，那么后现代理论中的身体根本不是身体。"一位与后现代理论中的身体龃龉不和的女性主义理论家苏珊·鲍得如是写道。

后现代理论中的旅行是关于流动，但后现代理论家未能使我们了解旅行者如何流动，我们读到的后现代身体似乎由飞机和汽车运送，或只是流动而看不出是凭什么媒介。身体不过是运送中的包裹、落在棋盘中的一着棋；它不是运动而是被运送。在某种意义上，这些是当代理论的抽象化引起的问题。许多地点和流动术语——如游牧、偏轴、边缘化、流放等等——均不与特殊地点、人相关；它们代表无根、流动的概念，而这样的无根、流动，可能是理论浮游无根、主题凌空虚蹈的结果。后现代理论的言语似乎自由移动，不受特定描写的责任所束缚。

身体只有在有独立思想的作品中才变得主动。在伊莱恩·斯卡里的书《疼痛的身体：世界的毁坏与塑造》中，她首先分析了疼痛如何破坏意识世界中的种种主体，然后解释创造的作用——创造故事和物体，乃至创造世界。她将工具和被制造的物体描述为身体进入世界后感知世界的产物。斯卡里记录工具如何变得愈来愈与身体疏离，直到延伸手臂的掘枝变成取代身体的锄。尽管她从未直接讨论步行，但她的作品暗示了对步行的哲学观照。步行将身体恢复到它最初的限制，使其变得柔软、敏感和脆弱，而步行本身像工具那样将自己伸展到世界中。路是步行的延伸，为步行而辟出的地方是步行的纪念碑，而步行是塑造世界、置身于世界中的一种方式。因此，步行的身体能在步行塑造的地方被探出；道路、公园、人行道是在想象力、欲望中行动的痕迹；拐杖、鞋、地图、饭盒、水壶、背包是该欲望的物质结果。走路与制造、工作一样，都要身心投入世界，并经由身体了解世界、经由世界了解身体。

站起与跌倒：两足步行的理论家

　　那是个像白纸一样的地方。那是我总在寻找的地方。在火车的车窗外、在我的想象里、在我穿越复杂地形的行走中，平坦的大地向我召唤，承诺走路会像我想象的那样进行。如今我抵达一处干燥的湖床，在那里我可以不受拘束、完全自由地走路。这沙漠有许多这种干燥的湖床，经年累月地被冲刷磨平、最终像舞蹈教室的地板那样诱人。这里是最像沙漠的地方：空旷、宽敞、自由、宜于漫步，是感知、测量光线的实验室。在这里，寂寞有华丽的风味，如在深海中。此处接近约书亚树国家公园，在加州莫哈维沙漠的东南部，有时是湖床，但多半时候是布满沙尘的不毛之地。对我而言，这片大地意味着自由，它容纳着身体的无意识活动与心灵的有意识活动。我以有如时间脉搏般稳定的节奏在这里步行。我的步行同伴帕特偏爱攀岩——攀岩中的每个动作都是孤立的，都能让他全神贯注，但却很少能产生节奏。那是深烙在我们生活中的风格差异：他有些像佛教僧侣，将精神性理解为活在当下；我则着迷于象征、诠释和历史，及一种与其说存在于此处还不如说存在于彼处的精神性。但我们俩都认为"在土地上生活是理想生活方式"。

我很久以前在另一个沙漠里了解到，走路是身体衡量土地的方式。在湖床上的每一步都使我们更靠近山区。山在傍晚的光线中是蓝色的，像平野上升起的露天看台那样环绕着地平线。如果说湖床像几何图案般平坦，那我们的步伐就像来回摆动的分度器。测量行为给我提供了一个明确且令人恐惧的事实：相对于土地的广阔，人类是渺小的。这天下午，帕特货车边的影子长得像栋摩天楼，地缝也不甘寂寞地伸出长而尖锐的影子。我们的影子随着我们的步伐在右脚边移动，愈来愈长，直到比我见过的任何影子都长。我问帕特："你觉得我们的影子会有多长。"他要我站直步测。所有影子伸向最近的山区，我面朝东正对我的影子，然后他开始走路。

我独自站着，我的影子像帕特行过的长路。他在那澄澈的空气中不像是在远离我，而只是在变小。当我能将他框在我紧紧靠拢的拇指和食指间时，他的影子几乎延伸到了山边，他终于走到我影子的头部——但当他到达时，太阳突然滑下地平线。此时世界改变：平地失去光彩，山变成深蓝色，我们的尖影变得模糊起来。我要他停在我模糊不清的影子头部，然后我向他走去，和他会合以后，他告诉我他刚才走了一百步——两百五十或三百英尺，但我的影子已经愈来愈模棱两可。夜幕降临，我们走回货车，实验结束。不过，我们为什么会做这个实验呢？

卢梭认为人的本性能在人的起源中寻得，而了解人的起源就是了解我们是谁，我们该是谁。自卢梭发表对非欧洲习俗的看法，以及一些对于"高贵的野蛮人"的思索以来，人的起源的理论有了长足的进展。但关于"我们最初是谁——无论这个'最初'是指

38

一九四〇年还是三百万年前，以及我们该是谁”的争论随着时间推移变得愈发激烈。通俗书籍和科学论文针对“我们是嗜血、残忍的物种还是有沟通力的物种”及“两性基因构造间有何不同”展开一回合又一回合的辩论。两者都是关于“我们是谁、可能是谁、该是谁”的说法，论述者包括主张坚守传统的保守主义者与主张追求健康、认为“我们该吃一些原始食物”的人。这当然使“我们是谁”成为一个政治性论题。研究人类起源的科学家一直对人性问题争论不休，而在近年，走路已成为他们谈话的重要部分。

哲学家对走路的意涵少有申述，但是科学家近来针对走路说了许多话。古生物学家、考古学家和人类学家已针对“人类的祖先猿类何时、为何以后腿站立，乃至行走良久后进化成为我们现今可直立两足踱步的身体”展开一场热情而各执己见的辩论。他们是我一直寻找的步行哲学家，不断思索每种身体构造在功能方面的意义，那些构造和功能如何增益我们的人性——尽管人性由什么构成始终引人争议。唯一确定的一点是，直立行走是人性最早的标志。无论它的成因是什么，它引发了许多事物：它产生了许多新的可能性，此外，它成就了手臂，负责握、制造、破坏的手臂逐渐演化成物质世界成熟的操纵者。有些学者视两足行走使我们大脑进化和扩张，有些学者视两足行走为建立性的构造。因此，虽然关于两足行走起源的辩论充满对臀关节、腿骨、地质学上的时间推定方法的细节描述，它终究是关于性、风景，以及思考的。

人的独特性通常被定位在良心。人在地球上独一无二，并在某些方面塑造了所谓的良心。动物王国里没有其他身体像人这样总处在倾倒的危险中。其他少数两足动物——鸟、袋鼠——有尾巴等特征保持平衡，且这些两足动物多数跳跃而非行走。两足行走是独特的，或许是因为用两足行走很不容易。四足动物像桌子一样稳，但以双足行走的人只能达到危险的平衡。正如看过或当过醉鬼的人所知，用两足站稳都是杰出的成就了。

展读人类行走叙述，容易逐渐以跌倒的角度来思考人的堕落。约翰·奈皮尔在一篇关于步行起源的论文中写道："人的步行是独特的活动，步行时身体一步步蹒跚地走在灾难边缘……人的两足行走似乎有潜在的危险性，因为只有先跨出一腿，然后另一条腿有节奏地向前移动才能使他免于跌倒。"我们在小孩身上见到许多步行不稳的情形。他们借玩弄跌倒来学习走路——他们将身体前倾，然后猛然抬腿来保持平衡。他们胖胖的、弯曲的腿似乎总在落后或追赶，他们在学会走路前历经挫折。小孩借行走来追求无人能为他们实现的欲望：对得不到的东西、对自由、对不依赖母性伊甸园而自立的欲望。因此走路始自延迟的跌倒，而跌倒与堕落重合。

《圣经·创世纪》仿佛与科学讨论格格不入，但科学家常在讨论科学时谈到它。科学故事企图解释我们是谁，而有些科学故事似乎是到西方文化的创造性神话里——亚当和夏娃在伊甸园的故事中——寻求答案。许多假说相当大胆，似乎较少有证据支撑，更多的是基于现代欲望或古老社会风俗，尤其当假说与性别角色相关时。一九六〇年代，"男人是猎者"的理论被广泛接受，并经罗伯特·阿德里的《非洲起源》等书而通俗化。此书著名的开篇句为："人不是生于纯真，也不是生于亚洲。"此理论暗示暴力和侵略是人禀性中根深蒂固的部分，又指出暴力和侵略是人类赖以演化的资材（或说是男人演化；多数主流理论都让女人除了传递男人基因外无事可做）。女性主义人类学家阿德里安娜·齐尔曼写道："'男人是猎者'理论的早期挑战者指出'游猎是人类演化的推进器'理论，与'夏娃吃了知识之果后被逐出伊甸园'的圣经神话之间的相似。他们指出两种命运——游猎的命运和被驱逐的命运——都是由吃的行为（第一个例子中是肉，第二个例子中是禁果）所引起的。"他们也认为"男人是游猎者，女人是采集者"的分工，反映了亚当和夏娃在《创世纪》中的角色分配。二十世纪六十、七十年代，理论指出人的行走是在气候剧烈变化时期——人类从林栖改为驻扎草原的时期——演化而来的。如今"男人是猎者"理论和草原居理论都已不再受人类学家青睐。但表述方式依旧：不在化石而在基因中追寻人类起源的科学家，将我们的共同祖先描述为"非洲夏娃"或"粒线体夏娃"。

这些科学家有时寻找他们想找的东西，有时找到他们正找的东西。"皮尔丹人"骗局之所以在一九〇八年让人信以为真，而又在一九五〇年被拆穿，是因为英国科学家急于相信带有动物下颚的大脑生物的证据。皮尔丹人骸骨暗示我们的智慧由来已久。许多人指出聪明的皮尔丹人是英国人，直到新科技证明皮尔丹人是伪造的。一九二四年当雷蒙德·达特在南非发现一副真实的孩童头盖骨时，喜欢皮尔丹人的英国专家不认为它是人类祖先。他们之所以有此看法，是因为当时的科学家不喜欢我们的祖先来自非洲，且因为该孩童头骨——汤恩幼儿——有小头盖骨但显然直立行走，暗示人类智慧在人类演化中来得晚而非早。在头盖骨底部有一个名为枕骨大孔的开口，脊髓经此开口与脑相连。汤恩幼儿的枕骨大孔像人类一样在头盖骨中央，而非如猿类在头盖骨后面，因此很显然，汤恩孩子是直立行走，他的头端立在脊髓顶上而非吊挂在脊髓上。如同多数南猿的头盖骨，汤恩幼儿以现代眼光看来有如比例怪异的房子：额骨和下颚很大，现代头脑耸立的耳隐窝尚不存在。多数早期演化学者认为人类的特征——行走、思考、制造——是一起发源的，或许因为他们觉得想象只拥有部分人性的生物很困难或令人不悦。达特的假说受到二十世纪五十、六十、七十年代路易斯·利基和玛丽·利基在肯尼亚的发现支持，而七十年代唐纳德·约翰逊在埃塞俄比亚发现露西骸骨及相关化石几乎更肯定了达特的假说——步行在智慧之前。

如今直立行走被视为人类演化中关键的一环。与两足行走相关的演化名单长而迷人，充满弓形物与身体的伸长。首先是直排脚趾和弓形足部，而后是长腿与臀部。直立步行者的臀部圆而隆起，这一部分在猿类是小型肌肉，但在人类则是大型肌肉。然后到平坦的胃、柔软的腰、挺直的脊椎、低肩、立在长脖子顶上直立的头。直立身体的各部分像柱的各部分那样互相堆栈，而四足动物的头和躯干的重量像道路自吊桥伸展那样自脊椎垂下，身体两端各有一双桥柱般的腿。大型猿是膝关节行走者：这种住在热带雨林中的生物大半只在树间，靠赋予它们斜姿的长前肢移动。猿类有弓形背、短颈、形状像颠倒过来的漏斗状的胸、隆起的腹部、瘦臀、外八字的腿、带有可相对的大脚趾的扁平足，丝毫没有腰。

当我思考上述步行演化史时，我看见一个人——这人像我湖床上的同伴，只是这一次是黎明，这人向我走来。由于离得实在太远，他的形象模糊不清、好像一个模棱两可的点在移动，点在走近时成为直立人形，而当他靠近，我又发现他是一位陌生的步行者。但在中距离投射长影的是谁？露西——考古学家这么命名一九七四年在埃塞俄比亚出土、有三百二十万年历史、各方面证据显示是女性的阿法南方古猿骸骨——她在许多方面像猿类：有短腿、长臂、像漏斗的肋骨支架，几乎没有腰或颈。不过，她的骨盆宽而浅，因此，她有宽臀与靠在一起的膝盖所形成的稳定步伐。她这一点像人而不像黑猩猩，黑猩猩的窄臀和分得很开的膝使它们直立行走时摇来摆去。有些人说露西可能是厉害的跑步者而非极佳的步行者。但她步行，这可以说是肯定的，虽然有些人并不同意。

数十位科学家以数十种不同方式解释露西的骸骨、重建她的肌肉、步伐与她的性生活，并辩论她究竟是良好的步行者还是差劲的步行者。在克利夫兰博物馆工作的约翰逊将他在埃塞俄比亚哈达尔河一带发现的露西骸骨拿给他的朋友——克利夫兰州立大学解剖学家兼人类运动专家欧文·洛夫乔伊。洛夫乔伊发布判决。约翰逊在《露西》一书中，报告洛夫乔伊对南非猿人膝盖关节的说法：

> "这像一种现代膝关节。这小矮人是完全的两足动物。"
>
> "但他能直立行走吗？"我追问。
>
> "我的朋友，他能直立行走。告诉他汉堡是什么，十之八九他会带你去最近的麦当劳。"

约翰逊发掘的膝关节成为洛夫乔伊"很早以前两足行走就已开始并被完美化"的大胆理论的第一项物质支持。第二年，露西骸骨进一步肯定了洛夫乔伊关于人类行走的古老性假说。一九七七年，玛丽·利基的考古队伍在坦桑尼亚利特里发现一对有三百七十万年历史的行者足迹，进一步肯定了洛夫乔伊的假说。但这些生物为何会变成两足动物呢？

一九八一年，洛夫乔伊提出对人类为何成为两足动物的复杂解释。一九八一年他发表在《科学》杂志上的论文《人的起源》已成为考古学界辩论两足行走为何在约四百万年前出现的重要依据。洛夫乔伊发表"缩短生育间隔增加物种存活率"的严密理论。"就多数灵长类动物而言，"他写道，"雄性的适应性大致由求偶成功率决定。"即由交配、传递基因的能力或机会决定。他指出在第三纪中新世时代，即约五百万年前，人类祖先改变了它或他的行为。他指出，雄性开始为雌性带回食物；得到食物供应的雌性能生更多子女，雄性领导的核心家庭诞生。换言之，雄性的适应性已扩至供应粮食，也因此使他们得以经常、确实地传递基因。洛夫乔伊在一九八八年的一篇文摘中写道："两足行走在此新生殖体系内出现，因为前肢腾空后，雄性能为雌性携带远处的食物。"但他补充说，两性的每日分离只在"两性能回家传播自己基因"的情形下才在遗传上有利于男性——因此，供应粮食的行为必是为忠于雌性且有责任感的雄性演化而出。洛夫乔伊解释："现在要谈的是人相当不寻常的性行为。女人的发情期不断，随时都能性交……男人的发情期也不断。"因为不像多数阴性动物，女人不再有特定发情期，她们随时都能进行性行为。如果我们视此为一个创造性的神话，这是个双亲家庭比人类还要古老得多的神话，男性原始人类是有机动性、负责的伴侣和父亲，女性原始人类则是贫穷、忠诚、待在家的配偶。

六十年代"男人是猎者"的神话，到了七十年代为两种理论取代。有人提出"女人是采集者"的理论，指出原始社会的膳食可能大半是素食且多数由女人采集。另一种理论强调食物分享在确保生存、产生家庭基地及复杂社会意识上的重要性。在此理论中，社群的晚餐取代了阿德莱的血腥竞赛。洛夫乔伊结合此二新理论创出"男人是采集者，他带食物回家并与配偶和子女分享"的理论。他的理论暗示行走是男人之事，男人充满了家庭美德，那美德使人类成为行走者。他说，事实上，露西和她的同类可能比我们走得更好，此外，人已失去攀登能力。

在写这章时，我正与帕特一起待在他在约书亚树国家公园外的简陋小屋里。有些为眼前如山的资料伤神，我不断向他叙述人类为何变成两足动物的理论、人类生理构造和功能的种种细节，他对一些较奇怪的说法大笑不止。"人是因为这样得到好处的?"他这样问。他偏爱的理论是格斯里一九七四年的说法，即当原始人类变成两足动物，男人用他暴露的下体当威吓器官恐吓敌人，而后我们思索人类笑声的起源。第二天，在他带客人上上下下攀岩一整天后回家。喝了一杯酒后，我读人类学家迪安·福尔克对洛夫乔伊的攻击给他听。洛夫乔伊的"时时留意于交配"一词引起他的注意，他对我热中的理论狂笑不止。他的世界也不是一片严肃：当他前一天攀岩取乐时，我躺在荫凉处懒懒地浏览他的导游书，被攀岩路线的一些名字弄得发笑："长老教会牙膏"旁是"主教会会员牙签"，"灯罩上的舞者"嘲笑"风景中的人"，还有无数讽谑、政治、身体笑话描述其他攀岩路线。那天傍晚，当我读两足行走理论给他听，鹌鹑在后院跳，夕阳把山影推得愈来愈远，他发誓能让他为公园的攀岩路线取名的朋友将下一条攀岩路命名为"时时留意于交配"，以纪念"人类已失去攀登能力"的理论。洛夫乔伊的理论之所以有名，可能就是因为没人能抗拒和攻击它。

早期批评者中有纽约州立大学石溪分校的解剖学者杰克·斯特

恩和兰德尔·萨斯曼，两位我都拜访过。他们都留着灰胡子，看来有些像海象和木匠。斯特恩是壮实的木匠，萨斯曼是硕大的海象。他们在摆满骸骨和书的办公室里与我谈话数小时，有时抓取一块黑猩猩的股骨化石以说明观点。他们经常谈得尽兴、浑然忘我，且不吝于批评同行。他们认为约翰逊的南非猿人化石是差劲行走者的化石，以证据——大臂、小腿、弯曲的手指和脚趾——来看，南非猿人在成为步行者后继续攀登了很久。他们还谈起南非猿人化石特征是男女体型：虽然理查德·利基不同意此主张，但如果说约翰逊和同伴在埃塞俄比亚发现的大小骸骨是同一物种，那体型必定是女小男大，这使得远古男女实行洛夫乔伊的一夫一妻制变得非常不可能。雄性远较阴性壮硕的灵长类（狒狒、长颈鹿）通常是一夫多妻；只有没有体型差异者（如长臂猿）是一夫一妻。所以斯特恩和萨斯曼对露西的看法是：露西虽然是个有着大脚的差劲行走者，但却是个有着强壮长臂的极佳攀登者，且可能是一夫多妻团体的一分子，在此团体中小女人花在树上的时间比花在大男人身上的时间多。

萨斯曼说："当我们开始此项研究时，考古领域内的多数人认为人类是在大草原上演化的，譬如南非或东非大草原。我觉得他们都错了。我认为真正的情形是：南非猿人是住在树林和空旷乡间的，如你今日所见的法属刚果或多树的河岸。我的意思是，可能有百万年之久，人类是娴熟的攀登者，但也是差劲的两足行走者。"他又说，在重建南非猿人时期的旧图画中，南非猿人漫步在草原；近期的图画则显示他们在相当混杂的栖息地，但最近的《国家地理杂志》又把南非猿人放在树林中。斯特恩说，南非猿人是林栖者、爬树者的事实如此明显，以至于没人来质疑他们这个最早提出的观点。

从前的论证是循环论证的：原始人类为了闯进大草原而学习走路，如果他们在大草原上生存下来，他们必定是称职的行走者。大草原彰显自由与无限的可能性，是比原始森林高贵的空间。斯特恩稍后说："我担忧南非猿人两足行走的样子。我写了一篇论文说他们不可能像我们这样行走。他们走不快、低效……我们的看法错了吗？他们的两足行走方法真的很好吗？"萨斯曼插嘴道："他们也可能把非常好的爬树技能与差劲的两足行走相结合，逐渐比例颠倒……"斯特恩接着说："我有时拿来安慰自己的一个说法是，黑猩猩是糟透了的四足动物。如果说，黑猩猩是糟透了的四足动物达七百万年之久，那人类可能是差劲透顶的两足动物达数百万年之久。"

一九九一年在巴黎举行的"两足行走起源"讨论会上，三位人类学者指出当前所有有关行走的理论都是引人发噱的论述。他们描述"呆板假说"，它将两足行走解释为对携带食物、婴儿等物的适应；"逗小孩笑假说"，它将两足行走解释为站起来张望草原；"战壕雨衣假说"，它将两足行走与生殖器炫耀联系在一起，强调的是吸引女人而非恐吓其他男人；"风衣假说"，它涉及有些人类学者提出的水栖阶段的涉水与游泳；"游牧民族假说"，它涉及跟随迁移的兽群过大草原；"热天行走假说"，这是推理较严谨的假说之一，它宣称两足行走减少人在热带正午太阳下的日晒面积，从而使人能移居热带开阔的栖息地；"两腿优于四腿"假说，它指出两足比四足行走省精力，至少对灵长类而言如此。

假说真不少，但自从与斯特恩和萨斯曼谈话以来，我已习惯五花八门的解释。在非洲出土的大量骸骨始终是谜，它们的解释需要召唤读动物内脏以预言未来的古希腊人，或卜《易经》上的卦以了解世界的中国人。它们不断被重新安排以适应新的演化系谱。例如，两位苏黎世人类学者最近宣布著名的露西骸骨实际是男人的骸骨，而佛克则认为她不是人类祖先。尽管斯特恩和萨斯曼给我"他们执着于证据而非意识形态"的印象，但古生物学有时好像是充满律师的法庭，每位律师都张扬肯定自己假说的证据，忽视与自己假说抵触的证据。所有这些骸骨故事里唯一相同的一点，即玛丽·利基在书写她的队伍在利特里发现的足迹时所写："两足行走在原始人类发展中扮演的角色极其重要。它可能是使人类祖先区别于其他灵长类的转折点。两足行走使手能做许多事——携带、制作工具和操纵事物。事实上，所有现代科技都是从两足行走中来的。可以说，前肢的新自由提出一个挑战。而脑扩展以迎接挑战。由此形成人类。"

一九九七年佛克以一篇题为《女人的脑部演化：对洛夫乔伊先生的回复》的论文作为对洛夫乔伊假说最有力的驳斥。她宣称："按照他的观点，女性原始人类不仅四足行走、怀孕、饥饿时不敢去户外，而且还'等待男人'。"她在审视"一夫一妻制不可能存在于体型差异极大的男女间"等观点后，继续评论道："洛夫乔伊假说也可放在完全不同的层面来看，例如，他的假说充满男性对性能力的焦虑。可以说，洛夫乔伊假说聚焦于男人如何获得交配权。"她接着指出，陆栖阴性灵长类的行为显示女性远祖选择多位伴侣进行性行为，"很多人显然对此感到恐惧，他们害怕这会与人类群体普遍对性行为的密切关注与控制所指出的——女性拥有选择伴侣的主导权结论不谋而合，更不用说洛夫乔伊假说所掩盖的男性对性能力的焦虑"。

驳斥了"负责的男人带食物回家给忠诚、待在家的配偶"的概念后，佛克又谈到"直立行走减少原始人类在林间行走时所接受的日晒量，原始人类因此愈走愈远直至走出森林"的极简理论。佛克援引皮特·维勒的假说，指出"直立行走使原始人类'全身降温'，流到脑部的血液温度获得调节，以防中暑，因此有助人脑成长"。直立行走使人脑愈长愈大，人走得愈来愈远。她以她自己对脑部演化和结构所做的研究来补强威勒的理论，并和玛丽·利基一样（尽管理由不同），推断出人的智力不由直立行走产生，但确实因其增长。

智慧或许位于脑部，但它会影响身体其他部位。我们不妨把骨盆想成思想和行走会合的私密剧场。骨盆是身体最优雅、复杂的部位之一，也是最难理解的部位之一，因为它隐藏在肉、阴道与偏见中。所有其他灵长类的骨盆都是长而垂直的结构，它几乎延伸到肋骨支架，从后到前都是平的。臀关节紧靠在一起，产道向后开，整个骨盆在猿类做出正常体态时面向下，多数四足动物的骨盆也都是这样。人的骨盆则向上倾斜到包覆内脏，支撑直立身体的重量，变成一具浅瓶。它相当短而宽，臀关节分得很远。它的宽度和延伸自髂峰的外展肌确保步行时身体稳定。髂峰位于肚脐下方，是从身体两侧绕到身体前方的骨头。产道指向下，整个骨盆像漏斗，婴儿从中落下——此落下是最困难的人类坠落之一。如果说身体部位使人想起《创世纪》中你将在悲伤中诞下子女的诅咒，那就是骨盆。

生育对猿类而言是一个相当简单的过程。但对人而言，生育则是艰难且有时致命的过程。随着原始人类演化，人的脑部愈变愈大，而产道却越变越小。出生时人婴的脑已有成年黑猩猩的脑那样大，对产道造成十分严重的挤压。为了生存，它必须用力地冲下产道。孕妇的身体通过制造荷尔蒙来增加骨盆容量。这些荷尔蒙起到能软化连接骨盆的纽带的作用。而在怀孕末期孕妇耻骨的软骨会分开。这些变化常使孕妇在怀孕中和生产后的行走变得困难。有人指出，人类的智商取决于女人骨盆容纳婴儿大脑的能力，而人类有限的移动性则是因为受到了女人骨盆容积的影响。有人甚至说，女人骨盆对大脑婴儿的适应使女人成为比男人差的行走者，或使我们比小脑祖先差的行走者。"女人走得比男人差"的说法在人类演化文献中历历可见。这似乎是《创世纪》思想的残余。在《创世纪》中，女人为人类带来致命的诅咒，只是演化路程上的帮手，里面还提到如果行走与思想和自由有关，那女人的思想和自由都不多。如果说学习步行使人旅行到新地方、获得新做法、思考等自由，那么女人的自由常与性——需要被控制、管束的性——相联系。但这是道德学，不是生理学。

在约书亚树国家公园的美好早晨，我被关于性别和行走的纷杂记录弄得相当懊恼，因此打电话给欧文·洛夫乔伊。他向我指出男女生理构造上的差异，他说这些差异可能使女人的骨盆较不适应行走。"生理上，"他说，"女人不如男人。"我追问，这些差异造成行走上的不同吗？不，他让步道："这对男女的行走能力全无影响。"于是我走回阳光下，欣赏一只大沙漠龟在车道上用力咀嚼多刺的梨子。当我问斯特恩和萨斯曼女人是否是较差的行走者，他们大笑，说据他们所知，无人曾做过能支持此结论的科学实验。他们指出，杰出的跑步者无关性别体型都非常相近，但行走不是跑步，很难判断何为杰出。他们问，"较好"的意思是什么？较快？较有效？他们说，人是慢速动物，人类擅长的是距离，一次可走几小时或几天。

其他学科所思索的行走者，思索的行走能被赋予的意义——行走如何成为沉思、祈祷和竞争工具。重要的是，他们企图讨论行走的本质意义——不是人类把行走塑造成什么而是行走如何塑造人类。行走是人类演化理论中的奇特支点。因为有行走，人类才得以脱离动物王国，终于成为地球上的万物之灵。如今行走的发展已到极限，不再带领我们步入瑰丽未来而只将我们带回古老的过去。行走可能造就了双手万能、心灵扩展，但它始终不是特别有力或快速的事物。如果它曾将人类与其他动物分开，它如今——像性和生产、像呼吸和进食——将人类与生理限制相连。

　　离开前那天早上，我在国家公园里散步，从帕特在教攀岩的岩石出发，以缓慢、悠闲的步伐行走。他父亲曾告诉他，公园风景时时变换，故不妨时时徘徊，观看风景。这倒是个好建议。我在一大堆岩石中出发，这堆岩石中的每块岩石都有一栋大房屋那么大；它们像建筑物那样切割风景，所以你必须知道地形及地标，而非倚赖远方的景物引导。朝阳在我左方，我向南沿着一条与另一条道路交错的小路走，这条小路的中央有一丛丛草；它向东南方转进另一条常被使用的道路。小蜥蜴钻进树丛，嫩绿的青草遍布荫凉地，几星期前一场大雨使它们抽高了一两时。在只有风声和脚步声的广阔空间游荡，我感到自由、舒坦。我的路抵达一处私有地的尽头，我在附近打转，寻思着是否找到另一条回到石丛的路。而当我打转时，山区在地平线上时隐时现。我终于遇见了我的小径与废弃的路的交叉点，发现自己往另一方向的足迹，那些足迹鲜明地印在前人较浅的足迹上，我跟随自己的足迹，约一小时后回到出发地。

追求圣宠之路：朝圣之旅

　　行走来自非洲，来自演化，来自必需，它通往每处，经常在寻找某样事物。朝圣之旅——边走边找某种不可解之物——是基本行走的方式之一，而我们在朝圣之旅上。矮松和桧树之间的红土，覆盖着形形色色发亮的小鹅卵石、云母、蝉蜕下的皮。这是条奇异的步道，既繁华又贫穷，像新墨西哥州许多地方一样。我们正行往奇马约，这天是耶稣受难节。我是那天横过乡野往奇马约的六人中最年轻者，且是唯一的外地人。这团体是几天前结合的，包括我在内的几个人问葛瑞格是否介意有人同行。另两人是葛瑞格的癌症生还者团体的成员——一名测量员和一名护士，朋友梅里黛带来她的木匠邻居戴维。

　　虽然我们走着各自的路——或者说是跟着葛瑞格走，我们已加入往奇马约教堂的年度朝圣之旅，因此我们是朝圣者。朝圣是旅行基本的方式之一——这种旅行追寻某种事物，这事物可能是个人内在的转化——而对朝圣者而言，走路是圣工。世俗的行走常被想象成游戏，并用装置和技术使走路更舒适、更有效。朝圣者常设法使他们的旅程更艰苦，使人想起旅行一词是从 travail 而来，travail 这词有"劳苦""受难""分娩的痛苦"等意。自中世纪以来，一些朝圣者裸足旅行或在鞋里放石头，也有一些朝圣者斋戒或穿僧衣。爱尔兰朝圣者仍在每年七月的最后一个星期日裸足攀登克罗帕特里克山，也有朝圣者跪走全程。一位早期的珠穆朗玛峰登山者注意到西藏一种较为劳苦的朝圣方式。"这些虔诚、简朴的人有时旅行两千英里，且以一步一拜的方式行走，"约翰·诺埃尔上尉写道，"他们匍匐在地，以手指在前方土地上做记号，站起来时又以脚趾在土地上做记号，当他们五体投地时，他们张开手臂，发出祈祷声。"

在奇马约，一些朝圣者每年都携带十字架前来。他们的十字架各式各样，从小型的到必须被拖着走的大型十字架应有尽有。在目的地的礼拜堂内，一座十字架被放在圣坛右方，一名朝圣者手拿一面小金匾念道："这座十字架是感谢上帝让我儿子隆纳·加伯瑞拉自越南战场归来的象征。我，赖夫·加伯瑞拉，答应做一趟朝圣之旅，这旅程由从新墨西哥州格兰茨到奇马约，行程一百五十英里。此朝圣之旅在一九八六年十一月二十八日结束。"加伯瑞拉的匾和木制十字架约六英尺高，有一尊基督雕像在上面，它寓示着朝圣之旅是圣工，是收获精神之美的劳动。无人知道此精神之美究竟是劳力的报偿，还是显示自我已臻至良善之境——也没有人需要知道；朝圣在人类文化中是作为精神之旅，而苦修和体力劳动被普遍理解为发展精神的手段。

有些朝圣之旅，如西班牙西北部的圣地亚哥德孔波斯特拉，是彻头彻尾的徒步之旅。虽然西非穆斯林可能花一辈子或数代时间缓步走向沙特阿拉伯，麦加之旅还有以游牧方式进行者。但有些朝圣之旅，如麦加或耶路撒冷之旅，很可能以飞机开始，而走路则是抵达后的事了。奇马约之旅也是以步行方式进行的朝圣之旅，尽管多数行走者有司机把他们从车上放下来，在目的地搭载他们。这是汽车文化中的朝圣之旅——从圣菲沿公路往北，然后沿小路往东北到奇马约。最后几英里的路边塞满汽车，城里的空气中充满一氧化碳的味道；自圣菲一路下来，路上到处是"汽车慢行""留心朝圣者"的标志。

葛瑞格的路始自圣菲以北十二英里处，穿越乡间，在离奇马约几英里处与其他朝圣者会合。我们在早上八点抵达葛瑞格和其妻子马林很久前所买的地，对他而言，这趟步行将他们的地与北方十六英里处的圣地连接起来。这趟步行对我们中的其他人也很有意义；我们中无人是天主教或基督教教徒，走过乡间使我们在抵达礼拜堂前，先沉浸于非信徒的天堂——大自然。我不断提醒自己这不是远足，要慢慢走。但我却发现，慢行会使这趟步行更艰难。

像新墨西哥州北部多数地方一样，奇马约城散发一种古老感，使它与美国其他地方相当不同。这儿随处可见印第安人的石造建筑、陶瓷碎片、岩石雕刻，蒲芦族、纳瓦霍族、霍皮族印第安人占人口中很大的一部分。拉美裔人口也相当多，他们祖先建立的圣菲是北美第一个欧洲人殖民地。这些原住民未像美国其他地方的原住民那样被遗忘或驱逐；无人认为这地方在扬基人来到前是无人居住的荒野。事实上，来此的扬基人向原住民文化借鉴了不少事物，包括砖造建筑、印第安人的银饰、蒲芦族印第安人的舞蹈、拉美裔的手艺和每个人的习俗，还有朝圣。

殖民者来到前，蒲芦族印第安人居住在奇马约，他们将五月教堂上方的小山命名为"佳石之地"。奇马约谷的西班牙殖民史可追溯至一七一四年，此狭窄、多水的农业谷北端广场，据说是本区最佳殖民地建筑遗迹之一。像新墨西哥州大部分广场一样，此广场是岛形的；它的子孙唐·尤斯纳在谈及奇马约谷时，说谷北端广场的人不与谷南端波特雷罗的人通婚。在殖民时代，西班牙殖民者未经允许不得到奇马约旅行，当地居民成分因此相当本土化。朝圣之旅前一年，我曾在新墨西哥州北部的另一个村庄居住，村里人这么批评奇马约人："他们并非来自这里。他们是曾祖父一代就搬来的。"奇马约人说的西班牙语相当旧式，许多人注意到他们的文化起源于启蒙时代前的西班牙。他们以农为生、注重传统、生活贫穷、民风保守并信仰天主教，他们的文化仍保留不少中世纪特点。

圣图阿利欧在奇马约南端，在其小广场上横出一条充满倾圮砖屋和有着手写招牌的商店街道。坟墓广布此小而稳固的砖造教会的中庭。教会内墙上布满描写圣者和悬在绿色十字架上基督的漫漶壁画，风格令人想起拜占庭派的画家和宾州的荷兰画。北边的礼拜堂与此教会相当不同。前者充满皈依者所奉献的耶稣、圣母玛利亚及圣者画、手绘图像、银制的瓜达卢佩圣母，和斑驳的《最后的晚餐》版画。此礼拜堂的外墙上布满十字架，在墙前方悬着一列坚固的铝制拐杖，它们银光闪闪，像监狱的栏杆，许多基督徒们透过它们的间隙向外望去。穿过一个门廊到西边教会最重要的部分，那是座小礼拜堂，未铺石砖的地板上画着肮脏的"朝圣者回家"。本年礼拜堂里有一只绿色塑料小杓子，人们用它取清洁剂纸板盒里的沙土吃。人们习惯喝泡有此土的水，至今仍将这水用在病者身上，写感谢函给教会。此处的拐杖为瘸者痊愈作证。

　　几年前初来此地时我听说"圣井"，但"圣土"我还是第一次听到。天主教会通常不视土为神圣的媒介，但奇马约的土显然很神圣。人类学者维特·特纳和伊迪丝·特纳用"洗涤风俗"一词描述天主教会在拓展欧美版图时吸收当地风俗的情形——这是爱尔兰许多圣井在爱尔兰人成为基督徒前就已神圣的原因。今人认为蒲芦族印第安人在西班牙人来北美前就已视北美的土是神圣的，在一七八〇年代天花流行时，西班牙女人采撷了一些蒲芦族印第安人的习俗。将土视为神圣、最低、最物质性的东西，与最高、最虚无缥缈的东西相联系，是封闭物质与精神间的裂口。它暗示整个世界可能都是神圣的，神圣物能在脚下寻得。在先前的拜访中，我了解到井被认为有不断注满的神力，自凯尔特人文学中的无底杯及耶稣的面包与鱼以来，源源不绝的井水一直是神圣物。在皈依者掘出土带回家近两个世纪之后，礼拜堂泥地里的洞仍只有水桶那么大。但我在邻舍买的宗教书籍上看到神职者经常加土，他们在耶稣受难节会把一大盒土放在祭坛上。

　　据说在十九世纪初的某个圣周，一位奇马约地主，贝尔纳多·阿贝特先生，在小山上的宗教会举办例行的忏悔式。他看见一道光芒从地洞里升起，发现洞里有座银制十字架，那十字架被带到其他教会后，洞里又升起了十字架。在十字架回到洞里三次后，贝尔纳多先生才认识到这是神迹，因此一八一四年至一八一六年间他在那里建了一座私人礼拜堂。一八一三年该地的神秘性质已为人所知——火里的一撮土据说能缓和暴风雨。此奇迹故事符合许多圣地的奇迹模式——最著名的是中世纪的"牧羊人圈"，这故事说某个牧羊人或农民发现了神迹——一块贫瘠的土地被圣光围绕，甚至还能听到福音，看到虔诚的动物聚集而来。该地点无法转移，因为地点和奇迹是合一的。特纳夫妇如此描述基督徒的朝圣之旅："所有圣地有以下共通点：它们被认为是奇迹曾发生、仍发生和可能再发生的地点。"

朝圣之旅是以"神迹不完全是非物质性的，充满精神力的地理位置是存在的"观念为前提的。朝圣之旅走在精神性与物质性之间，强调故事与故事发生地：虽然朝圣之旅追求灵性，但它是以最物质性的方式执行的——行动追寻佛陀出生之地或基督死亡之地、圣骨掩埋之地或圣水流动之地。朝圣之旅融合了精神与物质，它通过身体及其行动表达欲望和信仰。朝圣之旅结合信仰与行动、思考与行动，当神迹有了物质形象与存在地点，两者的结合即能水到渠成。新教徒和一些佛教徒及犹太人反对朝圣，认为朝圣是偶像崇拜，主张精神性应完全是非物质的。

在基督徒的朝圣之旅中，旅行和抵达有共生关系。旅行而不抵达就像抵达而不旅行一样不完全。抵达是获胜，经由辛劳和在旅途中产生的转化。朝圣之旅使经由一步步的体力劳动，走向那无形的精神目标成为可能。我们永远为如何走向宽宥、复原、真理而困惑，但我们知道如何从此处走到彼处，无论旅程有多艰险。我们也常常把人生想象成旅行——进行朝圣之旅有如抓住"人生即旅程"的意象并使其具体化。行走者走向遥远的某地，是人生最有力、最普遍的意象之一——它将个人描写成浩瀚世界里的一叶扁舟，只凭身体和意志生存。在朝圣之旅，旅程闪烁着"抵达目的地将能带来精神

58

上的灵明"的希望。朝圣者已写就一则自己的故事，如此成为由旅行和变形故事组成的宗教的一部分。

托尔斯泰在《战争与和平》中玛雅公主的憧憬里捕捉到了朝圣者的精神："她在听朝圣者的故事时常常被他们的简朴言词所感动，好几次她差点抛下一切，离家出走。她想象自己穿着粗布衣裳、携带小袋和手杖，走在泥泞路上。"当时她正给经过她家的无数俄罗斯朝圣者喂食。她想象的流放生活有一个她能走向的目标，旅途干净、清爽而又深刻。行走表现了朝圣者的简朴和决心。南希·弗雷如此描述西班牙德孔波斯特拉教堂的长途朝圣："当朝圣者开始行走，几个事物落到他对世界的感知中：他发展出一种不同的时间意识，官能增强，对身体和风景产生新的理解……一个年轻德国人说：'在行走的经验中，每一步都是思想。你无法逃避自己。'"

在朝圣之旅中，人遗忘他在此世的位置——家庭、眷恋、地位、责任，成为行者中的一员。特纳夫妇视朝圣之旅视为刺激阈的状态——置身于个人过去与未来的身份间，外于社会秩序，充满可能性的状态。Liminality 来自拉丁文 limin，意为"阈"，朝圣者在象征意义上还是身体行为上都跨过此界限——"朝圣者被剥夺地位、权威，远离由权力支撑的社会结构，并经由纪律和严厉考验上升到和谐状态。神圣权力取代了他们的世俗无权力。而这些弱者的力量一方面得自于亲近自然，另一方面得自接受神圣知识。那些被社会结构束缚的事物因而得到解放，尤其是团结意识与渴望交流的初心。"

我们从溪流上的木桥出发，那条溪流将沿岸灌溉得异常肥沃，然后往上游到葛瑞格和马林像狗后腿一样曲折、由橡树围绕的玉米田。从那儿我们走上一条灌溉沟渠，穿过将他们的地与纳姆贝保留区分开的栅栏——这是我们将爬过、滚过、开门通过的第一道栅栏。在纳姆贝保留区，我们通过瀑布——我们能听见瀑布怒吼但看不清瀑布。我喜欢瀑布的隐形，因为这提醒我，我们不是在观光。我们走近瀑布时能听见瀑布声，而后走到一个岬角，我们便能看见部分瀑布，但路上唯一清楚的景致是从悬崖到下方深水道时所看到的湍急水流。因此我们瞥一眼溅着水花的白边，向下到河床，往前走。我们在旅程的前半部彼此齐步前进；尽管路程完全不像葛瑞格在出发前以地形图向我们解释的那样井然，但他对路很熟悉。

"走到哪里算哪里。"他在有人问及我们是否迷路时总是如此回答。我们过了个愉快的上午。苏说她以为我们会在静默中前进，但每个人都说故事、做观察。我们在纳姆贝保留区上圣璜纪念品店外的一棵木棉树下吃第一顿点心，然后走过保留区外围，那里鸟儿满天飞翔，到处是果树、工厂、牧草地和房子。在这条通往纳姆贝的路上，梅里黛告诉我们，她在圣菲的第一次新时代心灵经验，那是二十世纪七十年代她的追求灵性之旅，我们顺势聊起灵性之旅的概念。苏以"出乎意料成长的机会"来形容在圣菲过多的精神成长机会和机会主义者。我们当中的三人有基督教背景，我在那天行走结束后，帮梅里黛以一顿修正主义者逾越节的晚餐庆祝她的五十岁生日。她小时候是无宗教信仰的犹太人，我则是由不虔诚的天主教徒和不行宗教仪式的犹太人抚养长大。因为最后的晚餐是逾越节的喜宴，连耶稣受难节和复活节也被列在犹太人庆祝出埃及的节目中，而此次朝圣之旅被建立在所有那些会合、受难、迁移、死亡之上。

纳姆贝保留区的北方，闷热粗糙沙岩地中风雕刻成的红石柱星星点点，满地沙砾的红土蔓延至远方的石崖。另两个女人开始感到疲惫，我不认识的两个男人走在前方。我们在风车处会合，风车是这儿的一个地标，我们绕着干涸的水槽阴影打转。之后，葛瑞格和苏决定绕着小山走，其他人则笔直往前走，因为苏已累坏了。沙岩地之后是甚难穿越的小丘地形，且不止一处，我们上下跋涉了无数长满树的红土丘。我们大叫，但没有任何回应，因此我们一直走。一个男人走在最前面；另一个男人走得比梅里黛还快。梅里黛是个体格健壮的女人，但她很矮，膝盖上绑了东西，因此她的步伐不大。

　　此类分开令人沮丧。当我想及我们所做的事情，我自己仿佛重回天堂——与亲爱的朋友和友善的新友人走过一片多变的风景，向蔚蓝天空下的目标前进。但天知道我们每个人都是如此得独一无二且风格迥异。我为过去数小时的步伐感到沮丧。有人停下来取出望远镜，或分东西给人吃，每个人都休息很久。站或慢行使我的腿发酸；这是博物馆和购物中心比山更令人痛苦的原因。如果魔鬼是在细节里，我的魔鬼就是在我以为已驯服但仍反复折磨我的靴子里。因此我游荡在前面的男人和后面的女人间，直到我终于抵达开阔的草原。我们三人一起抵达草原另一头的路上。路上不时有行人和车流经过——前者都是上山，后者则上山下山都有——梅里黛和我加入他们。我们现在是沿公路绵延数十英里长的社群的一部分。一列空水壶和橘子皮是志愿者的标志，他们每年来，设立放着橘子、水、饮料、饼干、复活节糖的桌子，供大家取用。这是朝圣之旅最动人的部分之一，志愿者来此不是为了获得救赎，而是为了支持寻找救赎的人。

前一年的耶稣受难节，我被多数朝圣者为长途行走所做的微少准备吓坏了。他们每日的衣着总让我想对他们说："这不是远足吧！"而许多看来仿佛从未走过许多路的人顽强地挺了下来。今年的耶稣受难节暖和了许多，且每件事都显得不同：因为我们疼痛的脚和行囊，我们看来比穿着五彩短裤、牛仔裤、T恤的年轻活泼的朝圣者要严肃和顽强。梅里黛的先生杰利告诉我们，当他在奇马约与我们会合时，他看见一个来自小城的女人，她穿了一条那种会在结婚或入土时穿的漂亮的白裙。两天前，在向西三十英里处，我看见两个往东走的疲惫男人，其中一人带着一个大十字架。我两次参加朝圣之旅，都有我与另一个世界里的人——信仰者同行的奇特感觉。对他们而言，前方的教堂蕴含着明确的力量，这力量三位一体、围绕着圣母玛利亚、圣者、教会、神龛、祭坛、圣礼而形成。虽然我不是信徒，但我像朝圣者那样受苦；我的脚痛得要命。

朝圣不是体育活动，不只因为它常常惩罚身体，而且因为它常常是寻求自我疗愈或爱人健康的人的选择。当我打电话问葛瑞格我是否能加入时，他告诉我当他得白血病时他与神立下誓约。誓约的内容很有弹性：只要他活着，他就会尽可能参加朝圣之旅。这是他第三年参加朝圣之旅，且是最轻松的一年。四年前，当他病笃，杰利和梅里黛为他行走，替他带回教堂的土。

我们走到奇马约的复活节周，从巴黎到沙特尔的朝圣之旅也在进行，大批基督徒在罗马和耶路撒冷会合。在过去半个世纪，发展出许多世俗的、非传统的朝圣之旅，将朝圣的概念扩至政治和经济领域。在我出发前不久，旧金山人以越过城的"为正义行走"纪念农民工作者塞萨尔·查维斯的生日；在田纳西州的孟斐斯，民权运动者以游行纪念马丁·路德·金遇刺三十周年。四月在西南部，我能参加由圣方济各会修士领导，从拉斯维加斯到内华达州核试验基地的"内华达州沙漠经验"年度和平行走。它类似于从奇马约到洛斯阿拉莫斯国家实验室的朝圣之旅，洛斯阿拉莫斯国家实验室原子弹诞生地，位于奇马约以西三十英里处。还有四月最后一个周末"优生优育基金会"所举办的"行走美国"活动。我在新墨西哥州盖洛普遇见一位飞行员，他将参加六月在弗拉格斯塔夫举行的"美国原住民社群行动，第十五届年度圣山行走"，这名称听来像由抗议在加州东南部华德谷设核废处理场的五部族所举行的"精神行走"，且我知道年度乳癌及艾滋病行走即将在旧金山金门公园及全国其他地点展开。无疑，在某处有某人正在为某个好理由走过大陆。朝圣之旅蓬勃成长。

不妨将朝圣之旅想象成大群行走者从四面八方蜂拥而来。第一滴小水滴来自近半个世纪前的一个单身女人。一九五三年一月一日，一个叫"和平朝圣者"的女人出发，立誓"行走到人类学会和平之道为止"。她在数年前整夜行走树林时就已找到她的志业，感受到"完全愿意将生命奉献给上帝和服务的心情"，并借在阿帕契山行走两千英里来为她侍奉上帝之路做准备。她生长在农家，在抛弃名字、开始朝圣之旅前就已热衷于和平政治。她是个标准的美国人，率直且相信对她有效的生活和思想的简朴能对每个人有效。她兴致勃勃地讲述她的长年行路和沿路遇见的人，简单、自然、肯定、从容。

她以参加帕沙迪那的"玫瑰钵游行"来开始她的朝圣之旅，从玫瑰钵游行展开她的长途奥德赛，使人想起《绿野仙踪》里决心展开黄砖路之旅的多萝西。"和平朝圣者"不断行走二十八年，历经各种天气、美国每个州、加拿大和墨西哥一些地方。初次出发时已是一位上年纪的女人，她穿着海军蓝裤子、衬衫、网球鞋、海军蓝束腰外衣，外衣前写着"和平朝圣者"字样，后面则出现"为和平行走两万五千英里"等字样。她的虔诚出现在她对海军蓝的解释里——"海军蓝不显脏，"她写道，"且确实代表和平与灵性。"虽然她把她非凡的健康与精力归因于她的灵性，但我认为应是她非凡的健康与精力导致她的灵性。她衣着简单地在暴风雪、雨、沙暴、炎热中进行她的朝圣，睡在墓地、中央车站、地板、新友人的长沙发上。

尽管她的书写多数是客观的，她在国家和全球政治上采取强烈立场，反对韩战、冷战、军备竞赛和战争。当她从帕沙迪那出发时，韩战仍在进行，麦卡锡参议员的反共产主义威吓也在进行。那是美国历史上最黑暗的时期之一，对核战和共产主义的恐惧将多数美国人推入服从和压抑的地堡。连主张和平也需要道德勇气。当和平朝圣者在一九五三年的第一天孑然一身地出发，她口袋里只有"一把梳子、一支折叠牙刷、一支原子笔、几份个人资料和联络簿"。尽管经济振兴且资本主义被尊奉为自由的圣礼，但她已退出货币经济——此后她从未携带或使用钱。她如此说到她物质财产的贫乏："想想我多么自由！如果想去旅行，我只消站起来、行走。没什么能阻挡我。"虽然她的典范多数是基督徒，她的朝圣之旅似乎起源于二十世纪五十年代的文化和灵性危机，此类文化和灵性危机将作曲家约翰·凯奇、"垮掉的一代"的著名诗人加里·斯奈德等艺术家、诗人推入禅等非西方传统的探讨，并将马丁·路德·金送到印度研究甘地关于非暴力和精神力量的教诲。

多数脱离主流的人离群索居，但"和平朝圣者"脱离主流却加入人群，在人群中她能够调解她的信仰和国家意识形态间的差距——她既是福音传道者也是朝圣者。她已为和平花了九年时间走了两万五千英里路。以后，她将继续为和平行走但不再计算里程。她如此说道："我走到找到宿泊处、食物为止。我从不乞求——都是别人慷慨分享的。这些人不是很善良吗！我通常一天走二十五英里路，视我在路上与多少人谈话而定。我曾经一天走五十英里路，为了赶赴约会，或因为找不到宿泊处。在寒冷的夜晚我整夜行走以保持温暖。如鸟一般，我在夏天北飞，冬天南飞。"后来她成为一位知名演讲家，有时搭车履践演讲约。她在一九八一年七月死于车祸。

如朝圣者般，她已进入特纳夫妇所描述的"阈"状态，她留下的珍贵遗产，能帮助人趋至托尔斯泰笔下玛雅公主所渴望的简朴、清明的状态。她的行走成为对她信念力量的证言，并暗示几件事。一件事是这世界如此混乱，她必须舍弃她的平凡姓名和平凡生活，才能设法疗愈它。第二件事是如果她能舍弃钱、房子、俗世的尊荣，那么或许深刻的改变和深刻的信任就能产生。第三件事是就行走者本身而说的：像承担门人罪恶的基督或被逐入荒野、承担着社群罪恶的希伯来代罪羔羊一样，她为世态负起个人责任，她的生命既是证言也是偿罪更是典范。使她不凡的是她采取一种宗教形式——朝圣——来承载政治内容。朝圣传统上是关于自己或爱人的疾病和复原，但她以蹂躏世界的战争、暴力、仇恨作为对抗目标。推动她的政治内容，努力以影响他人来达成改变，使她成为现代政治朝圣者的先锋。

她预示朝圣本质的改变：从请求神的干预或神迹到要求改变，不再诉诸上帝或众神，而以公众为诉诸对象。或许战后时代标示了"光神的干预就够"信仰的终结；上帝未能防止犹太大屠杀，而犹太人经由政治、军事手段夺得许诺之地。在民权运动的最高峰，马丁·路德·金说他要到伯明翰领导示威，直到"法老让上帝的子民走"。集体行走将朝圣之旅的场景与军队游行、劳工罢工及示威连接起来：它是力量及信念的展现、诉诸政治力而非精神力量。

由于许多神职者的加入、非暴力的行使、宗教救赎的语言，民权运动比多数抗争更沾染了朝圣之旅的性质与形象。它大半是关于黑人取得权利，且它最初是以下列方式进行：静坐并抵制——在巴士、学校、餐厅静坐示威。但它在结合抗议或罢工与朝圣的事件中找到动力：从塞尔玛走到蒙哥马利以请求投票权，在伯明翰及全国各地的许多游行，华府的三月大游行。事实上，由新成立的南部基督教会牧师会议所筹划的第一个大事件，是一九五七年五月十七日在华府林肯纪念堂举行的"祈祷者朝圣之旅"，该日亦是最高法院做出有利于黑白同校判决的三周年纪念日。朝圣之旅的名称使活动听来较不具威胁性；朝圣之旅做的是请求，而游行做的是要求。金深深受到甘地的书写和行动的影响，他从甘地那儿学得非暴力原则及游行、抵制等技巧。或许甘地是政治朝圣之旅的建立者——他在一九三〇年展开著名的两百英里"盐游行"，在这场游行中他和许多住在内陆的人走到海边，以使"自己的盐"（汗水）抵触英国法律和税法。非暴力意味着活动分子在请求而非强迫压迫者改变，非暴力是弱者请求强者改变极有用的工具。

在建立南部基督教会牧师会议后六年，马丁·路德·金认为非暴力抗争是不充分的，南部种族隔离主义者加诸黑人的暴力应尽可能被公开。观众不再只是压迫者，而是整个世界。这始于一九六三年耶稣受难节的伯明翰抗争，即民权运动最重要抗争的策略。从这些抗争产生许多著名形象——人被高压水管摧残、被警犬乱咬的影像，激起全世界的愤怒。金和其他数百人因在伯明翰游行被捕，在成人志愿者逐渐减少后，高中生被征募，中学生、小学生也竞相投入。他们喜洋洋地为自由而行进，而在该年五月二日，九百名孩子被捕。这些孩子在进入街道时就知道自己冒被攻击、受伤、被捕、死亡的危险，但他们信心坚定，而南部浸信教徒的宗教热忱和基督教的殉道形象似乎对他们有鼓励作用。金的传记作者写道："伯明翰抗争后一个月，查尔斯·比卢普斯牧师等伯明翰神职者领导唱着'我要耶稣与我同在'的三千多个年轻人走往伯明翰监狱。"

一张一九六五年塞尔玛至蒙哥马利游行的照片在我的冰箱上一待数月，它很传神地道出此游行。由马特·赫隆所摄，它显示一列游行者从右往左移动。他必定是弯下身来拍它的，因为它把人抬到天空高处。他们似乎知道自己在走向转化、走进历史，而他们宽阔的步伐、举起的手、充满信心的姿势表现出他们迎接历史挑战的意志。他们已在此游行中找到一种塑造历史、自测力量的方式，而他们的行动则表现出回荡于低沉、有力的雄辩中的命运和意义感。

一九七〇年，"优生优育基金会"举办了第一届的"步行筹款"，朝圣之旅离其根源更远。自一九七五年以来一直致力于此行走的托尼·邱帕，说当时举办这活动很危险，因为许多人成群步行街道被视为示威游行。第一批行走者是德州安东尼奥城和俄亥俄州哥伦布市的高中生，而第一届"步行筹款"是用加拿大一次医院募款活动作范本而产生的。邱帕指出，两场步行都下雨，没有募到款但激起许多回响。人们确实出来行走了。这些年来路程已从最初的二十五英里缩短至十公里，且参加者十分踊跃。我们从葛瑞格的地走到奇马约的那一年，据估计有近百万人参加"优生优育基金会"所举办的"行走美国"步行，他们为婴儿和产前医疗的相关研究募得七千四百万美金。这行走也得到 K 卖场和家乐氏等大型连锁商店的支持。此类"企业回馈乡里，行走者为慈善募款"的步行筹款结构，已被数百个团体采用，其中大多数与疾病和医疗有关。

去年夏天，我参加了在旧金山金门公园举行的第十一届年度艾滋行走。许多穿短裤、戴帽子的人在那阳光充足的日子在起步区附近打转，手里拿着免费饮料、广告和产品样品。为此行走宣传的百页小书由数十家赞助者——服装公司、经纪公司——的广告组成，这些公司也在草地上设摊。气氛很奇异，混合了体育与商业。然而一些参加者必定很感念这种气氛。翌日报纸指出，二万五千名行走者为当地艾滋团体筹得三百五十万美金，并描述一位穿着印有两个死于艾滋的儿子照片 T 恤的行走者说："你很难超越孩子死亡的事实。步行是面对它的一种方式。"

募款步行已成为朝圣之旅的美国版。在许多方面它们已偏离朝圣之旅的最初性质，不再是虔诚地请求神的干预，而变成了向人要钱。然而，无论这类行走有多世俗，它们依然保留了许多朝圣之旅的内容：健康和复原的主题、朝圣者社群、经由受苦和努力来获得报偿。这类活动起码还要求走路，最近出现的"骑行筹款"就根本不要求走路，如旧金山艺术学院的"非行走"活动就只请求人花钱买 T 恤而不要求人出现，而艾滋行动联盟的"直到艾滋终结"活动，也提议参加者在一封网络信上签名作为对行走的替代。

所幸，步行筹款不是故事的结局。虽然新的朝圣之旅形式不断出现，但旧形式依旧存在，从宗教朝圣之旅到长途政治行走，不一而足。一个月后，两万五千人走十公里为旧金山的艾滋团体募款，帮派问题专家吉姆·埃尔南德斯和反暴力工作者希瑟·泰克曼完成从东洛杉矶到加州里士满的五百英里行走，身上携带逾一百五十张年轻谋杀受害者的照片，沿路会见青少年。一九八六年，数百人一起参加大和平行走。他们一起走过美国，要求解武，此活动创造出自己的文化和支持体系，并对经过的小城镇造成巨大的影响。此行走开始时是媒体事件，但随着愈走愈远，行走本身取得优势，行走者变得较不关注媒体、讯息，而较关注内心的变化。一九九二年，两名横越大陆和平行走者达到了同样的效果，像大和平行走的行走者一样，他们从"和平朝圣者"撷取灵感。一九九〇年代初苏联、欧洲举行了类似的行走，而在一九九三年，草莓采摘者及其他农协支持者积极响应了从德拉洛到沙加缅度的三百英里行走，该活动由此为凯撒·查维斯在一九六六年组织，并称之为朝圣者的旅程。

即使最世故老练的人也难抗拒朝圣的冲动，即便没有宗教意义的支撑，行走的严厉考验依旧有意义。电影导演沃纳·赫尔佐格写道："一九七四年十一月底，一位来自巴黎的朋友打电话给我，告诉我洛蒂·艾斯纳病得很重，可能不久于人世。我说不可以，不能在这个时候，德国电影不能没有她。我取了一件外套、一副罗盘及装满必需品的帆布袋。我的靴子崭新坚固，我对它们有信心。我信心满满地向巴黎出发，我认为如果我能徒步到达，她就能活下来。此外，我想独处。"他从慕尼黑走了数百英里，那时是冬天，他常处于饥寒交迫、体力透支的窘迫境况。

如每个看过赫尔佐格电影的人所知，赫尔佐格喜欢炽热的激情和极端的行为，在巴黎之旅的日记里他表现出电影中执着的精神。他在冰天雪地里行走，睡在谷仓、汽车展示屋、陌生人家和旅店里。日记描述行走、受苦、与人相遇和风景的片段，就像赫尔佐格精彩的电影情节被编入关于严厉考验的描述。在第四天，他写道："当我正如厕时，一只野兔从我身边跃过。我走一步痛一步。行走为何如此艰辛？"在第二十五天，他踏入艾斯纳的房间，她对他微笑。"在那美妙的一刻，甘美的感觉流过我疲惫至极的身体。我对她说，开窗，从现在起我能飞了。"

我们沿着弯曲的道路抵达奇马约。沙尔和我坐下来，等待人行道上的梅里黛。车、警察和拿着蛋卷冰淇淋的小孩从我们面前经过；在我们背后盛开着几株果树。之后，沙尔到教堂门口排队，我则到耶稣圣婴堂旁的流动摊贩处替大伙买柠檬水，人们过去喜欢到耶稣圣婴堂奉献童鞋，因为据说耶稣圣婴堂的天使到了晚上就跑不动了。我很高兴回到熟悉的土地。我知道什么在教堂里面，并想到被编织入礼拜堂门后的栅栏，想到由葡萄藤和木棉树枝做成的数千个十字架，然后想到流过礼拜堂另一边的灌溉渠、流过城的湍急浅河、卖四旬斋食品的零售摊、老砖造房屋、略显老态的活动房屋、许多不友善的招牌："注意：随时留心你的行李""若遇偷窃，自行负责""小心狗"。奇马约是个很穷的城镇，以毒品、暴力、犯罪、圣洁知名。杰利正在等待他的妻子梅里黛，我则拿着柠檬水往回走，与沙尔道再见，然后走到目的地。那日约有万名朝圣者在礼拜堂门口排队，杰利发现葛瑞格和苏也在队伍中。我们在月亮升起后离开，仍有不少人沿狭窄路肩行走，这些人看着毫无喜气，只显出虔诚与疲惫。

迷宫与凯迪拉克：走入象征的领域

　　我并未与朝圣者们一起进入礼拜堂，因为我有另一个目的地。前一年当我走完朝圣之旅的最后六英里，试着赶上我开车来的朋友时，在路边看到一辆车身绘有《苦路》的凯迪拉克，当时我端详了一下便匆匆走了，但我决定有机会再仔细欣赏。在两次耶稣受难节的间歇，这辆绘有耶稣受难苦路十四站的凯迪拉克变得愈来愈气势非凡，它浓缩了众多符号语言，渴望成为一辆奇特的神圣战车。杰利在耶稣圣婴教堂前说车在百码外的路上，我步履蹒跚地走过去看它。

　　修长、灰蓝的车身仿若金属的机体融入天鹅绒那般，此款一九七六年的凯迪拉克是矛盾的产物。以铬合金的底盘包边为地平线，苦路十四站包裹着整个修长的车身。耶稣在驾驶座一侧的尾端被判死刑，而后背着十字架前行，跌倒后绕着整个车身履行着他的宿命，在副驾驶的门把手边被钉上十字架，最终埋葬于那一侧车尾。车两边都被画上闪电四射的暗灰天空，使耶稣受难的地方很像多雷云的新墨西哥州。耶稣也出现在汽车后行李箱上，他头戴荆冠，被天使、带刺的玫瑰、波动的丝带围绕。随处可见的荆棘似乎在进一步提醒我们，奇马约和耶路撒冷都是干燥的地方；带刺红玫瑰装饰着引擎盖，上面还画有圣母玛利、耶稣圣心、天使和百夫长。

此车原来设计成静止观赏的，但它也保留着流动的可能性。这车是否曾行远路并不重要，只要它能行远路，车上的图像就可能在高速公路横冲直撞，经历风吹雨打。试着想象这车在州际间以时速七十英里前进，驶过平顶山、路过土砖房和牛群，甚至一些假印第安集市的广告牌、DQ冰淇淋店和廉价汽车旅馆，向变幻天空下的地平线疾驰。当我在欣赏这辆车时，身形颀长、模样狂野、有着波浪状黑发的艺术家阿瑟·梅迪纳出现，他靠在邻近的木屋上接受着众人的赞美与询问。为什么是凯迪拉克？我问。但他似乎不了解我对"一部豪华车不是绘圣像的最理想地方"的质疑。所以我又问他：为何在车上绘上宗教题材画作？他说："我想给人们一点四旬斋的感觉。"而他每年确实都到这儿来展示他的爱车。

他说他还绘过别的车且拥有过一辆猫王车，然后向我暗示其他当地艺术家都是在模仿他。确实如此，有一辆二十世纪七十年代的长款车停在教堂附近，它的车身披上惟妙惟肖的风景，教堂边的白砖墙商店展示车子面对街道的那一侧，而神圣的教堂本身占据整个引擎盖。这使它成为和梅迪纳的车一样让人眼花的意义载具——将不动的地点变成疾驰的再现。但低底盘车的传统在新墨西哥州北部可追溯至四分之一世纪前，且此车被画得更加专业——我不是说梅迪纳是二流艺术家，只是说多数低底盘车都有来自使用油漆喷雾器特殊方式的正统美学，而梅迪纳则把人物画得较简单、单薄，试图以此创造出一种朦胧的氛围。你可以说多数低底盘车是巴洛克，带着点愤世嫉俗的超现实气氛，而梅迪纳的画则有中世纪画作的虔敬力量。

梅迪纳的车十分具有梦幻味，是一辆关于行走、关于受苦、牺牲和羞辱的奢侈品。这辆车结合两种不同的行走传统，一为情色，一为宗教。低底盘车则既是艺术品也是一种古老西班牙风俗，现已成为拉美风俗的现代版漫步。数百年来，漫步城市中心广场一直是西班牙和拉美一带的社会风俗，这项风俗让年轻人相遇、调情、一起闲逛。因此拉美许多乡村及城市都设有中心广场，而北欧较为悠闲的漫步则会选择公园、码头、林荫大道。在墨西哥的一些地方，漫步广场的习俗一度正式到犹如社交舞会的衍生品一般——男人往一方向漫步，女人往另一方向漫步。不过如今，在多数城镇，广场是轻松漫步的地点。漫步强调昂首徐行、社交、炫耀的行走。它不是抵达方式，而是置身某处的方式。它的行进基本是圆形的，无论是徒步或乘车。

在我写本书时，在旧金山五一游行后跑进我哥哥史蒂夫的朋友乔斯在多勒瑞斯公园的住家，向他请教上述风俗，起先他说他对该风俗一无所知，但随着我们谈话的深入，他口中吐出愈来愈多的数据，他眼睛不断闪烁着记忆的光芒。在他萨尔瓦多的家乡，此习俗被称为"绕公园"，这里的公园指的就是城市中心广场。青少年经常利用城市中心广场进行社交，这也有房子小和气候温暖使家庭社交并不惬意的缘故。女孩子不会单独走进广场，因此他常做他姐姐和三位美丽表姐的电灯泡。他童年的许多周六和周日夜晚，都是在城市中心广场舔着冰淇淋度过的。广场漫步让人得以在公共场进行私密之事，给人足够的空间说话、社交。他说，因为绝大多数人最后都会到城市发展，所以广场漫步时点燃起的罗曼史很少通向婚姻。但当人们回到家乡，他们又会漫步广场，但这并不是为了邂逅而是回忆他们过往的生活。他说，萨尔瓦多的每个小城和村庄都有广场漫步习俗，危地马拉也有此习俗，而且"越小的城镇越需要注重人们之间的和谐交往"。西班牙、南意大利、拉美大部分地方都有广场漫步的习俗；这使世界成为舞厅、步行成为慢华尔兹。

很难说低底盘车和驾车巡游是如何结合在一起的，但驾车巡游可以说是漫步的继承者——汽车慢行前进，车内的年轻人彼此调情、挑衅。梅里黛，我的奇马约朝圣之旅的同行者，在一九八〇年拍了一系列关于新墨西哥州的照片以记录低底盘车的历史。彼时驾车巡游次文化正盛行，低底盘车会在位于圣菲中心的旧广场慢慢巡弋。像多数地方的低底盘车一样，圣菲的低底盘车遭遇政府官员的敌意，他们将围绕广场的四条街改成单向圆环，并采取其他步骤禁止驾车巡游。当梅里黛在摄影作品完成时，她在圣菲市中心为自己举办了一项摄影展，邀请低底盘车来参展。借着将低底盘车重置于高级艺术脉络，她为低底盘车开辟出新领域，把它们介绍给公共社区内的其他民众。而这也成就了圣菲历史上最大的艺术展开幕式，各式各样的人漫步广场看车、观赏照片、彼此欣赏，真可谓是一次艺术漫步。

虽然驾车巡游源自漫步，但车的意象有时诉说着完全不同的传统。例如，在虔敬的新墨西哥州，低底盘车承载的宗教意象比加州的低底盘车要大得多。因为椅子的布套多为天鹅绒，梅里黛视低底盘车为礼拜堂、圣骨匣、刀，乃至棺材。它们展现了年轻人既虔敬又爱玩的文化。也表现出汽车在新墨西哥州的重要性——在那里，人行道和路边小径很少见，乡村和都市生活是绕着汽车打转。即使在朝圣之旅，低底盘车也在路上驾车巡游、对行人调笑。我仍认为漫步不再是行人事件，而成为汽车事件是很奇怪的事。汽车是私人空间，具有排他性。即使开得很慢，汽车仍不具备步行所提供的直接相遇和易于接触的特性。不过，梅迪纳的车不再是车辆而是一件物品。他站在车旁接受赞美，我们则绕着车走，与其说我们是走过苦路的信徒，不如说我们是参观画廊的鉴赏家。

　　苦路是由多层文化相迭而成。第一层是从耶稣被判罪到耶稣被埋之处，也就是从把基督判定死刑的罗马总督本丢·彼拉多的家到基督被钉死之地，即朝圣者携带十字架到奇马约所模拟的行走。十字军东征时，耶路撒冷的朝圣者游览上述事件发生的地点，边走边祷告，从此铺下第二层，即信徒追本溯源的一层。十四、十五世纪，圣方济各会的修士借着将路线正式化成一连串事件（分为十四个阶段）以及通过将事件抽象化创出了第三层。由此传统产生了苦路的艺术品——通常是十四幅小画摆放在教堂的本堂，几乎所有天主教会都有描绘苦路的画作，通常都是极其优美的抽象作品。因此我们也不必再回到耶路撒冷去追溯这些两千年前的事件。往事已成历史，但行走和想象是进入那些事件极其适当的媒介——多数关于到苦路十四站祈祷的推荐都强调在迈步前行中要怀抱着基督当年一路受难的想象，因此到苦路十四站的祈祷不只是祈祷，而且是认同和想象。基督教是活动力很强的宗教，连上述一度专属于耶路撒冷的路线也被推到了到全世界。

　　路是横越一处风景最佳方式的先验诠释，走一条路就是接受一个诠释，又或是像学者、追踪者、朝圣者那样追踪该路上的先行者。

走同一条路是重述一件深刻的事；以同样方式行过同一个地方是成为先行者、与先行者共享同样思想的一种方式。这是一种空间剧场，也是一种精神剧场，因为人们怀着更接近圣者与众神的希望来仿效圣者与众神。是这种希望使朝圣之旅在所有行走方式中独树一帜。如果人无法肖似神，人起码能行走如神。诚然，耶稣是以其最人性的那一面出现在苦路的——他颠踬、流汗、受苦、跌倒三次，在救赎堕落途中死亡。但苦路已成为随处可见的画作，信徒们也不再经由地点而是经由故事来追踪一条路。苦路的画作被设置在教堂的本堂，好让崇拜者走入耶路撒冷、走入基督教的核心故事。

除了苦路画作外，还有许多其他技巧能让人进入故事。去年夏天我发现这样一个技巧。我与一些朋友在相约诺布山顶上费尔蒙特旅馆波利尼西亚酒吧的汤加厅。走上诺布山后，我途经一杂货店，遇到一个兴高采烈的中国男孩，还有一些成人，绕过恩典座堂后面，穿过中庭。中庭有一喷水池在喷水，一个年轻人挥动圣经，嘴里嘀嘀咕咕。我欣然看到远处有座新迷宫。这座深深浅浅的水泥建筑参照了沙特尔大教堂的模式：十一个同心圆被分成四个象限，路自四个象限中穿过，直至交汇于中央的六瓣花。我到得早，因此我走进迷宫。这迷宫如此折腾人，我看不见附近的人，也几乎听不见车声和六点钟的钟声。

在迷宫内，二度平面不再是人能走过的开阔空间。固守曲径变得重要，而当人的眼睛凝视迷宫时，迷宫的空间就变得大而逼人。我进入迷宫后的第一途径在几乎抵达十一个环的中央时便开始不断蛇行，忽近忽远，过了很久才渐渐靠近中央。这时行走者慢下脚步，为旅程着迷不已——光是进入这个直径四十英尺的迷宫就得花至少十五分钟。这圆成为掌控我的世界，我了解迷宫的规则：有时你必须背对目标才能抵达目标，有时最远的地方是最近的地方，有时唯一的活路是那最远的路径。在仔细地行走、注视后，抵达终点的宁静深深感动了我。抬看如爪如翼的白云在碧空中向东滚动。我很惊异地了解到，在迷宫中，隐喻和意义能以空间被传达。"最远的地方是最近的地方"以言语说来不算什么，一旦你用脚体会，这就是相当深刻的道理。

诗人玛丽安·穆尔曾写过"想象的花园里有真实蟾蜍"的名句，而迷宫提供我们以真实形体存在于象征空间的可能性。我边走边构思一个童话故事，故事里的主人公们走出了书本与图片漫游花园。花园里的雕像也被赋予生命，更有甚之，他们还走进镜子对面的世界——在那里，棋子、花朵、动物生机盎然并真实地拥有喜怒哀乐。童话故事暗示着真实世界和再现世界的界线并不那样固定，魔术常在人越界时发生。在迷宫，我们越界；我们真的在旅行，即使目的地只是象征性的。行走迷宫与思考旅行和观赏我们想去旅行的地方的照片相较而言是完全不同的经验。因为迷宫中的真实在于我们身体盘踞的地方。迷宫是象征旅程或通往救赎的路线图，但它是我们确实能踏上的地图，它模糊了地图和世界的边界。如果身体是真实的记录，那么以脚阅读就能达到以眼阅读所不能达到的真实。而且有时地图就意味着领地。

在中世纪教会，迷宫一度很普遍，但如今只存在于一些教会。它有时被称为"到耶路撒冷之路"，中央即是耶路撒冷或天。尽管迷宫历史学家马修斯警告说没有确实证据能显示迷宫的真正目的，许多人认为迷宫提供了将朝圣之旅压缩成紧密空间的可能性，迷宫中的曲曲折折则再现了精神旅程的难度。在旧金山恩典座堂的迷宫是一九九一年由教堂牧师协会会员劳伦·阿托斯设计的。她写道："迷宫通常是圆形，有着曲折但意味深长的路，从边缘到中央又从中央到边缘。每座迷宫都只有一条路，而一旦我们选择走进它，路就成为我们人生之旅的隐喻。"一九九一年阿托斯成立了迷宫研究会，该会已训练近一百三十人从事迷宫方面的研究，甚至出版有关迷宫计划的季刊，季刊里面还印有包括推销手袋、珠宝等物品的数页广告。作为精神设计的迷宫在全国滋长，花园迷宫也经历复兴。二十世纪六十、七十年代，我们在泰瑞·福克斯等艺术家的作品里看到一种非常不同的迷宫。二十世纪八十年代末，艾德里安·费舍尔成为英国相当成功的迷宫设计者，他设计和建造了布莱尼姆宫等数十处花园迷宫。

迷宫不只是基督教的专属，尽管它们总代表某种旅程——有时是启蒙之旅、死亡和再生之旅，或救赎之旅和求爱之旅。有些迷宫似乎只是象征了旅程的复杂以及找路的困难。古希腊人很喜欢谈迷宫，虽然克里特岛上囚禁着人身牛头怪物的传奇迷宫从未被发现且可能不存在，但克里特岛迷宫却出现在克利特岛的硬币上。目前被证明存在的迷宫有：撒丁岛上的石雕迷宫；南亚利桑那州、南加州沙漠上的石造迷宫；罗马人所建的马赛克迷宫。在斯堪的纳维亚，有近五百座石造迷宫伸展在地面上；二十世纪之前，渔人在出海捕鱼前会走迷宫以期望好运气与一帆风顺。在英国的草地迷宫——切成一块块草泥地面的迷宫——被年轻人用来进行情色游戏，通常一个男孩跑向在一个在中央的女孩，在此迷宫的曲曲折折似乎象征求爱的复杂。英国广为人知的树篱迷路园是文艺复兴时期花园较贵族化的创新。许多人著述书写迷路园和迷宫的区别。迷路园有许多分岔，设计用来迷惑进入的人；而迷宫则只有一条路，任何固守这条路的人都能发现中央的天堂，再折回到出口。迷路园和迷宫被赋予不同的隐喻意义：迷路园提供自由意志的困惑，迷宫则提供救赎的固定路线。

一如苦路，迷宫提供了我们能走进的故事，我们以脚和眼追踪的故事。不只迷宫之间有相似性，每条路和每个故事间也有相似性。这也使路作为结构如此独特的原因之一，因为路无法在行人刚进去时就被完全理解。路在人行路时展开，就像故事在人听或读时展开，道路的急转弯像情节转弯登上悬疑之楼看到顶巅风景，岔路像引进新情节，抵达目的地则如抵达故事的终点。如果书写让人得以阅读到某个不在场的人的言语，路则使追踪缺席者的路线成为可能。路是从前走过的人的记录，走他们走过的路等于追随不再在那里的人——他们不再是圣者和神，而只是牧羊人、猎人、工程师、移民、农人和通勤者。类似迷宫这样的象征结构，促使人注意所有路和旅程的本质。

故事和旅行间存在相似关系，这可能是叙事书写如此为行走所紧紧包缚的原因。书写就是在想象的地域辟出一条新路，或指出熟悉路线上的新特征。阅读就是在作者引导下行经那地域——人可能不会总是同意或信任向导，但引导多少能对人起指引之功。我常常希望我的句子能被写得像奔向远方的一条直线，好让"言语即路，阅读即旅行"的道理一目了然。我曾做过计算，发现我一本书的文本要是排成一行会有四英里长。或许中国卷轴便有这种"阅读即旅行"的意味。澳洲原住民的歌曲是结合风景与叙事最著名的例子。歌曲是行经沙漠时的工具，风景则有助于记住故事；易言之，故事是地图，风景是叙事。

因此故事即旅行，而旅行即故事。因为我们把生命本身想象成旅行，行走才会有这么多意义。心灵和精神的运转像时间的本质一样难以想象——因此，我们常常把心灵、精神、时间隐喻化成坐落在空间中的物体。故而我们与心灵、精神、时间的关系变得物理化和空间化：我们走向心灵、精神、时间或远离心灵、精神、时间。如果时间已成为空间，那么时间的展开便成为旅行。行走和旅行已成为思想和语言中的中心隐喻。在英语中有数不清的动作隐喻：steering straight——迈步前进，moving toward the goal——向目标进军，going for the distance——走向远方，getting ahead——领先；things get in our way——阻碍，set us back——遭受挫折，help us find our way——帮我们找到路，the go-ahead as we approach milestones——临门一脚；move up in the world——自我提升，获得成功，reach a folk in the road——抵达分岔口，hit our stride——全速前进，take steps——采取措施；a person in trouble is a lost soul——陷入麻烦的人是迷路的灵魂，out of step——乱了阵脚，has lost her sense of direction——失去方向感，is facing an uphill struggle or going downhill——进退两难，through a difficult phase——历经艰险，in circles——原地打圈。我们能在谚语和歌谣中发现更多诸如此类的表述。借由走路心灵和政治事件被想象成空间事件：马丁·路德·金在他最后的演讲里，用"我已抵达山顶"

描述一精神状态，这状态与耶稣抵达山顶后的状态非常相似。金的首部著作名为《迈向自由》，这个标题三十多年后得到曼德拉自传《漫漫自由路》的响应。除此以外，英国女作家多丽丝·莱辛回忆录的第二卷为《走在阴影中》，克尔凯郭尔有《漫步人生路》，意大利记号学家翁贝托·艾柯以《悠游小说林》来描述边漫步林中边读书。

如果将生命视为旅行，它最常被想象为徒步旅行，越过个人历史风景的朝圣之旅。我们常常自己行走；When she walked the earth（当她走过大地）是描述人存在的一种方式，人的职业是 walk of life（各行各业），专家是 walking encyclopedia（活百科全书），he walked with God（他与主同行）是《圣经·旧约》描述蒙主恩宠的方式。行走者的形象——寂寞、主动、行经世界——是人的有力形象，无论他是跋涉草原的原始人类，抑或是走过乡村路的贝克特式人物。行走的隐喻在我们行走时变得真实。如果生命是趟旅行，那么当我们旅行时生命变得可触知，我们有可走向的目标、看得见的路程、能理解的成就和与行动相结合的隐喻。迷宫、朝圣之旅、登山、健行，这一切都让我们得以将时间化为有精神向度的实际旅行。如果旅行和行走是中心隐喻，那么所有旅行、行走都能让我们进入与迷宫、仪式相同的象征空间。

行走和阅读结合的领域还有许多。就像教堂迷宫有花园迷宫里的世俗手足，苦路的故事有雕塑公园中的世俗同等物。近现代欧洲人被期望认出画、雕塑、彩色玻璃中的人物，从圣者——携钥匙的圣彼得，眼睛盯着盘子的圣露西，到卡里忒斯、枢德、七宗罪。多数教会会将《圣经》中若干内容转译成美术；像沙特尔大教堂这样精致的大教堂会将人文七艺、耶稣十位女童的比喻美术化，也会将基督生命场景以图像方式排列。阅读需要识字，但图片确实雅俗共赏。受过教育者能从古典神话和基督教图像中认出神与人。由于图片来源通常是文字，每一个图像再现一个故事，这些故事以不同顺序被排列，且常常以能被行人"阅读"的顺序被排列。许多公园是雕塑公园，绿树在雕塑公园中不是作为摆放雕塑的画框，而是作为能被阅读的空间，像图书馆的知识空间。雕塑和建筑元素被安排成观看者——行人，能边走边解读的顺序，雕塑公园的魅力在于行走和阅读、身体和心灵被和谐地结合。

修道院是僧侣或修女能边走边沉思的地方，时常会有精致的基督教故事。回廊的格局通常是一个方形拱廊绕着中央有井、水塘或喷泉的花园。文艺复兴时期的花园里有精致的神话及历史雕像。因为行走者已知道故事，不需要有人在旁讲述，但在行走的时空及行走与雕像的相遇中，故事在某种意义上被重述。这使公园成为诗、文学、神话和魔幻的空间。意大利蒂沃利伊斯特别墅有一连串诉说奥维德《变形记》故事的浅浮雕。凡尔赛迷宫原来有一相当完整的叙事，但在一七七五年被破坏。据马休指出："凡尔赛迷宫里原来放着一座伊索雕像和伊索寓言人物群雕像，每座雕像都能喷水，每群雕像附有一块铜板上刻有诗人邦塞拉德的诗歌。"这座迷宫因此成了立体神话，在其中行走、阅读、观看组成进入寓言意义的旅程。凡尔赛花园是欧洲所有正统花园中最大的一座，它有着最复杂的雕塑计划，伊索迷宫只是其中一小部分。它以路易十四作为太阳王的形象为中心来组织所有雕塑，其后的增减使这一点现在并不明显。七十位雕刻家劳动的结果使雕塑、喷泉、植物都在对漫步者诉说着王的权力，这权力因获得太阳及太阳神阿波罗形象的映衬显得愈发强大。一个世纪后，英国白金汉郡斯托的著名正统花园被改造成较自然的景观，但小山和小树林被加上更多富含政治意味的主题。古代美德殿坐落在现代美德殿和英国美德殿附近，里边摆设了花园主人辉格党最感兴趣的诗人及政治家雕像。此行为映衬了十八世纪令人悲伤的世态，同时把辉格党人立为崇高祖先的后代。斯托的其他素质对能读懂空间、象征的人而言更有幽默感：例如，在维纳斯神殿附近的一座草庵就把苦修生活和肉欲并置。如果叙事是一连串相关事件，那么这些雕塑公园便是借着将这些事件置于一真实空间而使世界成为一本书，并使凡尔赛和斯托成为政治宣传书。有时在园中被阅读的东西并不具文学性。造景艺术家查尔斯·摩尔、威廉·米切尔及威廉·特恩布尔写道："一条花园路能成为情节的线，将时刻与事件连成故事。叙事结构可能是有起承转合的简单事件的锁链。它可能会有转换、出轨和如诗如画的转弯，也可能有次情节，或像侦探小说的叙事情节般分叉成许多死巷。"洛杉矶对此文类的贡献是好莱坞大道上的星光道路，游客可以一边在道路上行走、一边读脚下的名人姓名。

有时行走者以想象力覆盖环境，走在被发明的地域上。美国神职者兼步行狂热者约翰·芬利在给一位朋友的信上写道："你可能有兴趣知道我独自玩的一个小游戏，那就是每天尽可能走路，结果过去六年来我走了近两万英里路，也就是说，我几乎绕行了地球一周。我从一九三四年一月一日到昨夜从北方抵达温哥华，共走了两千英里路。"纳粹建筑家阿尔伯特·施佩尔在想象中周游世界。其实他在牢房里来回踱步，这使我们想起克尔凯郭尔和他父亲。艺术评论者露西·利巴德发现在返回曼哈顿后，她能"以一种精神形式——一步一步，与天气、感触、景观、季节、野生生物相遇"来继续在居住英国乡间一年中对她十分重要的每日行走。

"追踪一条想象之路，就是追踪从前经过那里的精神或思想"这句话寓意颇深。就其最浅显的意涵而言，追踪让人们对事件的记忆得以在人与那些事件发生的地点相遇时复苏；就最正式的意涵而言，追踪是记忆的方法。这是轨迹法技巧，另一种传承自古希腊，在文艺复兴以前广被使用的遗产。它是一种将大量信息送到记忆的方法，在纸与印刷术使书写文字取代记忆前是重要的技巧，以精彩的《记忆的艺术》为我们讲述轨迹法技巧史的弗朗西斯·耶茨，详述轨迹法系统的运作。"要掌握记忆术的基本原则并不难，"她写道，"第一步是在记忆上刻印一连串地点。最普通的记忆地点系统便是建筑。"更详尽的过程描述来自马库斯·法比尤斯·昆提利安。他说，为形成记忆中的一连串地点，我们要尽可能详细地记住一栋建筑物，建筑物的空间越丰富越大越好。无论是里面的前院、客厅、卧房和会客室，还是装饰房间的雕像等饰物都要事无巨细地记住。如此我们就能将影响与地点重合以带动记忆。完成这个工程后，一旦你要求恢复事实的记忆，就只需回到重合记忆的地点，那么事件的内容会自然而然地回到你的脑中。我们必须把古时演说者想成经由轨迹法在想象里游走，从被记忆的地方撷取形象。这方法确保事件被正确有序地记忆，因为次序本身是被地点在建筑物中的顺序所固定的。"

记忆如同心灵与时间，没有空间也就无从想象；把记忆归于实际地点，既使记忆成为风景，又令这风景有地点、能被接近。这就是说，如果记忆被归于某个实际空间——一个地方、剧场、图书馆，那么记忆的行动就被想象成实际行动，即身体行动：步行。学者的重点总是在想象之宫的作用上，在想象之宫中，信息被逐一归于各房间，而恢复信息的方法是像博物馆参观者那样走过房间，把物品一件件想起来。再次走过同样路线意味着再次经历同样的思想。思想和意念仿佛是风景里的固定物，人只需知道如何走过就能信手拈来。这样一来，即便行走和阅读都存于脑中，行走成为了阅读本身，而记忆的风景变成像在花园、迷宫、车站里发现的文本那样稳定。

即使书作为信息仓库的名声已盖过轨迹法，但它仍保有若干轨迹法的形式。换言之，如果有类似书的行走，那么也有类似行走、用行走的"阅读"活动来描述世界的书。最伟大的例子是但丁的《神曲》，在这本书中，但丁在维吉尔的带领下探索死后三层灵界。这是趟不寻常之旅，行经不断变化的景象、遇见各色人物，但总保持旅行的步速。《神曲》对其地理相当敏感，以致许多版本都包含地图，耶茨认为事实上《神曲》本身就是轨迹法。像之前之后的许多故事一样，《神曲》是旅行故事，整个故事紧随着主人公越过想象之地的步伐发展。

第二篇

从花园到荒郊

离开花园之途径

两位步行者和三座瀑布

十八世纪结束前两个星期，一对兄妹走过雪地。他们面色暗沉，走路的姿态奇特——据他们朋友说，这是他们唯一的相似之处。哥哥鼻子英挺、身材高挑、性情沉稳，而妹妹身材娇小，有一双炯炯有神的眼睛。十二月十七日——他们旅程的第一天，在与朋友——马的主人——分手前他们已骑行了二十二英里路，然后又走了十二英里路抵达住所，"他们最后的三英里路是在黑暗中走的，两人行过结冰的路面，脚和足踝都冻坏了。翌晨地面积了薄薄一层雪，松软绵密"。正如前一日那样，他们另辟蹊径上山去看瀑布。"那是个寒冷刺骨的早晨，"哥哥在他的圣诞夜信上说，"阵雪时不时阻挡我们前行的步伐，不过阳光明媚而富有活力；冬日的白昼短暂，我们却有二十一英里路要走……从近处看，瀑布的流水仿佛是从一处高大的拱门倾泻而下，又仿佛是从古堡破败的墙壁缺口奔腾而出。我们依依不舍地离开了这处令人兴奋不已的景致。"

91

下午他们又遇见了一座瀑布，它的水似乎一落到冰上就变成了冰。他接着说："瀑布上挂满了形态迥异的冰柱，水流从其间泻下，水势忽强忽弱、忽大忽小。有时划出一道完美的弧线直泻而下，有时却在途中支离破碎，向我们飞溅而来，大部分水会像凄厉的雷阵雨一般落在我们脚边。那时，你随时会有一种在天上的感觉。瀑布的制高点上，大片羊毛般轻软的云朵在我们头顶飘过，天空显得比往日更蓝。"绕过瀑布后，"多亏顺风和良好的路况"，他们接下来的十英里路只花了两小时十五分钟，沿途风景美不胜收，哥哥对他们的壮举颇感自豪。继续前进七英里路后，他们抵达了休息站，次日凌晨他们走入了肯德尔——通往在英格兰西北部湖区的门户，他们将在那儿定居。

　　他们就这样走进了十九世纪，抵达了他们的新家——位于格拉斯米尔湖畔小村边上的一间农舍。正如许多人所猜想的，这两位精力旺盛的行者是威廉·华兹华斯和多萝西·华兹华斯。他们穿越英格兰北部奔宁山脉那四天的作为，以及他们作为行者所成就的一切事迹令人叹为观止。我们很难界定他们行走的意义。在遥远的过去，人类曾在比他们更恶劣的状况下徒步远行。在诗人和他妹妹出生近三十年前，人们便已开始欣赏英国乡村的独特自然风景——山、悬崖、荒野、海，以及瀑布。那时，在法国和瑞士，一些人已开始挑战欧洲最高峰勃朗峰，虽然这座高峰十四年前就有人成功登顶。人们认为华兹华斯与其同伴使走成为一种新事物，也由此开辟了一个为走而走、为置身风景的欢乐而走的族群。众多研究第一代浪漫主义者的人撰文指出，第一代浪漫主义者将行走归为建立文化行为、审美经验的一部分。

一九一七年克里斯托弗·莫利写道："我总以为在十八世纪前，人们并不会把步行作为一项艺术形式来实践。我们从朱瑟朗大使名作中得知十四世纪时确有不少徒步行者走在路上，但这些人无一是为冥想、为体验风景中的欢乐而外出……总的来说，在华兹华斯之前，很少人会为了体验一步一个脚印的行走乐趣而徒步越野。因此我总认为他是第一个把腿运用于哲学的人。"莫利的第一句话不无道理，尽管一七七〇年出生的华兹华斯赶上了十八世纪的末班车。但后半部分，莫利将作为艺术的行走与越野行走相结合，这就有些令人困惑了。自从莫利以来，有三本书论及行走和英国文化，它们都指出越野行走是在十八世纪末华兹华斯和其同伴开步行走后才开始的。

一九五九年莫里斯·马普尔的《步行研究》、一九九三年安·D.华莱士的《步行、文学与英国文化》和一九九八年罗宾·贾维斯的《浪漫主义诗歌和徒步旅行》都提到了德国神职者卡尔·莫里茨。一七八二年莫里茨穿越英国时，常被旅馆主人及其雇员嘲笑、甚至逐出店外，而马车夫常问他是否需要搭乘。他推断是他旅行的方式使他在遇见的人眼中成为怪物："徒步旅行者在此国家似乎被视为野人或怪物，每个遇见他的人都会目不转睛地盯着他，对他心生同情又满腹猜疑，下意识地回避他。"读他的书，让人不禁怀疑是他的衣着、态度或口音，使他遇见的人不安，而非他的行走。但曾引述他的三人大都接受了他的解释。

十八世纪末之前，在英国旅行相当困难。路很崎岖且为拦路贼所盘踞。有时那些负担得起骑马或乘马车的人会携带武器；彼时沿公路行走往往意味着此人不是贫民就是拦路贼，而在十八世纪七十年代后，各种知识分子和怪人开始为欢乐而行走。十八世纪末，人们改进了路的质量使其更安全，行走便逐渐成了一种高尚文雅的旅行方式。十九世纪初，华兹华斯兄妹快乐地走过公路、高原，还有乡间小道；对犯罪和咒骂的恐惧从不曾进入他们的心灵，他们欣赏风景，享受凭一己之力在恶劣天气中行走的经历——因为大多数人会望而却步。

在他们的隆冬行走六年前他们便已造访过湖区。"我跟哥哥并肩行走，从肯德尔到格拉斯米尔，十五英里，之后又从格拉斯米尔到凯西克，十五英里，路过了最赏心悦目的乡村，"一七九四年多萝西在旅程的第一波兴奋中给她的叔母写信道，"我无法忽视你信中对我'徒步漫游全国'的言辞。我不认为徒步旅行是一种惩罚，它使我有勇气利用大自然赋予我的力量，不但带给我比坐在马车上多得多的欢乐，而且替我省下至少三十先令，我认为我的朋友会为我的经历备感欣慰。"如果我们把一七九四年的多萝西·华兹华斯、而非一七八二年的卡尔·莫里茨当成我们的见证人，我们会发现徒步旅行是高尚优雅且特立独行的。

虽然华兹华斯兄妹在某种意义上是现代品味的建立者，他们提供了获取快乐与丰富想象力的新形式，但威廉本人亦是久远传统的继承人，所以我们不妨视他为改造者——一个改变历史的杠杆支点，或推进徒步旅行史前进的催化剂。然而，他的前辈并不常在公路上行走。他的后代也很少在公路上行走，因为汽车已使道路再度危险和可怕。虽然在华兹华斯之前许多人出于需要而徒步旅行，但很少人会为徒步的欢乐而旅行，因此历史学家们便推断欢乐行走是一种新现象。而事实上，行走早已成为重要的活动，虽然不是作为旅行。

华兹华斯的走路前辈很少沿公路旅行，他们大多选择漫步于花园与公园。

花园小径

十九世纪中叶，梭罗写道："行走时，我们自然前往田野和树林，如果我们只在花园或林荫广场行走，情况会如何呢?"对梭罗而言，人类想要融入自然风景的欲望并非是随着时代变迁后天习得的，而是人类顺应本能的结果——此处的本能意指人类永恒不变的本性，而不是历史所赋予我们的特性。虽然今日许多人去田野和树林散步，然而他们的散步是人类自三百年前起所培养的某些信仰、品味和价值传承的结果。在那之前，那些寻找欢乐和审美经验的特权阶级，确实只在花园或林荫广场行走。人类品味自然的历史非常独特，它确立于卢梭的时代、并在我们时代发扬光大，它已使自然本身成了一种文化。要了解人为何怀着既有的目标走入特定的风景，我们首先必须了解此种渴望融入自然的爱好是如何形成，又如何从英式花园传承开来。

我们容易以为人类文化的基础是自然，但任何事物的基础都有建立者和起源——也就是说，文化基础是一种创造性活动，而非生理进化带来的。正如十二世纪文化大革命将浪漫爱情首先建立为文学主题、而后才是体验世界的方式那样，十八世纪人们孕育出了一种对自然的热爱，若非如此，威廉·华兹华斯和多萝西·华兹华斯不会选择在隆冬长途跋涉并中途绕道去欣赏瀑布。这并不意味着在

95

这些接二连三的革命创举前无人喜爱或欣赏瀑布；只是一种文化架构的形成能将此文化进一步推广到更广泛的群众中去，给予他们某种约定俗成的表达方式，赋予他们某种自我救赎的价值观，而外在环境的改变会使人们对此理念更能感同身受。此类革命对爱好自然、力行走路的影响深到无以复加。迄今为止，它重塑了知识世界和物质世界，将许多旅行者送到了不知名的远方，创造不计其数的公园、保留地、小径、向导、俱乐部和组织，以及许多十八世纪前未曾有过的艺术与文学形式。

一些影响如地标般显著，为后人留下了可追踪的遗产。但最深刻的影响如细雨润物般渗入文化风景、滋润日常生活。这样的影响很难被察觉，因为它们如此理所当然有若天地之理，仿佛我们自古以来便是如此审视世界。对此深有同感的雪莱曾写过这么一句："诗人是世界上不被承认的立法者。"雪莱笔下的这种影响使浪漫主义者热爱风景、野地，追求朴素，对大自然理想化，将行走于风景之间视为人与自然的交流，渴望一种简约、纯粹、孤独的生活。也就是说，行走虽然是自然，或者说是自然史的一部分，但选择以行走于风景之间来作为沉思、冥想或审美经验则有特殊的人文根源。该历史对梭罗来说早已根深蒂固、也引领行者们愈走愈远——步行历史的演变毫无疑问与人们对步行地点的口味变化有关。

华兹华斯和其同伴似乎是出于审美需求的步行传统的建立者而非改造者的真正原因是——他们前人的行走并不引人注目。事实上，这些在安全地点的短程行走只是偶然发生在建筑与花园史上的轶事；它们没有自己的文学，只在小说、日记、信件里被提及。它们历史的核心被隐藏在另一段历史、一段创造步行地点的历史里。随

96

着十八世纪的到来，这些地点变得更为广阔而富有文化内涵。人们对步行地点的选择发生了翻天覆地的变化，从欣赏正式的、高度建构的场地到倾向非正式、自然主义的风景。这历史微不足道，似乎源自闲散的贵族阶级及其建筑历史，但结果却创造了当代世界最具颠覆性、最赏心悦目的场所及仪式。对步行和风景的爱好成为了类似特洛伊木马的东西，它最终民主化了许多活动场所，并在二十世纪切实摧毁了贵族宅第周围的屏障。

我们还能经由地方追溯行走。十六世纪时，随着城堡逐渐变成宫殿和大宅邸，楼座（像走廊那样长而窄的房间，但常不通向任何地方）总会成为设计的一部分。它们被用来从事室内运动。"十六世纪的医生强调每天步行以保持健康，而楼座使人们在天气不佳时也能运动。"马克·吉罗德在乡下住宅史中写道，楼座最终成为展示画作的地方，虽然博物馆的楼座仍是人们漫步的地方，但现在漫步已不再是重点。伊丽莎白女王在往温莎城堡的路上加了一个隆起的平台走道，在不起风的日子会于晚饭前去走道走上一小时。虽然花园也被用来行走，而某种欢乐必定在那儿产生，但人们对风景的爱好仍相当有限。人们行走主要是为了健康而非欢乐。一六六〇年十月十一日，萨缪尔·佩皮斯晚饭后在圣詹姆斯公园散步，但他只注意到那儿的抽水机。两年后，即一六六二年五月二十一日，他提及和妻子在白厅花园的散步，但他似乎对国王情妇晒在花园里的内衣最感兴趣。他感兴趣的是社会，不是自然，而风景对英国画和诗而言尚不是重要题材。在环境变得重要之前，行走只是移动，不是经验。

不过，一场革命在花园里酝酿。中世纪花园被高墙围绕，部分为了当时不甚良好的治安环境。在这些花园的照片里，花园里的人常坐或斜倚着，听音乐或谈话——自《所罗门之歌》以来，封闭的花园一直是女体的隐喻；自宫廷爱情传统兴起以来，封闭的花园一直是求爱和挑逗的地点。花、植物、结果实的树、喷泉、乐器，使花园成为向所有感官说话的地点，而花园外的世界意味着更多的工作劳务，因为中世纪贵族仍忙于军事和家务。随着世界变得安全、贵族的住家也变得更像宫殿而不像城堡，欧洲的花园开始发展、扩张。鲜花与果实自花园消失；花园如今诉诸的是眼睛。文艺复兴时期，花园是人们散步、闲坐的地方。巴洛克花园相当宽广。行走对不再需要工作的人是运动，大花园是栽培过的风景，只需为行走者制造精神、身体和社会性刺激。

巴洛克花园若不是这般华美地展示财富、权力的地点，它的抽象性被称为严峻。树和树篱修剪成方形和圆锥形；路、林荫大道、人行道铺设成直线；水被压入喷泉或倒入几何形水池。这是一种柏拉图式的秩序，通过将理性加于真实世界的物质取得胜利。这种花园将建筑的几何学和对称性延伸至有机世界。但它们仍为非正式、私密的行为提供机会：自始至终，贵族花园的主要功能之一便是提供人们从家庭撤出、进入沉思或私密谈话的地点。一六九九年英国的威廉三世和玛丽二世为汉普顿宫增建新花园，在那里人们往往要走上一英里才会遇到墙。足以让两人并肩通行、也被称为谈话路的走道变成花园日益重要的部分，是行走日益受欢迎的间接证据。英国旅行者和年代纪作者西莉亚·费因斯将一座十八世纪初她造访的花园描述为："花园里有碎石道、草地和秘道，有一条弯曲的走道纵贯花园，地上的草修剪得十分整齐，它通往花园各处的角落与幕墙，往往使你觉得走到了尽头，但实际上还差得远呢！"花园的墙正在消失，它和外在风景间的界线愈来愈不易找到。文艺复兴时期，意大利的花园根据对斜坡的喜爱而建，将花园与世界连接起来，但法国和英国的花园很少有斜坡。视线只延伸到花园的墙，最终透过花园幕墙上的诸多缝隙。

当 Ha-ha（一种筑于公园或花园四周以免妨碍视线的墙垣或篱笆）在十八世纪初面世，墙在英国倒塌。之所以如此命名，是因为据说漫步者在看到它时会惊异地大喊："Ha ha!" Ha-ha 提供了让花园里的人得以眺望远方的隐形栅栏。眼之所及，步之所及。多数英国庄园由一连串日益受控的空间组成：park（大花园）、garden（花园、住宅）。最前面的是禁猎地，大花园始终是有闲阶级和农地及农人间的缓冲地带，并提供木材和放牧空间。花园一般是围绕住宅的小空间。苏珊·拉斯登在花园史中这样描写十七世纪大花园和花园中的林荫道："经由查理二世提倡，林荫道如今成为公园中惯有的风景，为大家提供遮阳与散步的地方……的确，喜欢空气和运动已被视为英国品味。走道如今被私有者铺在乡间的大公园里，行走像狩猎、驾驶、骑马那样成为大公园欢乐的一部分。走道造得愈来愈有趣，人们对走道的美学考虑，从窗户或阳台观看的简单静态观点，发展到考虑更富流动性的观点……在十八世纪，观看步行者兜圈子成为观看大花园和花园的标准样态。只有走在城堡阳台上才安全的日子早已过去。"

虽然在文艺复兴时期，自然风景画开始受到欣赏，但由修剪整齐的树丛、几何形水池、排列整齐的树构成的正统花园仍然暗示着大自然是混沌的，而人类在此基础上整顿秩序。英国的花园随着十八世纪的前进而变得愈来愈不正式，而强调自然风景的英国花园是英国对西方文化的伟大贡献之一。随着花园与附近环境的界线消泯，花园的设计变得与周围环境愈来愈融为一体。一七〇九年，沙夫茨伯里伯爵安东尼·古柏指出："噢，壮丽的自然！至高的美，至高的善！……我将不再抵抗在体内滋长的对自然事物的热情。即使粗糙的石头、生苔的洞窟、未开采的岩穴、飞溅的瀑布，都带着一份令人无法抗拒的美，比正统花园多出一份宏大。"这话说得有点早。彼时离正统花园让位于荒野还要等许多年。但安东尼·古柏的"大自然内蕴善"的乐观观点，加入了"人能在花园中挪用、改善或发明大自然"的乐观主义。

"诗、画和园艺，将永远被有品味的人视为三姊妹或装饰自然的新三美德。"对促进同辈的浪漫品味颇有贡献的富有唯美主义者霍勒斯·沃波尔宣称。此宣言的前提之一是园艺和传统上较受尊重的诗、画同为艺术，而十八世纪可是园艺的黄金时代（或该说是孵化期），在此期间人们从花园、诗、画中孵化出对自然的爱好。另一个前提是至少在花园中的自然仍是需要被装饰的，而画则显示出装饰的各种可能性。受英国风景花园影响的主要有克劳德·洛兰、尼古拉斯·普桑及萨尔瓦多·罗萨所绘的十七世纪意大利风景，在这些画家的画中，高低起伏的地面伸向遥远的地平线，一丛丛羽毛似的树框住远方，湖水清澈，建筑物和废墟都十分古典。就罗萨而言，悬崖、急流、土匪元素的使用使他成为三位画家中最怪异的一位。有柱的寺庙和帕拉迪奥风格的桥的加入，使英国花园酷似上述画中的意大利平原，并暗示着英国是罗马美德和优点的继承人。亚历山大·波普曾说，"所有园艺都是风景画"。人们开始像学习看画中的风景那样学习欣赏花园中的风景。

虽然建筑物（废墟、寺庙、桥、方尖石塔）存在于花园中许多年，但花园的主题逐渐成为自然本身——但那是一种非常特殊的自然，是作为充满植物、水、美景的视觉空间的自然，是可静观的自然。不像有单一理想观点的正统花园和画，英国风景花园"要求被探索，它的惊奇和奇妙角落要求被发现"。花园历史学家约翰·狄克逊·亨特如此写道。卡罗琳·伯明翰在阶级与风景关系史中补充说："法国的正统花园是立基于从住宅观看的单轴观点设计建造的，而英国的花园则是一连串多重斜观点，人在走过英国花园时必能体验得到其中的区别。"换句话说，花园变得较似电影而不似图画；它被设计成人们在移动中能够体验的一连串彼此相融的画而非一静画。它的设计既美丽又实用，而行走和观看也逐渐成为相连的乐趣。

花园的日益自然化还有其他因素。或许最重要的因素就是风景花园与英国特权阶级间的关联。英国贵族培养对自然的爱好，从某种意义上说，是将自己与自己的社会地位理解成如自然那般与生俱来的。可以说，正如伯明翰的巧妙之处，英国贵族追求乡间娱乐，爱好自己在风景中的肖像画，创造自然花园，培养对风景的爱好，这一切都有政治内涵的。其他影响还包括中国花园的报告——在中国花园中，路和水路是迂回、蜿蜒的，整体效果是赞美而非压制自然的复杂性。早期的中国风和对自然的模拟均未与原物肖似，但意图在那里，且在发展。终于，此种品味在变化中臻至成熟。正式、封闭的花园和城堡是危险世界的必然结果。随着墙倒塌，花园提议在自然中拥有自己的秩序，花园的美在于与自然和社会调和。废墟、山、急流会唤起恐惧和悲伤的情境，对有关上述事物的艺术品日渐增长的兴趣，暗示着英国特权阶级的生活已变得相当有趣，他们能将过去人们害怕的事物变成娱乐。私密经验和非正式艺术在别处蓬勃，尤其是在小说里。

风景花园的典型例子是白金汉郡的斯托。斯托历经十八世纪英国花园多数阶段，从寺庙、洞穴、庵室、桥，到湖和造景，均是十八世纪园艺的典范。它有最早的中国式器物和哥特复兴式建筑。它的拥有者科巴姆子爵，用面积宽广的正统花园取代了一六八〇年建成的招待式庭院，并随着十八世纪的发展不断地对其进行完善与修整。首先是"极乐世界"，他将上文提及的英国美德殿和古、今美德殿的线条改造较为柔软，花园的其他部分最后也跟随这个方向精益求精。笔直的走道变得弯曲，步行者不再散步而是徘徊。克里斯托弗·胡瑟将辉格党员的政治中心斯托描述为变政治为花园建筑，将正式风景设计软化为"与十八世纪的人道主义、十八世纪对有纪律的自由的信念、十八世纪对自然质地的尊重、十八世纪对个人的信仰、十八世纪对暴政的憎恨调和"。许多十八世纪杰出的造景艺术家为科巴姆工作，许多杰出的诗人和作家是他的席上宾客。而花园不断扩展，每次扩张都往往占地数十亩。"不出三十年，"一位花园历史学家指出，"科巴姆的品味已从执迷于草地、雕像、直路的整齐排列……转化至三度空间造景。"

在许多诗、画、日记里赞美斯托是十八世纪文化风景的中心地点。"噢，带我到宽阔的走道和斯托的美丽天堂……我走在迷人的圆形走道上与休整过的荒野同在一起。"一七三四、一七三五年大部分时间在斯托做客的詹姆斯·汤姆森在其《四季》中的《秋天》一节中写道。他的无韵诗相当成功地描述一年四季的多变，以及风景中细微变化，可能比任何其他文学作品都更能显示对风景的爱好。波普也以长篇文字歌颂斯托的美丽，并在一封信里描述了十八世纪三十年代在斯托的典型日子："每人走不同的路，漫游到中午会合。"沃波尔在一七七〇年拜访科巴姆在斯托的继承人。早餐后，两人到花园散步或"驾篷式汽车漫游花园，直到整装赴晚宴"。花园已变得庞大，成了花一整天才能探索得完的地方，而且除了 ha-ha 将它与周围环境隔开外，并无明显边界。

一七七〇年，哥特式建筑家桑德森·米勒偕一群人抵达斯托，其中包括兰斯洛特·布朗。布朗是造景艺术家，他将以朴素的大片水、树、草来完成花园设计的革命。布朗创造了斯托的希腊谷——花园中最大、最朴素的一片地，尽管它看来朴实无华，但却是耗费了极大的人工。基本没有雕塑与建筑的布朗的花园，不再纪念人类历史与政治。自然不再是背景，而是主题。在此类花园中，行者不再专注于思考美德或维吉尔；他们在行走曲径时自由地想着自己的心事。花园不再是威权、公共、建筑空间，而逐渐成为私密、僻静的荒野。

不是每个人都能接受布朗所设计的风景花园的。皇家学院院长雷诺兹爵士写道："园艺，是对自然的脱离；如果真实的品味存在于驱逐艺术的话，花园也便不是花园了。"雷诺兹说得也有道理。花园，在变得愈来愈与周围风景不分的过程中，已变得不必要——沃波尔说造景艺术家威廉·肯特"已跳出篱笆，视整个大自然为一座花园"。如果花园不过是供人漫步的怡人空间，那么人们能自己找到花园而无需建造，而花园漫步的传统也能扩展至成为旅行者的旅行。旅行者不再注视人的杰作，而注视大自然的杰作，视大自然为艺术品等于完成一项重要革命。套用安东尼·古柏的话，壮丽的花园已正式让位于荒野；非人世界已成为美学沉思的合适题材。

贵族花园最早是城堡的一部分，它的边界慢慢消失；花园融入外部世界是英国已变得安全得多的标志。自一七七〇年以来，英国已经经历了改进道路、减少路边犯罪、降低运输成本的"运输革命"。旅行的性质改变了。十八世纪中叶之前，旅行叙述很少提及宗教或文化地标间的路。之后，一种全新的旅行方式产生。就旅行而言，家与目的地间的空间是严厉的考验。当此空间变成风景，旅行成为目的，花园漫步也得到了扩展。也就是说，旅行的过程能取代目的地成为旅行的目的。如果整个风景都是目的地，人一踏出家门便进入了花园或画。步行成为娱乐久矣，但徒步旅行成为观光旅行的欢乐的一部分、它的慢成为美德只是时间问题。穷诗人和他的妹妹为观看和行走的欢乐而走过被雪覆盖的乡间的日子已经近在眼前。

之后，华兹华斯为湖区写了一本旅行指南，在其中他总结走过那儿的历史。"过去六十年内，"他在一八一〇年写道，"一种叫作装饰性园艺的玩意风行英国。在赞美此技艺与反对此技艺的结合中，我们产生了对自然风景的爱好：旅行者不再把观察局限于城镇、工厂、矿坑，而开始漫游英国寻找秀异的地点……为了大自然的崇高或美。"

发明观光事业

德国旅行者卡尔·莫里茨觉得自己在徒步旅行中总是遭遇拒绝的尴尬，然而他在路途中遇见过许多步行者，虽然他和他的现代读者都不太看重他们。他对他从格林威治走到伦敦路上遇见的许多人着墨很少，但他确实这么谈及伦敦的圣詹姆士公园："这个平庸的公园给我带来极大的乐趣，好天气时傍晚来到这儿时总会看到大量的民众聚集于此；我们仲夏时在那里漫步，心情从未如此愉悦。我今天傍晚才初次体验到与这样一群穿着优雅的人交际的绝妙欢乐。"事实上，莫里茨在暗示步行在英国比起在德国是更为文雅的消遣，或更公开的文雅消遣。在他停留于伦敦时，他也造访了雷尼拉花园和沃克斯霍尔花园，这两个花园提供了音乐、美景，是漫步、休憩的好去处，绅士阶级和中产阶级傍晚都到这里找消遣。他们在花园既看人也看风景，而风景中常常被添加了管弦乐团、哑剧、茶点和其他娱乐。炫耀是步行文化的另一个面向，它是较私密的时刻在花园发展。"伦敦人像我们在北京的朋友喜欢骑马那样喜欢步行，"奥立弗·戈德史密斯以一个中国游客的口吻这样描述沃克斯霍尔花园，"这里的市民在夏天的主要娱乐之一，便是在傍晚到一离城不远的花园在那里漫步，展示他们最好的衣服和最精致的化妆，听一场音乐会。"

　　莫里茨还造访了英国北部德比郡山峰区的著名洞穴。值得一提的是，在那儿已有一位导游在收钱，准备带他去看名胜。观光事业早已存在于山峰区、湖区、韦尔斯和苏格兰。就像英国风景花园的发展已被许多诗和书信围绕一样，观光事业的发展受旅行指南的激励。跟现代旅行指南和旅行叙事一样，旅行指南叙述可以看到什么，到哪里去找到它。其中一些（尤其是威廉·吉尔平牧师的作品）也教人如何看。爱好风景是精致的象征，希望变得精致的人接受风景行家的教导。人们觉得当年的人们如同后代查入门书得知如何用刀叉、如何感谢女主人一样，向吉尔平请教欣赏风景的方法，使他崛起为十分有影响的作家。因为吉尔平写作的时代，正是中产阶级承袭贵族对风景的爱好之时。风景花园是只有一些人能创造、使用的奢侈品，但自然风景则几乎人人可享受，而随着路变得更安全、更平顺，交通变得更便宜，愈来愈多中产阶级人士能通过旅行以享受自然风景。人们学习如何欣赏风景，而吉尔平就是许多人的向导。

　　"她有能教她如何欣赏虬结老树的所有书。"简·奥斯汀《理智与情感》里的爱德华这样评论浪漫的玛丽安。评论家约翰·巴雷尔指出："十八世纪末英国有种称之为'静观风景'的意识，这种意识逐渐被视为对品味的追求，且它本身几乎就是艺术。对风景表示出正确的品味是和会唱歌、会写礼貌的信一样珍贵的社会成就。很多十八世纪末小说的女主角，就被塑造成对风景有着极佳品味与鉴赏力的优雅女士，且她们不只是对风景有品味，而是对各方面都有品味，这点被一些小说家视为个性殊异的表示。"玛丽安·达什伍德以她对虬结老树的爱好来声张她的浪漫主义，但是她也为此品味的虚假感到难过："诚然……欣赏风景已成为姿态。人人都假装喜欢风景，试着以高雅的词汇描述风景。"她也谈及将 picturesque 一字带入一般词汇的吉尔平——picturesque 最初意指类似画的任何风景，最后变成意指荒芜、粗糙、杂乱的风景。

　　吉尔平教人视风景为画。今日，他的书使我们了解看风景是怎样的新消遣，以及欣赏风景我们还需要哪些协助。吉尔平告知他的读者该去找什么，如何在想象里拟出它。例如，对苏格兰，他宣称："要不是苏格兰缺乏物资，尤其是缺乏木材，我认为苏格兰能与意大利匹敌。苏格兰已具备壮丽的外形，我们只需再把它美化一点就行了。"——这是说苏格兰的新主题能经由与艺术和意大利的神圣风景相比拟而被了解。他为英格兰的许多地方——特别是湖区——写旅行指南，也为韦尔斯和苏格兰写旅行指南，向读者介绍适宜的参观地点。其他人也纷纷加入：理查德·佩恩·奈特在其一七九四年《风景：三本书中的载道诗》一书中写道："让我们在真实景色中学习和追踪画家荣光的真实成分。"

对今日的读者来说，对风景的爱好与观光事业的存在已经司空见惯，然而它们都是在十八世纪发明。在吉尔平前去欣赏湖区的风景并书写湖区风景后两年，诗人托马斯·格雷进行了著名的一七六九年湖区之旅并同时书写湖区。至十八世纪末，湖区已成为著名的观光胜地，而且保持至今，这得感谢吉尔平、华兹华斯以及拿破仑：英国旅行者在法国大革命和拿破仑战争时开始漫步自己的岛屿。旅行者乘马车，然后是火车，最后是汽车和飞机旅行。他们读旅行指南。他们看风景。他们买纪念品。当他们到达目的地时，他们步行。最初，步行似乎是偶然，但走动是人们发现最佳景点的重要方式。在十八、十九世纪之交，步行已成为一些观光冒险的重要部分，健行和登山也应运而生。

她裙子上的泥

虽然简·奥斯汀在小说里忽视拿破仑战争，但她锐利地诉诸其他主题。在《诺桑觉寺》里她嘲笑当时人们对古堡小说的喜爱，在《理智与情感》里，她对玛丽安·达什伍德对爱情和风景的浪漫观点也采取讽刺的态度。中年后，她似乎较能接受对风景的崇拜，在她最后一本小说《曼斯菲尔德庄园》里，她不止一次将女主人对自然美的敏感与她的美德联系在一起。她描写乡下环境中优雅少女的小说也是步行在十八世纪末、十九世纪初之效用的精彩显示，尤以《傲慢与偏见》为最。伊丽莎白·班纳特的步行能满足我们对威廉·华兹华斯和多萝西·华兹华斯在一七九九年十二月所进行的湖区之旅的好奇。奥斯汀是他们的好友，她让我们瞥见他们所行走的庄重世界。

步行遍布于《傲慢与偏见》。女主角在每个可能的时机、地点步行，许多书中的重要会面与谈话都是在两人一起步行时发生的。步行是奥斯汀笔下的优雅人物是日常生活中极其重要的部分。在十八世纪、十九世纪初的英国，步行是一种女性追求——"她们是乡间淑女，当然喜欢乡间淑女的娱乐——步行"。多萝西·华兹华斯一七九二年在一封信里写道。步行是重要的事。在男人的书写里我们发现许多关于设计、欣赏花园的描写，但是在女人的书信和小说里，我们最常发现真正走在花园的人，或许因为女人过着较为琐碎的日常生活，或许因为英国女人（或该说是英国淑女）可从事的活动不多。《傲慢与偏见》的女主角伊丽莎白·班纳特读书、写信、编织、弹琴、步行。

小说开卷后不久，简·班纳特在骑马到她的追求者宾利先生在内瑟菲尔德的家时得了感冒，她的妹妹伊丽莎白步行到宾利先生家照顾她。她不得不步行，因为她不擅骑马，且只有一匹马，而非一对马可用于拉马车。旺盛的活力使她格外迷人，也使她成为热情的步行者——"我不想回避步行。这点距离在人有动机时不算什么；就只有三英里"——步行是她反传统性格的第一个表露。虽然她走得不如多萝西·华兹华斯那样远，但伊丽莎白走出了乡间淑女的领域，因此宾利先生家的人对此很有意见。这逾越包括她单独走入世界，及她将优雅散步变成有用的事物。她在这种烂天气下，竟独自在清早走了三英里路，这让赫斯特太太和宾利小姐几乎不敢相信；伊丽莎白觉得他们就是为此看不起她。当她照顾她病重的姐姐时，他们批评她裙子上的泥以及她"自负的独立实在不合时宜"。宾利先生则指出这场反传统的步行显示出她对姐姐感人的爱，而达西先生认为步行照亮了她的眼睛。

不久之后，当简和伊丽莎白在此世俗家庭处于孤立无援的境地时，此家庭的成员示范合时宜的步行——在花园灌木林和社会范围内。宾利小姐仍向达西先生抱怨伊丽莎白。这时他们遇见由赫斯特太太和伊丽莎白进行的另一次步行。赫斯特太太牵起达西先生的手，让伊丽莎白独自步行。达西先生感受到他们的无礼，立刻说：

"这条走道对我们来讲太窄了。我们最好去林荫大道。"

但伊丽莎白一点也不想和他们在一起，笑着回答：

"不，不；别动。——你们是很漂亮的一群。要是加入第四个人，美景就会被破坏。"

他们苛评她不合礼的越野步行；而她以暗示他们已成为花园景物的一部分来嘲笑他们的花园礼节。那天傍晚除了简，内瑟菲尔德的所有人都来到画室，宾利小姐在其中漫步。"她的身段优雅，她走路的姿势美好。"奥斯汀写到。懒惰者会将对彼此行为的敏锐延伸到对动作、姿势的批评，人的步行被视为他和她外表的重要部分。当宾利小姐邀请伊丽莎白进画室，达西先生指出她们步行不是为了私下讨论事情，就是因为"你意识到你的外形在步行时显得最美"。

步行可以是为炫耀，也可以是为退出，或为炫耀及退出。

《傲慢与偏见》等现代小说暗示步行提供了重要谈话的私密空间。现代礼仪要求乡间住宅的居住者和客人在主室一起度日，而花园散步则提供一人独处或两人密谈的空间。此做法的一个变形是，现代政治人物常举行散步会谈以避免被窃听。简康复后不久，她和伊丽莎白一边在自家灌木林中散步、一边闲聊。因此《傲慢与偏见》也是本可用于散步的风景类型的一览表。小说末尾，当凯瑟琳夫人冲进来叱责伊丽莎白对达西先生的意图时，班纳特花园更多的特征出现了；"班纳特小姐，在你草地的一边上似乎有一块美丽荒地。我想去那儿散散步，如果你能与我同行的话。"她掩饰真心，寻求私下谈话。"去吧！我的宝贝！"伊丽莎白的母亲喊，"并显出一副有耐心的样子。我想她会喜欢那庵室的的。"这句话让我们知道班纳特家的花园是座十八世纪中叶的大花园。

我们不知道凯瑟琳夫人的大花园究竟包括什么，只知道在伊丽莎白逗留附近期间，她"最喜欢的步行路线……是沿着花园边的小树林，在那儿有一条很美的林荫道，她非常珍视，因为只有在那儿才能摆脱凯瑟琳夫人好奇心的掌控"。这也摆脱了达西先生好奇心的掌控，"伊丽莎白在花园漫步时不止一次巧遇达西先生——她觉得很倒霉"。她告诉他，"她喜欢独自散步"，因为她仍想避开他。他爱恋着她并不断想与她私下谈话，"在他们第三次相遇时，他问了一些奇怪的问题——关于她置身汉斯福郡的欢乐，她对独自散步的喜爱……这打动她的心弦……"

对作者及她的读者而言，这些独自散步使伊丽莎白脱离住家、家人、进入寂寥大世界，表现出她的独立。散步明确地表达了身体和精神自由。虽然奥斯汀在《傲慢与偏见》中对风景的叙述不如在《曼斯菲尔德庄园》中多，但伊丽莎白对风景的敏感显示出了她过人的智力。达西先生的伯利庄园改变了伊丽莎白对达西的看法，在达西的花园散步成为一种相当私密的行动。她"从未见过大自然表现如此之美的地方……在那一刻她觉得，当彭伯里的女主人也许不错！"她从每扇窗检视风景，在他们走向河边后，房子和河的主人出现。她的叔叔想要绕行整座花园，但担心路程太远。达西先生带着胜利的微笑告诉他们有十英里远。跟伊丽莎白爱好独自散步一样，达西先生拥有一壮丽自然风景也是他性格的表征。当他们在此风景中不期而遇，一种较文明、自觉的关系产生，这时他们"走下熟悉的走道；这条走道又将他们带入树林，到水边、林间最狭窄的一块地方。他们从富有自然风味的小桥过河……这里的河谷仅容得下小溪和矮树丛中一条狭窄的走道。伊丽莎白渴望探索它的曲折……"

对风景的共同爱好最终提供了伊丽莎白和达西解决分歧的共同基础。诚然,《傲慢与偏见》的男女主角之所以能在彭伯里庄园聚首，是因为伊丽莎白的舅舅和舅妈要带她去湖区。对此伊丽莎白欣喜若狂地喊道："这是何等的快乐、何等的幸福啊！你们给我新鲜的生活与活力。挥别失望与忧郁。人登山、攀岩是为了什么？"虽然宾利小姐由于伊丽莎白的舅舅和舅妈住在伦敦的不时髦地区而轻视他们，但他们已借由到湖区旅行而表露他们的品味。这趟旅行被缩短，使他们到离湖泊南部不远的德比郡和彭伯里，并使书中最有头脑的人物聚集。奥斯汀以其叙事的高度抽象性——在她的作品中只有最必要的物质世界的细节才会短暂地闯入，给我们提供了对彭伯里的华丽描写。不过，对于彭伯里坐落的地区，她写道："本作品的目的不是描写德比郡。"可是，她将查茨沃斯庄园、达夫河谷、马特洛克、山峰区等地的自然美景列为观光的好去处。

步行效用的多重性在《傲慢与偏见》中很明显。伊丽莎白步行以逃避社会并与妹妹、追求者私下谈话。她享受的风景包括旧式与新式花园、北部荒地和肯特郡乡间。她像伊丽莎白女王那样为运动而步行，像萨缪尔·佩皮斯那样为谈话而步行，像沃波尔和波普那样在花园散步。她跟格雷和吉尔平一样走在风景区，甚至像莫里茨和华兹华斯那样为出行而行走，且跟他们一样遭遇反对。偶尔，她也为炫耀而走。新目的不断加入步行，步行不断增加意义与效用。它已成为富于表达力的媒介。它也对社会框框内的女性提供了自由场域——女性在步行中找到运用身体和想象力的机会。伊丽莎白和达西在一次单独散步时，终于达成了解。而他们的沟通和新发现的快乐占据如此多的时间，以至于伊丽莎白一进房间简就问她，"我亲爱的伊丽莎白，你走到哪儿去啦？"这也是她坐下来时得自其他所有人的问题。她说他们漫游，直到她越过自己的意识。意识和风景已合并，因此伊丽莎白已"越过自己的意识"而进入新的可能。这是步行为伊丽莎白履行的最后服务。

还有一点值得注意，就是步行在《傲慢与偏见》及在浪漫主义时代都经常用作名词而非动词：Within a short walk of Longbourn lived a family，a walk to Meryton was necessary to amuse their morning hours，they had a pleasant walk of about half a mile across the park、her favorite walk……was along the open grove，等等。这些用法表现出步行是一种性质稳定的东西，像一首歌或一顿晚餐，人在散步中不只运动自己的腿，而且还为健康与欢乐。步行被当作名词

使用意味着有心将日常行为精致化。人们向来步行，但赋予步行正式意义是近代才有的事。

出 门

　　浪漫主义诗人经常被描写为打破陈规的革命分子。年轻的华兹华斯在政治、诗风、主题上相当激进，但他也撷取不少十八世纪的善良风俗。格雷抵达湖区时还在母亲的肚子里，他协助进一步推广了湖区的美丽。虽然他是在湖区的边缘出生，传统美学和个人联系令他在湖区度过生命的后五十年。从韦尔斯到苏格兰到阿尔卑斯山，华兹华斯选择为人所称道的风景步行与书写。他可说是理想旅行者，对记忆、描述看到的事物有独特才能的旅行者，而他与湖区的关系是介于本地人的熟悉与旅行者的热情间的微妙关系。他和他的妹妹埋首于风景文学，教育自己以玛丽安·达什伍德或伊丽莎白·班纳特角度看待事情，将这样的视野带入每日的旅行。一七九四年华兹华斯要求他在伦敦的弟弟寄书给他，并特别要求寄吉尔平记述苏格兰及北英格兰之旅的书。一八○○年，雪中长途跋跋七个月后，多萝西在日记里写道："早晨，我读奈特先生的《风景》（即先前引用的《风景：三本书中的载道诗》）。喝完茶后，我们划船到劳瑞格瀑布，寻访白色指顶花，采集野草莓，向上走去俯视里岱尔。我们眺望湖泊：骄阳把岸边染成褐色。羊齿转成黄色，开得遍地都是。我们从班森的木屋走去。湖很宁静，映衬着天空美丽的黄、蓝、紫、灰色。"这段话给人她在早上读风景书、下午见证书中描述的感觉。它也说明华兹华斯最常有的一种步行——不是作为旅行，而是作为住家附近的每日散步，这有些像淑女和绅士的每日散步，但若干方面又相当不同。

威廉·华兹华斯的腿

"他的腿被懂得欣赏腿的女性鉴赏家非难。"托马斯·德·昆西这样评论威廉·华兹华斯，此话包含了后辈诗人对前代巨头的赞美与憎恶。"他的腿并非特别难看。它们无疑是超过一般标准的经用的腿。据我估计，华兹华斯以这双腿走了一百七十五至十八万英里——这是不简单的成就。他从走路得到一辈子的快乐，我们则得到最优异的书写。"华兹华斯之前、之后有人步行，许多其他的浪漫主义诗人也步行，但华兹华斯使步行在他生命、艺术中重要到前无古人、后无来者的程度。他几乎每天步行，步行是他面对世界的写诗方式。

要了解他的步行，首先要放弃"步行意指在优雅地方的短暂漫步"及"步行是长途旅行"的观念。对华兹华斯而言，步行不是旅行方式，而是生活方式。二十一岁时，他进行两千英里的徒步旅行，但在他人生后五十年，他在小花园阳台上来回漫走作诗，两种行走对他都很重要，漫步巴黎、伦敦街道、登山，与妹妹、友人一起步行也很重要。步行进入他的诗。我能让他出现得更早——与使行走为思想过程一部分的哲学作家并列，我也能在写城市步行史时提到他。华兹华斯以一种崭新且令人叹为观止的方式将行走与大自然、诗、贫穷、流浪连接在一起。且他重视农村甚于都市：

　　这真快乐呀！我与自然同行
　　而非过早接触群居生活的丑陋

　　后代人以追索步行史来仰望华兹华斯：他已成为路边神。

　　华兹华斯一七七〇年出生于位于湖区北部的科克茅斯，后来喜欢将自己描写为出生在田园的普通人。事实上，他的父亲是拥有湖区众多地皮的富有暴君劳瑟勋爵的地产管理人。未来的诗人不到八岁母亲就死了；多萝西被送去让亲戚抚养，华兹华斯则被送到位于湖区中心鹰岬的一所学校。华兹华斯十三岁时，父亲去世，由于劳瑟勋爵剥夺华兹华斯家五个孩子的遗产继承权近二十年之久，当时他们不得不倚赖亲戚的接济过活。尽管家庭多风暴，在鹰岬学校的岁月却很悠闲。在那儿他设陷阱、溜冰、爬悬崖抓鸟蛋、划船。在夜晚及在早上上学前不停地步行，早上上学前他和他的朋友会绕湖一周走五英里。这是《序曲》里说的——《序曲》是华兹华斯杰出的长篇自传诗，该诗虽然年代次序混乱、间有虚构成分，但提供了诗人早年生活的精彩描绘。被华兹华斯的家人称为"给柯勒律治的诗"的《序曲》副标题是"诗人心灵的成长"，这个副标题显示《序曲》是怎样的自传；《序曲》被安排为哲学诗《隐遁》的序曲，但这首诗只完成《序曲》和《旅行》两部分。

　　《序曲》读来像长途步行——尽管被干扰，却从未完全停止，而行走者行行重行行的形象使行走在脱轨、绕道间显出连续性。有人说华兹华斯像《天路历程》里的基督徒或《神曲》里的但丁——一个小人物徒步漫游世界，但他漫游的是一个充满湖、漫游、梦、书、友谊、许多许多地方的世界。这首诗也是诗人发展过程的图解集，给我们看这座城、那座山的角色。以和托马斯·德·昆西评论华兹华斯的腿一样又爱又憎的语气，散文家威廉·赫兹里特也曾说过风凉话："他除了自己和宇宙外什么也没看到。"在英国文学史上，小说的兴起常与个人生活的兴趣相连。华兹华斯在表达自己的思想、情感、记忆，以及与地方的关系上较他那时的小说更进一步，但他过的似乎是非个人的生活，因在他个人关系上始终保持沉默——所以赫兹里特才会批评华兹华斯"除了自己和宇宙外什么也看不到"。

他对步行、风景的热情似乎起源自童年，成年后发展成艺术，但这热情开始得太早又发展得太成熟，以致不能仅被视为对欣赏、描述风景的爱好。在《序曲》十三卷的第四章，他提及十七八岁时有一次彻夜漫游湖区后回家，目睹了"我曾见过最壮丽"的黎明。就在此清晨，当"海在远方笑；所有山都像云一样明亮"，他立下当诗人的志愿——"我立下誓愿；但愿来日终有所成"，从此他成为"专注的人。我走在幸福里，这幸福至今还在"。二十出头时，他似乎未把握成为诗人的机会，而是选择以漫游、冥思作为实现梦想的准备。

这首成于一八〇五年、终生不断修改、死后（一八五〇年）才出版的巨幅诗的开头几行这样写道：

我选择漫游的云

当我的向导

我不会迷路

　　他的生命和《序曲》的转折点是他与他同学罗伯特·约翰一七九〇年越过法国入阿尔卑斯山的步行。华兹华斯最近的传记作家肯尼斯·约翰斯顿宣称："华兹华斯作为浪漫主义诗人的生涯因阿尔卑斯山之行而开始。"旅行有其浪漫的一面——迷路、越界、逃跑——但华兹华斯的阿尔卑斯山之旅除了逃出常轨外，也是对自我的追寻。修业旅行是英国绅士教育的标准特征。他们通常会乘马车去见富人并参观法国和意大利的艺术品和纪念碑。花园和风景鉴赏家霍勒斯·沃波尔和托马斯·格雷在一七三九年进行修业之旅，他们各自兴奋地写下对阿尔卑斯山的记述。徒步旅行使瑞士（而非意大利）成为众人趋之若鹜的旅行目的地，这意味着优先选择的剧烈转变——远离艺术、贵族身份而朝向自然、民主。一七九〇年的阿尔卑斯山之旅意味着加入巴黎的激进分子狂流、呼吸法国革命炽热的空气。已是风景崇拜的中心物的阿尔卑斯山是观光的好去处，游客们也想去探寻瑞士共和政府与卢梭之间的关联。他们的最终目的地是圣皮埃尔岛——卢梭在《忏悔录》和《一个孤独漫步者的遐想》中将圣皮埃尔岛写成自然天堂。卢梭显然是华兹华斯的先驱者，他把行走当手段也当目的——既在步行中写作也在行走中生活。

　　他们在七月十三日抵达位于多佛海峡的法国海港加来，次日参加巴士底狱被攻陷的一周年纪念活动，彼时法国"站在黄金岁月的顶端；人性似乎重生"。他们走过——

充满节庆纪念物的

　　小村、城镇，

　　花在凯旋门上萎谢……

　　在黄昏的星光下我们看见

　　自由的舞蹈，

　　夜幕降临

　　在户外舞蹈。

华兹华斯和约翰审慎地规划旅程，一天走三十英里以实现计划：

　　快速的行进

　　地像天空中变换的云一般

　　快速地在我们的面前变形貌

　　日复一日，早起晚睡，

　　我们从谷到谷、从山到山

　　我们通过一个个省份，

　　是从事十四周狩猎的敏锐猎人。

　　过了最后的山隘后，仍以为还有高处要爬。令他们非常失望的是，他们早已不知不觉地走过了阿尔卑斯山。于是，他们便又想择路上山，却在一位农夫的引领下进入了意大利，在那儿他们在进入瑞士前游了一趟科莫湖。华兹华斯对此段旅程的叙述止在科莫湖，但《序曲》详述了他一七九一年重返法国后，在那里继续开展他的政治活动。

华兹华斯试着借步行巴黎行道、造访包括巴士底狱、战神广场、蒙马特在内的每个地点来了解法国大革命。他在巴黎遇见的英国人有约翰·奥斯瓦尔德上校和"行走的斯图尔特"，这两个人都是新式行人。奥斯瓦尔德上校以笔名约翰斯顿写道："奥斯瓦尔德旅行到印度，成为素食主义者、自然神秘主义者，走回欧洲后，投身入法国大革命。"他后来以真名出现在华兹华斯早期诗剧《边界居民》中。斯图尔特的绰号来自于他非凡的步行经历——他也曾旅行印度，并行遍欧洲和北美——但他的书是关于别的主题的訾评。托马斯·德·昆西这样评论他："斯图尔特先生以他固有的哲学风格访遍了中国和日本外的每个地方；这种风格迫使一个人慢慢走遍一个地方，与那地方的人交融。"第三个怪人约翰·泰尔沃代表另一种典型：他是将激进政治、对大自然的爱、徒步旅行的三位一体推到极致的自学者。泰尔沃在十八世纪九十年代初与华兹华斯和柯勒律治结为好友，十八世纪九十年代末侥幸逃过政治劫难后，曾找两人寻求安慰。华兹华斯拥有一册泰尔沃的《逍遥行》，这本书对哲学的探讨涉及工业革命初期工人的生活和工作状况。工人这类人物暗示徒步旅行在英国是政治激进分子的行为，代表着不同流俗和愿意认同穷人及被穷人认同。华兹华斯在一封一七九五年的信中写道："我想在明夏探索西边的乡村，但是以谦逊的福音传道方式，即徒步旅行方式。"而他在《序曲》中写道："我像农民般走我的路。"

徒步旅行激发卢梭将美德、简朴与童年、大自然并列。十八世纪初，英国贵族将大自然与理智及当前社会秩序连接在一起，但大自然是个危险女神。十八世纪下半叶时，卢梭和浪漫主义将大自然、情感与民主并列，认为社会秩序相当不自然而反抗阶级特权"十分自然"。巴兹尔·威利在其十八世纪自然概念史中写道："在整个十八世纪，'大自然'始终是主流概念。"但大自然的意义是变化不定的。"法国大革命以大自然之名被制造，伯克以大自然之名攻击法国大革命，托马斯·潘恩、玛丽·沃斯通克拉夫特和激进哲学家威廉·戈德温以大自然之名回应伯克。"在优美、广大的花园中步行将步行、大自然、有闲阶级与巩固该有闲阶级的建制秩序联系在一起。在世界中步行是将步行与穷人联系、维护穷人权利、利益的激进主义的大自然连接。如果社会破坏大自然，那么小孩和未受教育的人就成了最纯洁、最好的。华兹华斯吸收这些价值，并将它们发展为超凡的童年诗和贫民诗。他撷取卢梭的意念并将之精致化、描写童年、大自然与民主间的关系。虽然只有童年与大自然被华兹华斯的崇拜者记住，民主却是华兹华斯早期作品的中心。"你或许已知道我是民主政体论者。"他在一七九四年于一封给朋友的信中写道。他还曾信心满满地说过："我将永远是民主政体论者。"

在路上、在贫民与政治问题间，华兹华斯遇见他的风格。他最早的诗是崇高、模糊、充满传统意象的，类似于汤姆森的《四季》。但他的革命热情与对穷人的认同保护，使其不致成为二流风景诗人。十八世纪九十年代，多萝西的书写也经历类似的转变，从约翰逊博士或简·奥斯汀的多用格言的风格转变成生动、朴素的描写。革命热情与对穷人的认同，改变了华兹华斯的主题与风格。在华兹华斯与柯勒律治出版于一七九八年的诗集《抒情歌谣集》的跋里，华兹华斯写道："这些诗的主要目标，是从日常生活选取事件和状况，以真正为人所用的语言描述它们，以想象力充盈它们……人们通常选择朴素、有乡土味的生活，因为在那简单质朴的生活中，心的情

121

感找到较好的土壤……并以朴素、生动的语言来表达。"他把穷人写成人而非寓言里的人物，以细节而非概论书写风景。选择朴素语言是带有惊人艺术效果的政治行为。

华兹华斯早期诗的奇妙处在于它将激进的步行与审美主义者的边看边走相结合。表面上，风景和贫穷间似乎并不融洽，但对年轻的华兹华斯而言，在那丰美的时刻，风景与贫穷却十分和谐。风景当中充满着流浪者，比充满着美女更灿烂。华兹华斯的早期诗中反复出现的结构，是被与流离失所者相遇打断的步行。以往的诗人和艺术家注视农舍和贫民的身体，发现它们是美丽或可怜的，但从没有人像华兹华斯那样认为与贫民谈话是值得做的。"当我们行走，我们自然前往田野和树林。"梭罗说。但华兹华斯却热心地走入公路和山、湖。人们步行于街道，是为了与人相遇和找到通往孤独风景的路；在路上，华兹华斯似乎找到了理想中间物、找到了被偶然邂逅打断的长途寂寥之空间。他肯定：

> 我爱公路：它少有景色
>
> 那更使我高兴——这类事物具有力量
>
> 自童年以来，一直对我的想象力
>
> 起作用，它的魔力
>
> 于我日增，我的脚踏上一光秃陡坡，
>
> 像进入永恒的向导，
>
> 进入未知、无边际的事物。

这首诗的意思是说，路有种魔力、未知的吸引力。但它也有平民：

> 当我开始询问，
>
> 观察与询问我遇见的人，并与他们
>
> 进行亲密谈话，寂寞的路
>
> 便成为我阅读的学校，
>
> 我每日都兴致盎然
>
> 在那儿我凝视人类灵魂深处
>
> 对庸俗的眼来说
>
> 那些灵魂可能完全没有深度
>
> …………

此类教育在他学生时代，在他寄宿于一退休木匠与其妻子处，遇见小贩、牧羊人等人时开始。这些早期经验似乎让他熟悉另一阶级的人，使他与贫民相处时感受不出很大的精神距离。他曾说："要是我出生在不能给我提供博雅教育的阶级，可能我会过小贩过的生活。"他早年生活颠沛流离，父母双亡，兄妹俩接受亲戚们的轮流照顾接济。这些经历似乎使他对流离失所者倍感同情，而他对旅行的热情使这些流浪者成为他眼中浪漫的人物。时局不靖；旧秩序已被革命和法、美、爱尔兰的暴动摧毁，贫民在都市环境变迁和工业革命中颠沛流离。不受地方、工作、家庭支撑的飘散流离的现代世界已降临。

流浪者也反复出现在华兹华斯同辈的作品中。行走似乎提供了旅行以寻求冒险欢乐者，及在路上求生存者间的共同领域。甚至如今还有英国人告诉我，行走之所以在英国文学中扮演如此深刻的角色，一部分是因为行走是少数无阶级领域之一。年轻的华兹华斯书写退伍军人、修补匠、小贩、牧羊人、迷路的小孩、被弃的妻子、女流浪者、水蛭采集者、老坎伯兰乞丐等游荡者、流离失所者；连流浪的犹太人也出现在他的诗及许多其他浪漫主义者的诗中。就像赫兹里特在描述英诗在柯勒律治、华兹华斯、罗伯特·骚塞等人手中的革命性变化所说的："他们被一群懒学徒、波特尼湾罪犯、女流浪者、吉普赛人、基督之家的温顺女儿、白痴男孩和疯狂母亲围绕，而在他们之后有猫头鹰和大乌鸦追逐。"

华兹华斯很可能是他的第一首长篇叙事诗人《倾圮农舍》的主要叙事者。他早期诗的典型手法是：诗里有一幸运年轻人在行走时遇见一位告诉他故事的人，他的故事组成了诗的主体部分。而年轻人和他的游荡者的叙事成为围绕悲伤画面的框架，强调诗中的价值也凸显诗中的含意。故事发生的时候，作为诗中人物的华兹华斯抵达一间农舍，在那里小贩告诉他该地最后一批居民的悲惨故事：一家人因极度贫困而流离失所，不能团聚。故事中的每个人都在进行某种行走：漫步的叙事者、流浪的小贩、到远方服兵役的丈夫，和在草丛间走来走去、期待丈夫归来的心碎妻子。

花园中的行走者急于区别他们是为欢乐的行走而非必要行走，这就是待在花园范围内、不徒步旅行很重要的原因——但华兹华斯寻求与徒步旅行的人相遇或经常借用多萝西在其日记中所生动描述的人。尽管当中含有激进政治。如果《序曲》是一块十三层的三明治，那么风景便是其中的面包。这首诗以登上韦尔斯的斯诺登山的经历结束。一位牧羊人——牧羊人是欧洲第一批登山向导——带领他和一位不知名的朋友在夜里上山，好让他们能看到山顶的日出。因为年轻人体力很好，他们很早就抵达目的地。叙事让华兹华斯在山顶沐浴于一片月光、风景和启示中。登山已成为了解自我、世界和艺术的方式。它不再是突围，而是文化行动。

但行走不只是华兹华斯的主题，还是他作诗的方式。他的多数诗似乎都是在他行走时作成、写给一位同伴或给他自己。结果常是喜剧的；格拉斯米尔人认为他怪异，有人指出："他不是个讨人喜欢的人，但他很会说话。我经常看到他的嘴唇在动。"而另一个人忆起："他会抬头，把手放在背后。然后开始游荡、游荡、游荡、游荡，停止；继续游荡、游荡、游荡，走到另一个尽头；最后坐下来，取出一张纸，写点字。"在《序曲》里，他描述一只常跟他一起散步、当陌生人走近时提醒他闭嘴的狗。他拥有绝佳的记忆力，因此他能够清楚地想起很久以前的景象，引述他喜欢的诗人的诗句，边走边作诗并在后来写下。多数现代作家在室内写作。华兹华斯的方法则似乎是对口传传统的重新诠释，并解释了他最好作品有歌的音乐性和谈话的随意性。他的脚步似乎为诗敲击出一种稳定的旋律，如作曲家的节拍器。

他最著名的一首诗——《重访瓦伊河畔时，在丁登寺上方数里所作之诗》——是在一七九八年与多萝西进行一场韦尔斯徒步旅行时所作。一抵达布里斯托，他便将整首诗写下来，将它收入《抒情歌谣集》——使它成为《抒情歌谣集》里的作品，甚至是英语中最好的一首诗。《丁登寺》捕捉了冥想边探索空间边优游于时间的状态。且像他的许多无韵诗一样，《丁登寺》是以接近日常话语的语言写的，因此这首诗读来有种谈话的轻松，但大声朗读它又能唤醒百年前行走者的强大旋律。

一八〇四年，多萝西在一封给朋友的信中写道："尽管整个早上都下大雨，此刻他正在行走且已出门两小时。在雨天，他撑伞，选择最隐秘的地点，在那里来回走动，有时走四分之一或半英里，宛如在监狱里行走。他经常在户外写诗，忙到不知时间如何溜走，也不知天是雨是晴。"在农舍的小花园山坡顶上有条小路，在那里他能俯视农舍、湖和四周的山，他最常在那行走、作诗。托马斯·德·昆西估计他走的"一百七十五到一万八千英里"中的许多都是在此约十二步长的高地及在他于一八一三年迁徙的大房子的阳台上走的。书写"诗人与诗的音乐的生理关系"的谢默斯·希尼说华兹华斯的来回行走"不构成旅程却使诗人的身体进入梦般旋律"。步行使作诗成为体力劳动，像犁田的农夫来回行走或像寻找羊的牧羊人走过高地。或许因为他是经由艰辛的体力劳动来制造美，他将自己与工人及行走的穷人等同。虽然他基本上是个坚忍、强健的人，作诗的压力却使他严重头痛。希尼下结论："华兹华斯是位步行诗人。"

如果华兹华斯是个完美的浪漫主义诗人，他会在三十七八岁时死亡，留给我们最好的《序曲》、他所有早期关于穷人的歌谣和故事、他的童年诗，而他成为激进分子的形象也不会变。不幸的是，他住在格拉斯米尔及邻近莱德尔的大房子里活到了八十岁，变得日益保守、毫无灵感。我们可以说他从一杰出的浪漫主义者变为一个杰出的维多利亚女王时代的人，而这转变要求许多放弃。虽然他并未维持他早期的政治信念，但他始终在行走。有趣的是，他最终不是作为作家而是以一位行走者的身份继续着他早年的欢乐反叛。

他最后一波民主行动产生在一八三六年，他六十六岁的时候。如一位传记作家所叙述的，他带柯勒律治的侄子在一私人庄园上漫步，"拥有庄园的勋爵走近，告诉他们已侵犯别人的土地。柯勒律治的侄子相当尴尬，威廉则说，公众向来走这条路，勋爵不该封闭它"。柯勒律治的侄子回忆："华兹华斯热情地陈述他的观点。他显然喜欢主张这些权利，并认为主张这些权利是责任。"另一个故事发生在劳瑟城堡，在那儿，华兹华斯、柯勒律治的侄子和上述勋爵一同进餐。后者宣称他的墙被破坏，他想把破坏墙的人打一顿。桌尾的严肃老诗人一听，生气得站了起来，说："我破坏你的墙，约翰爵士，这是义举，我会重复此种行为。我是个托利党员，但你要是惹火了我，你会发现我是辉格党员。"

　　在其他所有浪漫主义者中，只有托马斯·德·昆西似乎对步行有着与华兹华斯相比拟的终生热情，虽然快乐的程度很难说，效应却可以测量：行走对托马斯·德·昆西而言既不是主题也不是作诗的方法。他的创新在别处——莫里斯·马普尔斯认为他是第一个带帐篷进行徒步旅行的人，他在韦尔斯睡在帐篷里以节省钱。户外用品工业就是由华兹华斯和罗伯特·约翰的裁缝师为他们的跨洲旅行缝制的特殊外套、柯勒律治的手杖、托马斯·德·昆西的帐篷、济慈的怪异旅行服装而演变而来的。托马斯·德·昆西关于行走写得最好的是他年轻时徘徊伦敦街道。他的同辈散文家威廉·赫兹里特写了第一篇关于行走的短论，它开启了另一种行走文学文类，将行走描述为消遣而非志业。雪莱和拜伦都是贵族，与行走没有多大关系；他们划船、骑马。

　　柯勒律治则有十年（一七九四年至一八〇四年）在热情行走，

这反映在他这段时间的诗中。在遇见华兹华斯前，他与一位名叫约瑟夫·赫克斯的朋友去韦尔斯徒步旅行，然后与他的同辈诗人暨未来妹婿罗伯特·骚塞去进行到英格兰南部萨默赛特的旅行。一七九七年，柯勒律治和华兹华斯开始他们的合作岁月，两人一起在萨默赛特郡行走；在一次这样的旅行中，多萝西加入了他们，柯勒律治作出了他最著名的诗《古舟子咏》。这首诗像华兹华斯同时期的作品，是首关于漫游、放逐的诗。他和华兹华斯一家人一起行走许多次：有与威廉·华兹华斯和其弟约翰划时代的湖区徒步旅行（在这次旅行中华兹华斯决定归返湖区），柯勒律治和骚塞迁到湖区北部的凯西克后经常短程步行，及与威廉、多萝西去苏格兰。柯勒律治和华兹华斯在苏格兰之行中闹翻，友谊未曾恢复。在一次孤独湖区之旅中，柯勒律治也成为第一位抵达斯科菲峰山顶的人，但是他在下山时绊跌，滚下了山。一八〇四年后，柯勒律治不再进行长途步行。尽管行走和书写的关系在柯勒律治的作品中不像在华兹华斯的作品中那样明显，但评论家罗宾·贾维斯指出柯勒律治在停止徒步旅行后亦不再书写无韵诗。

诗人的徒步旅行意味着徒步旅行确实蔚为流行。旅行指南在此时兴起，徒步旅行的概念意味着人们开始思考如何步行与确立步行的意义。跟花园漫步一样，长途步行也需要目标与行动。这可见于济慈对步行所做的实验。一八一八年，年轻的济慈以诗为由出发，徒步旅行，这也暗示着徒步旅行是成长仪式也是感性的琢磨。"我计划在一个月内背上背包，在英格兰北部及苏格兰徒步旅行，为我打算追求的生活——写、读，以最低的花费看全欧洲——作准备。我将爬上云，住在云里。"他写道，之后不久他写信给另一个朋友：

"若非我认为在苏格兰徒步旅行四个月能比在家读荷马给我更多经验、去除更多偏见、使我更习惯苦难、看见更佳景色、攀越更雄伟山脉、使我诗艺更加精进，我不会让自己从事这趟旅行。"换言之，体验山、熟悉山是诗的训练。然而，就像他之后的步行者，他觉得这些苦难和经验对他而言已经足够。他被爱尔兰岛上的极端贫穷吓坏，在读此不快经验时，我们想起《序曲》和华兹华斯生活里的一个关键时刻。他与革命分子米歇尔·博普伊在法国行走，遇见"一个饥饿的女孩……沿巷爬行"，博普伊对此的诠释是，这女孩是他们抗争的理由。华兹华斯将行走与欢乐、痛苦、政治、风景连接。他将行走带出花园，但他的多数后续者希望他们行走的世界只是一个大花园。

千里传统感情：步行文学

纯洁者

其他类型的行走继续存在，而在托马斯·哈代的小说《苔丝》中的行走与浪漫主义的传统行走冲突。苔丝和她的村姑朋友借巡游（一种成队走过乡村的前基督教春天仪式）来庆祝五朔节。年轻女人和一些年老女性统一着白衣游行过牧师教区并在草地上舞蹈。旁观的"是三个上流阶级年轻人、肩背小包、手拿手杖。三兄弟告诉过往行人，他们以山谷徒步旅行庆祝圣露降临节……"虔诚牧师的三个儿子中的两个也是牧师。第三个尚不清楚自己在此世的位置、选择离开前行的道路与庆祝者一起舞蹈。游行队伍中的农妇和徒步旅行的年轻绅士都在进行自然仪式，但方式却迥然不同。背着背包、拿着手杖的男人是虚假的自然，因他们对如何与自然联系的观点牵涉到休闲、不拘礼节、旅行。以得自祖先的高度结构化仪式进行庆祝的女人则是自然的虚假。她们的行为诉说与徒步旅行无关的两件事——劳动与性，因为她们从事的是庆祝丰收的仪式，而当地年轻男人在当日工作完毕后会与她们一起舞蹈。大自然不是她们旅行而是她们生活所在，而劳动、性、土地丰收是生活的一部分。但异教徒求生存和农民祭仪不是主要的自然崇拜仪式。

大自然在十八世纪是审美上的崇拜对象，而在十八世纪末成为激进崇拜的对象，至十九世纪中叶则成为中产阶级和工人阶级建制宗教的对象。可悲的是，大自然已成为像基督教那样虔诚、无性、道德化的宗教。进入大自然对浪漫主义和超验主义的英、美、中欧继承人而言是一种虔诚的行为。在一篇题为《热带的华兹华斯》的论文里，阿道司·赫胥黎指出："在北纬五十度一带，在过去一百年，'大自然是神圣的、能提升人的道德能力'已成为格言。对善良的信徒华兹华斯而言，乡间散步有若上教堂，威斯特摩兰郡之旅就像到耶路撒冷朝圣一样美善。"

关于行走的第一篇论文是一八二一年威廉·赫兹里特的《论旅行》，这篇论文为大自然中的行走及其后的行走文学定下基调。"世界上最愉快的事之一便是去旅行；但我喜欢独自旅行。"这篇论文这样开始。赫兹里特宣言步行中的孤独是必要的，因为如果你必须不断地向旁人翻译大自然书，你就无法阅读大自然书，还因为我想看见我的思想飘浮，而不是让我的思绪卷入争议。他的论文中有许多内容是关于行走和思考的关系。但他与大自然书的独处是很可质疑的，因为在论文里他引述维吉尔、莎士比亚、弥尔顿、德莱顿、格雷、考珀、斯特恩、柯勒律治、华兹华斯的书和《圣经·启示录》。他描述了由阅读卢梭的《新爱洛伊丝》所激发的韦尔斯一日行。显然，这些书提出步行在大自然中的美好经验——轻松愉快、混合思想、引述与风景——而赫兹里特致力获得这样的经验。如果大自然是宗教，而行走是主要仪式，那么这些书就是大自然的圣经。

赫兹里特的论文成为一种文类的基础。它出现在我拥有的三本步行散文选——一九二〇年的一本英国文选、一九三四、一九六七年的两本美国文选中，后来许多散文家都征引这三本书。步行散文和其中描写的行走有许多相同之处：无论漫步何处，最后必定是大体未变地回家。行走和散文都是愉快甚至迷人的，无人在树林里迷路、在墓地与陌生人性交、误入战斗或看到另一世界的景象。徒步旅行与牧师甚有关联，步行散文中也少不了牧师。多数古典散文无法抗拒教我们如何行走。其中一些是非常好的篇章。莱斯利·史蒂芬在《赞美行走》中采撷赫兹里特心灵沉思的主题，写道："依据亚里士多德的说法，行走是记忆的连接线，每次行走都是一个小剧场，有着情节与灾难；行走与思想、友谊、兴趣交织。"这种说法很有趣，自居为学者、阿尔卑斯山登山者、热情行走者的史蒂芬本人也很有趣。直到他告诉我们莎士比亚步行、本·约翰逊和华兹华斯等许多人也步行后，他便开始说教。他评论拜伦："瘸得太厉害了，以致无法步行，因此所有在一次良好越野健行中可以消解的不良思想都在他脑中堆积，使他病态地装模作样、乖僻不合群，这很大程度上毁灭了他的知识成就。"史蒂芬在讨论数十位英国作家后宣布："散步是作家病态倾向的特效药。"他指出纪念碑和路标，"不应是目标，而应是步行趣味的添加剂"。

一八七六年罗伯特·路易斯·史蒂文森在他著名的散文《徒步旅行》中倡议："人应单独进行徒步旅行，因为自由是徒步旅行的要素；因为你应能停止、继续走这条路或那条路；也因为你必须有自己的步调，而不是匆忙地走，也不是与一个女人装模作样地走。"

他接着赞美、批评赫兹里特："他的徒步旅行理论有其精到之处……然而我认为他话中的一点不很聪明。我不赞成跳跃和奔跑。"史蒂文森在《与驴一起旅行》中，描述了他在法国赛文山脉的长途徒步旅行，他没有描述他带了一把枪，而只描述了优美的喜剧情境。很少的正统散文家能忍住不说我们该散步，他们按捺不住地要提供关于如何散步的指导。一九一三年，历史学家特里维廉如此开始《步行》一文："我有两个医生——我的左腿和右腿。当身心失常（我的身心住得如此近，以致一方总是捕捉到另一方的忧郁）时，我便知道我必须招来我的医生，然后我会好起来……我的思想起初像暴徒，但黄昏我带它们回家，它们嬉戏蹦跳如快乐的小童军。"

那种恨不得快乐小童军离远些的可能性不曾发生在特里维廉身上，但它必定发生在英德混血讽刺家马克斯·比尔博姆身上。他一九一八年咒骂散步的风气，在《出去散步》中写道："每当我与朋友一起，除非外面下雨，不然无论何时都会有人提议：'出去散步吧！'人们似乎认为对散步的渴望中有崇高、美善的东西存在。"比尔博姆还有进一步的异论，他宣称步行无益于思考，因为虽然"身体在进行中体现了崇高、诚实和庄严"，心灵却拒绝陪伴身体。他是荒野中的异声。

在大西洋另一边，一篇关于步行的散文已趋近伟大，但连梭罗也不能抗拒说教。"我希望为大自然、绝对的自由和野性说句话。"他一八五一年的散文《行走》这样开篇。像其他散文家一样，他将大自然中的行走与自由连接；像他们一样，他教我们如何才能自由。"生命途中我曾遇见一两位懂得散步之道的人。""我们应勇往直前，在永不磨灭的冒险精神下迈步向前，决不回头……如果你准备离开父母、手足、妻儿、朋友，不想再见他们——如果你已还完债、立好遗嘱、处理完所有的事，是自由人，那么你可以去散步。"他的教导是最大胆、最狂野的教导，但仍是教导。不久后他补充了一个词——必须："你必须生在行走者之家。""你必须行走如骆驼，骆驼据说是唯一在行走时会沉思的兽。"当一位旅行者请求华兹华斯的仆人给他看她主人的书房，她回答："这里是他的图书馆，他的书房在户外。"

虽然步行散文是对身体和精神自由的赞美，它并未打开自由世界，因为那革命早已发生。步行散文借描述那自由可允许的范围而驯化革命。而说教徒从未停止。一九七〇年，赫兹里特后的一个半世纪，布鲁斯·查特温写了一篇开始是关于游牧民族但逐渐包括史蒂文森的《与驴一起旅行》的散文。查特温语调神圣，但他总拒绝区分游牧与步行，因为步行可以是也可以不是旅行，而游牧则是一种不断地凭借各种方式移动的行旅，步行并不是游牧的首选。借着将游牧与自己的英国徒步旅行传统并列，查特温使游牧民族成为浪漫主义者，并将自己想成游牧民族。查特温引述史蒂文森后不久，便与传统会合："最好的事是步行。我们应追随中国诗人李白的艰难行旅。"因为生命是一场经过荒野的旅行。此类平凡得近于庸俗的"生命是旅行"的概念，除非亲身验证，否则毫无价值。革命英雄除非走过长路，否则不值一谈。切·格瓦拉谈论过古巴革命的"游牧阶段"。再想想毛泽东的长征或摩西的出埃及记。正如《忧郁的剖析》的作者罗伯特·伯顿所了解的，运动是忧郁的最好治疗。

一百五十年的说教！一百五十年的劝勉！医生们多年来多次肯定步行有益，但医生们的忠告从不是文学的主要魅力。此外，惟离群的步行被视为有益，且惟离群的步行受说教的绅士提倡。我说这些人是绅士，是因为所有论说步行的作家似乎都是同一俱乐部的成员。不是步行俱乐部，而是优势阶级俱乐部。他们是特权阶级——这些英国作家多数是牛津或剑桥生，连梭罗都去过哈佛，并且有宗教信仰，而且他们必定是男性——既无跳舞的村姑亦无小心行走的女孩。梭罗体贴地说："我不知道局限于家中的女人如何忍受。"多萝西·华兹华斯之后的许多女人独自进行长途步行，赫兹里特的妻子莎拉·赫兹里特在独自进行徒步旅行外，更为徒步旅行记日记。像多数女性步行文献一样，这日记未获出版。弗洛拉·汤普森对她在各种季节、天气徒步走过牛津郡递信的叙述，是最迷人的乡间叙述之一，但它不是正统的一部分，因为它是由贫穷女人所写的关于劳动以及性的作品，淹没在一本关于其他许多事的书中。与十九世纪的杰出女性旅行者——西藏的亚历山大·戴维·奈尔、北非的伊莎贝尔·埃伯哈特、落基山脉的伊莎贝拉·伯德——一样，这些行走的女人是异类。

十九世纪末，作为名词及动词的 tramp（漂泊）一词在步行作家间流行一时，vagabound（流浪）、gypsy（吉普赛）、nomad（游牧民族）等字眼亦相当流行，但当一个漂泊者或吉普赛人只会让你看上去像，并不代表你真是他们中的一员。复杂才渴望简单，安居才渴望流浪。与布鲁斯·查特温所写的相反，贝都因人不进行徒步旅行。二十世纪初有个叫史蒂芬·格雷厄姆的英国人走过东欧、亚洲、落基山脉，除旅行书外，他也写了本《流浪之道》，共两百七十一页，包括《靴》《军歌》《雨后干爽》《逾越者的步行》等章节，给了许多关于徒步旅行的教导。梭罗似乎在自己的思想里迷路，发现自己在令人惊奇的地方，宣扬与放弃宿命论和民族主义。

当他宣扬民族主义，他的主角是挥舞斧头的边境开拓者，而不是徒手的行走者。散文这种形式或许本身就隐含着限制——散文被视为仅能容纳少数主题的文学鸟笼，不同于如狮穴的小说和如开阔牧场的诗。书写和行走彼此屈就，起码在英语散文传统里如此。

善良者

"乡村步行是美善的"观念一直传承至今。例子比比皆是。最近，我在一本佛学杂志里发现一篇恼人的文章，它主张只要世界领袖能步行，所有问题都能解决。"或者步行是能达致世界和平的方式。让世界领袖走到会议地点，而非搭乘高级轿车抵达。撤走会议桌，让心灵聚集在日内瓦湖边。"另一个世界领袖的例子显示"步行能促进世界和平"的概念有多可疑。为罗纳德·里根出回忆录的编辑迈克尔·柯达指出，里根想以他总统任期内的最重要时刻开始他的回忆录。这时刻是他第一次与戈尔巴乔夫在日内瓦附近的会面。日内瓦是卢梭的出生地，而里根描述的是一种卢梭式场面。"里根已了解到……诸如此类的高峰会议毫无建树。两位领袖在讨论解除武装的问题时被顾问和专家围绕，无法接触，因此里根拍拍戈尔巴乔夫的肩膀，邀他散步。两人外出，里根带戈尔巴乔夫走向日内瓦湖边。"里根说在"旷日持久而真心诚意的讨论"里，他们同意以互相检查作为解武的第一步。柯达向助理指出里根说的这段情节固然感人，却很可疑。戈尔巴乔夫和里根彼此语言不通。如有任何湖边散文发生，必有一列译员和保安人员随行。

认为世界的问题能被两个走在瑞士湖边（其实是卢梭的故乡）的两位老人解决，就是认为单纯、美善与大自然互相连接，也认为有权毁灭地球的两位世界级领导人就其自身而言是单纯的人（而暗示他们的单纯则在于暗示他们是美善的，因此他们领导的政权是正义的，他们的成就是光荣的，期待在他们身上能发生浪漫主义者步行时所产生的一系列连锁反应）。单纯美德的美学始终凌驾在权贵的美学之上。吉米·卡特在总统就职日走下宾夕法尼亚大道，但里根为白宫带来了一种新的荣耀。他诉说关于我们失落的纯真、我们教育的腐化、我们仰赖淳朴美德的单纯故事。他将自己描写为卢梭或行走者也是那些故事之一。乡间行走史充满希望，将自己描写为健康、自然、人与大自然兄弟的人，保有这样希望的却常常是有权势、复杂的人。

远　方

步行散文似乎是关于十九世纪行走的主要书写形式，长途步行的长篇故事则是二十世纪步行文学的主要书写形式。或许二十一世纪会带给我们崭新的事物。十八世纪时，旅行文学是很普通的事物，但长途步行者很少留下书面记录。华兹华斯越过阿尔卑斯山的徒步旅行被描述在一八五〇年出版的《序曲》里，但《序曲》并不算是旅行书写。梭罗书写的个人经验夹杂科学敏锐的步行叙述，但这些叙述与其说是步行文学，不如说是自然散文。我所知道的第一篇重要的长途步行叙述，是一八六七年约翰·缪尔描述从印第安纳波里斯到佛罗里达州的基斯湾之旅的《千里海湾行》。他走过的南方仍苦于内战的伤口。虽然《千里海湾行》仍是缪尔许多著作中人数最多的一本，但内战史家必定会因缪尔为了采植物而忽视社会观察而感到失望。书写使他成为从荒野回来、把荒野美教给我们的施洗者约翰。缪尔是美国的大自然福音传道者，用宗教语言描述他热爱的植物、山、光和过程。和梭罗一样，他是一位仔细的观察者，但更善于将宗教注入他所看到的事物里。他也是十九世纪杰出的登山者之一，仅凭毛织衣类和靴子便达到多数现代登山者难以企及的成就。缺少华兹华斯的诗才和梭罗的激进批评，缪尔在荒野中独行，逐渐视山为朋友，并把对荒野的热情转化为政治参与。这也是他在南方行走数十年后的事。

　　《千里海湾行》如多数步行者的书籍一样是插曲式的。这种旅行文学除了从 A 点到 B 点的情节外没有大情节，在较内省的书中还有自我转化。在某种意义上，这些关于行走的书是天堂文学，仿佛一切都很美好，因此健康、轻松和自在的主角能出发寻求小冒险。在天堂，唯一的趣事是我们的思想、同伴的性格、周遭环境中的事件。噫，这些长途旅行作家许多并不是迷人的思想家，无趣的人在六个月步行后会变得迷人也可怜的说法。他们作品的唯一长处是听走过远路的人讲步行，就像听唯一成绩是赢得吃披萨大赛的人聊食物经。量不是一切。但缪尔的步行经验不止一点点。身为一位敏锐、入神的自然界观察者，他在《千里海湾行》中对步行原因却完全未提及，尽管似乎很明显，那是因为他强健、贫穷，对植物充满热情。尽管他是历史上杰出的行走者之一，行走很少是他的主题。步行文学和自然书写间没有明确界线，但自然作家喜欢将步行隐藏在书写中。他们把步行作为接触自然的方式，而很少是主题。步行似乎会使身体和精神隐入周围环境，但缪尔的身体却在他好运用罄时再度出现，他渴望金钱，后来变得道德败坏。梭罗书写个人经验夹杂科学敏锐的步行叙述，但这些叙述与其说是步行文学，不如说是自然散文。

缪尔过后十七年，另一位二十多岁的年轻人从辛辛那提到洛杉矶走了一千多英里路。查尔斯·F. 拉米斯在《走过大陆》中开宗明义道："当许多朋友得知我决定从俄亥俄徒步行至加州，他们这样问，'为什么步行？因为没有铁路和火车，所以必须步行。'那可能是你在阅读书籍上欢乐的长途步行时，首先遇到你心中的问题。"可见，他在出发时想到朋友、读书、书，以及欢乐。但他接着说："我不追逐时间，也不追逐金钱，而追逐生活——不追求身体健康的生活，因我相当健康且是训练有素的运动员；而追求更真实、更宽广、更甜美的生活，拥有完美的身体和清明心智的生活……我是美国人，却对美国了解甚少，这使我觉得羞愧。"七十九页后，他谈及一位同伴，"他是我整个长途旅行中遇见的唯一一位真正的行走者，与这样的同伴在雪地里行走甚有雅趣"。拉米斯很虚荣；他写了不少与西部人、响尾蛇和暴风雪搏斗的情节，而他的笑话经常不好笑。但他借着对人及西南部土地的热情及自嘲自我救赎。他的故事充满坚毅、行走力及不凡的适应力。北美洲的长途步行很艰辛。在英国，你能从酒馆走到酒馆、旅馆走到旅馆；在美国，长途步行经常会跃入荒野或诸如高速公路和不友善的城镇等空间。

上述长途旅行似乎有三个动机：了解一个地方的自然或社会结构、了解自己并创纪录；多数长途旅行是这三者的混合。长途步行常被视为朝圣之旅，是某种信仰或意愿的表达，是寻觅新奇的方式。此外，随着旅行变得普通，旅行作家常常寻求极端的经验和遥远的地方。后一种书写隐含的前提是：旅行必须特别才值得阅读。虽然弗吉尼亚·伍尔夫写了一篇关于到伦敦买铅笔的漂亮散文，詹姆斯·乔伊斯写了一部关于走过都柏林街道的售货员的二十世纪最伟大的小说。对作家而言，长途步行是容易找到叙事连续性的方式。正如前文所提到的，如果路像故事，那么连续步行必定像首尾有序的故事，而长途步行则是巨著。行走者不匆匆前行，而是仔细体察周围的事物。另一方面，步行者可能为体力劳动所消耗，以致无法参与他的环境，尤其为行程表或竞争所迫时。一些长途步行者喜欢这些限制，如英国人科林·弗莱彻。他第一趟长途步行是一九五八年走过加州东部。由此这趟旅行写就的《千里夏季》是自然美景、道德教训、飞机舱座、社会遭遇和各种细节的混合体。他后来进行了别的行走，且写了本旅行指南《完全行走者》，此书至今仍为步行者使用。另一个英国人约翰·希拉比在一九六八年步行英国，他就此行写了一本畅销书，并针对其他行程写了别的书。

一九七三年彼得·詹金斯在《国家地理杂志》的支持下越过美国逾三千英里路，越野远征已成美国男人成长仪式，尽管那时的旅行媒介常常是汽车。越过大陆似乎是拥抱或围绕大陆的象征。最近重映的电影《逍遥骑士》似乎就是从杰克·凯鲁亚克公路故事中撷取的灵感。凯氏的公路故事更像旅游书。詹金斯出发寻求社会际遇；不像缪尔寻找的美国，詹金斯寻找的美国是由人而非地方组成的。跟华兹华斯在不断与人接触中急于诉说他们的故事一样，詹金斯喜欢听他遇见的人讲故事，并在《穿越美国》及《穿越美国Ⅱ》中诉说他们的故事。部分是为了反抗当时年轻激进分子的反美国主义，詹金斯的旅程将自己带入与南方白种人的亲密接触与友谊。他在旅程中与依靠土地生活的阿帕拉契山脉人住在一起，与贫穷黑人家庭同住数周，在路易斯安那与一名南方施洗者坠入爱河、经历一次宗教谈话、与这女人结婚、几月后与她一起重启步伐、抵达奥勒冈海岸，成为与出发时完全不同的一个人。在这场生命的旅程中，詹金斯漫步前行。

长途步行文学一直在走下坡路。近坡底时产生了由健行者所写的书，他们未必是作家。因为锦笔与铁骨的混合似乎非常罕见。我读过的当代长途步行者中最使人深刻印象的是罗宾·戴维森，她在《路》——一本由《国家地理杂志》赞助、详述她与三只骆驼从澳洲内地到海边跋涉一千七百英里的书中对步行有出色的叙述。在书中，她解释旅行对心灵的影响："奇怪的事在你日复一日、月复一月每天跋涉二十英里时发生。这些事只有你回顾时才完全意识到。我记起过去发生的每件事和与事件相关的所有人。我记起童年时曾进行或偷听谈话的每个字，如此我能以疏离的态度审视这些谈话，仿佛发生在别人身上。我重新发现，了解死去已久、被遗忘的人……我很快乐。"她以一种很少人拥有的极端体验将我们带回哲学家、步行散文家的领域，探讨步行和心灵间的关系。

二十世纪七十年代似乎是长途步行的黄金时代；詹金斯、戴维森、艾伦·布斯都在七十年代中期出发。布斯的《佐田之路：行走日本两千英里》是步行文学的里程碑。身为一位在日本住了七年，精通当地语言和文化的英国人，布斯十分幽默、谦逊。他喜欢与各地的人们展开幽默的谈话。他热情地描述他的旅行——脏袜子、温泉、清酒、闷热的天气、好色之徒。他挖苦道："在这个相当发达的国家，居民们怀疑地看待行走者，并让他们的狗也如此。"但他依旧步行。然而像大部分旅游者一样，《佐田之路》并不真正关于行走。也就是说，《佐田之路》不是关于行动而是关于遭遇，正如《千里海湾行》关于植物学和自然美景，《在路上》和《逍遥骑士》则关于自我暗示与内在动力。步行只是将遭遇增至最大限度，成为测试身体和灵魂的手段。

而这种测试在费欧娜·坎贝尔的步行中扮演了很重要的角色。如她的书《绕行世界》所叙述，身为一名粗暴军官之女，她似乎是以旅程向父亲证明自己，尽管她的步行与她妹妹的厌食症同属于执迷性活动。一九八三年十六岁的坎贝尔在伦敦《晚间标准报》赞助下顺利行走英国，并为一家医院募款。然后她环游世界："金氏纪录将绕行世界定义为在同一个地方开始和结束、越过四大洲、走过至少一万六千英里。"两年后她前往美国，五年后漫步澳洲，八年后畅行非洲，十一年后从西班牙奔赴英伦海峡。她的行程充满断裂，唯有叙述将行程连为一体。

将坎贝尔包括在步行文学中或许是个错误，即便她确实是步行文化的一部分。毕竟，几乎没有风景出现在她的叙事中。我们无法在其中追踪华兹华斯的遗产。然而"行走的救赎性"概念已取得自己的生命，且毫无疑问这概念是维多利亚女王时代的遗产，而维多利亚时代的人是华兹华斯后裔。历史走的便是这条蜿蜒的道路。跟戴维森一样，坎贝尔执迷于行走，但戴维森再现的"受伤的自我经由严厉的考验寻求救赎"更知性、内省，且文学感较佳。不过其中尖锐的疏离感确实异曲同工。詹金斯则较柔软、轻松，或者因为徒步旅行对男人较容易，也或许因为他是个追寻者：他知道他是在怎样的朝圣之旅。

坎贝尔多少类似以步行筹款那样的行走者——她常为募款而走。不过，一天走五十英里路很不容易，翌日再走五十英里路更是惊人，日复一日在恶劣的天气下走过澳洲内地尤为残酷。但坎贝尔做到了，她创下九十五天内走过澳洲三千两百英里的世界纪录。她坚持不屈，在没有风景和欢乐、很少与人相遇的情况下树立成就。她盼望经由步行了解自己、消解痛苦，但她不清楚自己的价值——一会儿寻找企业赞助和媒体关注，一会儿谴责记者和资本家，甚至在第二次行走美国时侮辱开车者。她书中的轶闻令她的壮行功亏一篑。那是一个军人要求澳洲原住民进行沙漠步行竞赛，结果后者半途离开去采蜜的故事。在诉说故事的过程中，她企图暗示她是站在原住民那边的，因为她不屑于僵化的目标、量化的经验、竞争、创纪录。可悲剧是她始终在军人那边。

或许坎贝尔试图告诉我们什么是纯粹的步行。但不纯粹使步行值得做——观点、思想、会面，这三样事物透过流浪的身体连接心灵与世界、促进心灵的深化。她在书中感叹步行是多难处理的题目。步行通常是关于别的事——关于步行者的个性或遭遇、关于大自然或关于成就，有时根本跟步行无关。然而所有这一切——步行散文和旅行文学，在过去两百年间，不间断地为徒步旅行找到新理由。

昏暗之坡与抵达之坡

　　费欧娜·坎贝尔"军人走过澳洲内地到终点，原住民则半途离开去采蜜"的故事暗示行走、生活的不同方式和理由，也触及一些问题。我们能衡量公共荣誉与个人欢乐的优劣吗？还是它们势不两立？一个行动的哪些部分能被测量、比较？"抵达"的意思是什么？"漫游"的意思又是什么？竞争是可耻的动机吗？军人能被想象成自律者而原住民能被想象成流离者？毕竟，这世上有以抵达旅程终点为精神成就的朝圣者，也有漫游朝圣者和神秘主义者，包括中国古圣和写《朝圣者之路》的十九世纪无名俄国农民。当我们讨论到登山时，人如何旅行的问题无可回避。

　　登山是徒步、徒手上山的艺术，虽然通常强调的是攀爬，但多数登山多半仍是步行。由于优秀的登山者都尽可能用腿攀爬，攀爬堪称垂直散步的艺术。在最险峻的地方，行走的节奏慢下来，每步都变成有关方向与安全的决定，且行走的单纯行动被转化为要求装备精良的特殊技能。这里我要指出：登山包括攀爬，但攀爬并不包括登山。这个区分是有道理的。攀爬近年来在登山史上延伸出新的旁支，攀爬险峻的表面，即攀岩。一场极端艰难的攀岩可能不足百尺，但每一步都是挑战。登山传统上是出于对山景的爱好，攀岩则牵涉其他乐趣。自十八世纪以来，大自然一直被想象成风景，而风景是在某种距离外所看见的事物，但攀岩使人面对岩石。或许触觉、危机感、身体动觉的乐趣与登山一样来自对大自然的深刻体验。就攀岩而言，有时风景会完全消失，至少在室内攀岩场内是如此。此外，步行培养一种心灵漫游的经验；攀岩则十分艰难，以致一位导游告诉我："攀岩是我的心不漫游的唯一时候。"攀岩是关于攀登，登山则始终是关于山。

　　登山史和风景美学史始自诗人彼特拉克。"彼特拉克是第一个为登山而登山、享受山顶美景的人。"这是艺术史家肯尼斯·克拉克的看法。早在一三三五年彼特拉克攀登意大利的旺图山之前，就有其他人在世界的其他地方登山了。彼特拉克预示了浪漫主义时代产生的"山中旅行以求审美欢乐，登山顶满足征服心"的做法。登山史在十八世纪末正式发轫于欧洲，当时好奇心和求变的感性激励一些大胆人士，他们不只去阿尔卑斯山旅行，还试着攀登阿尔卑斯山顶。这做法逐渐巩固成登山的一整套技巧与假定，如"登上山顶是意味深长的行动，与在小径或山脉下的丘陵地带行走不同"的假定。在欧洲，登山发展成绅士的娱乐和导游的职业，因为前者经常倚赖后者；在北美，第一宗被记录的登山是由探险家和测量员在偏远地方所做。山下村庄的望远镜能够观察到活动在阿尔卑斯山区的登山者，一些北美的登山则会费时数周。诚如杰出的测量员暨登山者克拉伦斯·金恩所述，一八七一年登上惠特尼山时，他发现"山顶有一小石丘，上面插了一根印第安箭杆，指向西方"。早在浪漫主义

146

激发登山前，山已吸引了步行者。

　　一座孤峰是风景中的自然焦点，是旅行者和当地居民定位自己的地方。在风景的连续中，山是断裂——高点、自然屏障、神秘的土地。在山上，纬度不能感知的变化能变成高度的惊人变化。生态和气候迅速从温和的山脉下的丘陵地带变成冰河高度：有森林线，和超过之上即无物生存或生长的生命线，而在海拔一万八千英尺之上即是登山者口中的死亡区。在此冰冷、低氧的区域，身体开始死亡，判断力受损，连最服水土的登山者也失去脑细胞。在高山上，生物学消失以揭示一个由地质学和气象学的严酷力量所塑造的世界。山在世上是作为此世和彼世间的门槛、精神世界靠近的地方。在世上多数地方，神圣意义被归于山；虽然精神世界可能是骇人的，但它很少是邪恶的。基督教在欧洲视山为丑陋、凶恶的地方，这种看法似乎是独一无二的。在瑞士，龙被看作是不快乐的死者的灵魂，它和流浪的犹太人一样出没在山区。在传说中，犹太人被处罚要流浪到世界末日为止，因为他们侮辱被押赴十字架刑场途中的耶稣。流浪的犹太人的说法暗示欧洲基督徒经常对流浪和犹太人拥有负面的看法。十七世纪许多英国作家将山描写为"高而可怕的""地球的垃圾""畸形"，甚至有"山是由诺亚洪水造成"的说法。因此，虽然欧洲人在现代登山发展上居领导地位，登山却来自浪漫主义对"欣赏自然地方"的恢复。

　　从历史来看，最早登山的人之一是中国的秦始皇，公元前三世纪他不顾诸侯步行登山的建议而驾马车登泰山。他以建万里长城和焚书以使中国历史始于他而知名，而焚书之举可能销毁了在他之前登泰山的人的记录。秦始皇之后，很多人走到泰山之巅——两千多年来，很多人走过从山脚的太平市经三座天门到山顶玉皇殿的七千级阶梯。美国作家暨佛教徒格莱特·艾莉西登上泰山及中国的其他朝圣地。她写道："中国人所谓的'朝山进香'，实际上意指'对山致敬'，仿佛山是他们的女皇或祖先。"公元四世纪时，一名非常不同的朝圣者在欧亚的另一边爬山：基督徒朝圣者埃杰里亚。她的朝圣日记流传了下来，手稿暗示她是女修道院院长。埃及沙漠深处的西奈山是当时基督徒朝圣地之一。她由当地圣者引导通过宽广而平坦的山谷。以色列子民在圣人摩西攀登上帝的山时也曾在这山谷里滞留。她和她无名的同伴徒步攀登海拔近九千英尺的西奈山——"笔直而上，仿佛攀登一座墙"。埃杰里亚指出："这里看似只有一座山；不过，一旦你进入此区，你会发现许多山，整个区域被称为上帝的山。"对埃杰里亚而言，在西奈山上帝将十诫传给摩西：攀登西奈山是圣经中的神圣事业及归返圣经中最伟大的地点。自埃杰里亚的时代以来，西奈山一直筑有阶梯，一位十四世纪的神秘主义者将每天登梯作为宗教表达方式。

山，如同迷宫，起隐喻和象征空间的作用。绝顶是与"抵达"和"胜利"概念最相符的地方。尽管在喜马拉雅山区，许多朝圣者绕行山，认为站在山顶是冒渎行为。强健且抱负不凡的维多利亚女王时代的登山者爱德华·温珀如此评价登顶马特洪峰："一切都在脚下。在那儿的人完成了他渴望的一切事物——他心愿已了。"登至山顶的吸引力也可能得自语言隐喻。英语及其他语言将纬度、登山、高度和权力、美德、地位联系起来。在基督教的宇宙论中，天堂在上而地狱在下；但丁将地狱描写成他辛苦攀登的圆锥山，结合精神和地理旅行——"我们从窄缝爬上去，石头从两边压来，那地方

148

需要脚和手"。上坡之行涉及形而上学的领域；山间无目的的漫步穿越也涉及形而上学。

在日本某学者说山像重迭的花，山被想象成横过风景的大曼陀罗中心，接近曼陀罗的中心意味着接近精神力量的根源——但进路可能是迂回的。在迷宫中，人可能在最接近目的地时离它最远；如埃杰里亚所发现的，山在人攀登时会一再改变形貌。此吊诡，可用著名禅语"年少时见山是山，中年时见山不是山，老年时见山又是山"来比喻。梭罗也注意到该现象并写道："对旅人而言，山的轮廓随步而异，且山有无数侧面，虽然山绝对只有一形。"而那形状最能从远处被理解。在日本艺术家铁斋著名的三十六幅版画《富士山的三十六种面貌》中的三十五幅，富士山的完美圆锥体忽近忽远、忽大忽小，赋予城市、道路、田野、海以方向与连续性。只在一幅朝圣者登山的版画中，其他版画中的富士山消失了。当我们被吸引，我们挨近；当我们挨近，吸引我们的景象消失：山的脸在我们挨近求吻时模糊或破碎，富士山的平滑圆锥体在铁斋的富士山朝圣者版画中成为从脚底直升天际的乱石。山的客观形状似乎落入主观经验，而登山这个行为本身也分裂成一段段支离破碎的攀爬。

我说过，步行好似具体而微的人生，而登山则是戏剧化的行走。登山有较多危险、对死亡的察知和对结果的不确定，反之也有较多对抵达的欢欣。"攀登好似人生，只是更单纯、更安全。"一九二四年英国登山家查尔斯·蒙塔古写道，"每次你攀登一座险山，人生便成功一次。"登山吸引我的是一种活动可以意味许多事。虽然朝圣的概念几乎总是存在，但许多登山从运动和军事活动中找到意义。朝圣之旅从走神圣化路径到目的地找到意义，而最受崇敬的登山者常常是那些初次登山或登顶的人，他们就像是创纪录的运动员。登山常被视为帝国传道的纯洁形式，使帝国传道的技巧和英雄价值发生作用，但却无帝国传道的物质获取或暴力。这也是法国杰出登山者莱昂内尔·特瑞称他的回忆录为《无用物的征服者》的原因。一九二三年三月十七日，在一场为珠穆朗玛峰喜马拉雅探险募款的演讲中，杰出登山家乔治·马洛里回答关于他为何想攀登珠穆朗玛峰的问题时，说出登山史上最著名的话："因为它在那里。"他的一般回答是："我们希望让大家知道建造英帝国的精神尚未死亡。"马洛里和其同伴安德鲁·欧文死于这次探险，登山史家仍在辩论他们在消失前有否登顶。

经验可测量的部分最易被转译，所以最高峰、最惨灾难是登山最为人知的部分，纪录——第一次攀登、第一次从北面攀登、第一个美国人、第一个日本人、第一个最快抵达的女人、第一个没有这或那的装备的人——也是登山最为人知的部分。珠穆朗玛峰对西方人而言向来是数字——西方人最早是经由三角学认识它的。一八五二年一位印度英国三角学测量局的职员计算出他们所称的"第十五峰"——即藏语 Chomalungma（珠穆朗玛峰）——是喜马拉雅山的最高峰。测量它的人以从未注意到它的人——前测量员督导印度爵士乔治·埃佛勒斯——的名字为它命名，这有如给它做了变性手术，因为 Chomalungma 意指"该地的女神"。当地居民视珠穆朗玛峰为较不重要的圣山，但登山作家有时称它与南佛罗里达州同纬度的珠穆朗玛为"世界之巅"或"世界屋脊"，仿佛我们的地球是金字塔形一样。经常旅行的登山家暨宗教学者艾德温·伯恩鲍姆挖苦道："任何东西一经西方社会品评为头号，即染上一层神秘色彩，好像这样东西特别真实、有价值和神圣似的。"而头号通常由测量决定。登山中的胜利，就像运动中的胜利一样，是在"第一""最快""最"中被测量。

一如运动，登山是只有象征性的结果，但那象征无比崇高——例如，一九五〇年法国登山家莫里斯·赫尔佐格视其远征世界第七高山安娜普娜山为大胜利，因为他们最终抵达山顶。虽然他受到严重冻伤，以致失去手指和脚趾，必须由雪巴人带下山。或许赫尔佐格对历史的贡献，就像埃杰里亚对圣经的实践一样大。二十世纪六十年代中期大卫·罗伯兹带队登顶阿拉斯加的亨廷顿山。如罗伯兹在《我的恐惧之山》中所述，该探险似乎始自他在马萨诸塞州研究亨廷顿山照片，他想发现一条上山的新路，他想做前人没做过的事。也就是说，该探险始自视觉再现与置身于历史纪录的欲望、数月计划、筹款、征募新兵、搜集装备、写物品清单；要到很久之后，才准备登山。历史与经验间，热望、记忆与当下间的张力吸引着我，虽然此张力存于人类活动之中，但它似乎在高处变得更透明。我认为，历史起自"人的个人行为如何嵌入公共生活"的社会想象。历史被心灵带到最遥远的地方决定人的行为在偏远之地意味着什么。

因为山通常距人烟聚集之处十分遥远，因为神秘主义者和法外之徒常上山避世，因为攀岩是"我的心灵唯一不漫游的时候"，在山上创造历史似乎是十分吊诡的概念，而登山则是十分吊诡的运动。登山意味进入未知，然而登山的行为却有为"置地方于人类历史，使地方为人所知"的目的。也有拒绝记录登山或为登山命名、视登山为退出历史的人。一九五三年成为英国第一位持证女性登山向导的格温·莫法特如此书写登山的快乐："在我出发前，我感到在我准备面对困难时会有的熟悉感觉。精神、身体松弛，肌肉放松到连脸都放松、眼睛睁大；身体变得轻而柔软。'人为何登山'的答案可能存于登山前的绝妙时刻。你在做一件很难的事，失败可能意味死亡，但因为知识和经验，你可以很安全地做它。"她和一同伴曾决定创最慢通过斯凯岛山脉的纪录，并在突来的暴风雪帮助下取得成功。

　　欧洲登山史源自种类竞争。在白朗峰被攀前数十年，山上的冰河流到霞慕尼谷，使山谷成为观光地，直至今日仍是如此。当地居民像北韦尔斯和湖区居民一样，是旅行者日益爱好自然风景的受益人。促使该地观光事业成长的是日内瓦二十岁的科学家索绪尔。一七六〇年他抵达霞慕尼谷，被冰河深深吸引，以致将余生都奉献给研究冰河。他为抵达海拔一万五千七百八十二英尺的白朗峰绝顶的第一人设置了一项奖座。欧洲最高点白朗峰是早年山脉崇拜中一块磁石，风景浪漫主义者的文化偶像雪莱一首诗的主题，登山家壮志的第一项测量。一七八六年，一位当地医生在当地猎人的帮助下抵达绝顶。几年前的一次尝试吓坏了四名导游，他们宣布白朗峰是不可攀登的，当时欧洲无人能确定人是否能在山上生存。霞慕尼居民米歇尔·加布里埃尔·巴卡德博士这么书写著名登山家埃里克·希普顿："他把作为登山者的敏锐智慧和成熟经验应用于如何解决山上遭遇的求生问题……他不寻求名声，且很少谈他的冒险。他之所以盼望攀登白朗峰，与其说是受到为自己赢取名声的欲望的鼓舞，不如说是受到想为法国争光及为科学界做事欲望的激励。他也急于在山顶做气象观察……"

　　在四次失败的尝试后，医生雇用以当猎人和水晶采集者谋生的强壮登山者雅克·巴马。他们在八月一个满月的夜晚出发，在没有绳索和冰斧的情形下，以一对长杆通过深邃的冰河裂隙。当他们抵达致命的雪谷时，巴马请求折返，但巴卡德说服他继续前进，他们在狂风中攀上一座雪山。他们在出发后十四小时登顶；巴卡德做测量，他们在圆石下度过该晚。一夜下来，两人都受到严重的风伤和冻伤，巴卡德也得了雪盲，必须被带下山。"单从体力表现来看，首次攀登白朗峰是一次成功演出。"许普顿下结论。但故事并未就此结束。诡计多端的巴马开始散播"是他探查路线、领导探险，巴卡德不过是他拖着走的行李"的谣言。他甚至宣称巴卡德在绝顶下数百英尺处昏倒，他独自完成攀登。直到二十世纪，事实才被揭露，勇敢的医生再度成为登山英雄。一名善于爬山者为了历史、声名、报酬背叛了他的同伴和真理。百年后，探险者弗雷德里克·库克说谎并伪造照片以宣称他完成攀登阿拉斯加迪纳利山的壮举；对他而言历史说明一切，经验则不值一文。

　　白朗峰一被证明为可攀登的，许多人就开始攀登。至十九世纪中叶，已有大多是英国人的四十六支队伍抵达顶峰，自那以后焦点转至其他阿尔卑斯山峰和路线。虽然历史上有许多杰出的登山家，但我无法忘情于亨丽耶特·安基维尔。可能是她在《我的攀登白朗峰》一书流露的感情使我着迷，因为它证明了好体力不必然与淡泊寡欲相连，也可能因为真正的登山文学是给真正的登山家读——真正的登山家喜爱充满攀岩、沉稳有力的步伐、装在鞋底上的尖铁钉、套索技巧等等的篇章。一八三八年安基维尔登上白朗峰时四十四岁，尽管她在阿尔卑斯山区成长并曾步行其中。她在书中解释她为何从小喜欢爬山："那出自灵魂与身体的渴求……我属于那种喜爱自然风景甚于一切的人……这就是我选择白朗峰的原因。"后来她讽刺说她之所以攀登白朗峰，是因为想变得与小说家乔治·桑一样有名，这使公众不喜欢她，但她在未获进一步注意的情形下继续登山到六十多岁，并写道："不是身为第一位攀登白朗峰女性的名声使我充满兴奋；而是登山后的精神成长使我充满喜悦。"她的攀登事先做好充分准备，事后与十名导游进行的庆功宴则是辛苦攀登的戏剧落幕。导游已成为职业，自巴卡德时代以来，技术与工具已进步良多。

黄金时代常以陨落为结束，黄金登山时代亦不例外。这个陨落通常据称在一八五四至一八六五年间，初次攀登许多阿尔卑斯山脉的时代。黄金登山时代大致是英国黄金时代，在此时代登山成为公认的运动。该时代主要的初次攀登中，约一半是由强健的英国业余登山者与地方导游共同完成。创立于一八五七年，性质介于绅士俱乐部和科学学会之间的阿尔卑斯山俱乐部，长久以来是公认的登山世界的一部分，以致它的怪异——聚焦于欧陆的山的英国俱乐部——很少被注意。但在黄金登山时代，阿尔卑斯山脉几乎是唯一的登山焦点；偏远地区的山和在山峰区或湖区进行的攀登未获许多注意，北美的登山则发生在很不同的脉络内。英国的登山观众比登山践行者多得多，在欧洲，登山者和攀岩者有时仍会出名。以一八五一年阿尔伯特·史密斯登山为蓝本的通俗影片《白朗峰》在伦敦戏院上映数年，阿尔弗雷德·韦尔斯的《阿尔卑斯山中漫游》和阿尔卑斯山俱乐部的《山峰、隘口和冰河》等书相当受读者欢迎。

受上述文学吸引，二十岁的雕刻师爱德华·温伯尔设法得到创造阿尔卑斯山形象的工作。他利用空闲时间探索山，结果成为攀登阿尔卑斯山的行家。虽然他在别处作了许多攀登，但马特洪峰捉住他的想象。一八六一至六五年间，他在马特洪峰上做了七次不成功的攀登。最后他终于成功，而他的成功据说终结了登山的黄金时代。黄金时代完结，是因为温波为登山注入过分野心勃勃的精神，还是因为马特洪峰是最后被征服的阿尔卑斯山主峰，或是因为一场山难，已难以追究。温波的第八次攀登是与现代最杰出业余登山者查尔斯·哈德逊牧师、两位年轻英国人、三位地方导游之间的合作。下山时，哈德逊、两位年轻人、杰出导游米歇尔·克罗兹几人绑在一起，在其中一人失足时全部摔死。接着是一场媒体攻伐——媒体谴责登山是危险的，对温波和导游行为是否符合职业伦理有诸多讨论。温波的《攀登阿尔卑斯山》倒成了经典，或许这也是马特洪峰之旅成为迪斯尼乐园里一个行程的原因。

登山史是关于"第一""之最"和灾难的，但数十张著名的脸后面是无数个报偿完全私密和私人的登山者。历史很少再现典型，典型也很少在历史中现形，但常在文学中现形。这两种分别存在于登山书籍的两大类型——一般大众经常阅读的史诗篇和很小众的回忆录。史诗篇章型是关于企图登大山的英雄式叙述；它们是关于历史和悲剧的书。英雄式登山文学，因为其对身体受苦，经由意志而活下来、冻伤、低体温、高处痴呆、致命的跌落等可怕细节的强调，常使我想起关于集中营和强行军的书，除了登山是自愿的且对一些人而言相当愉快以外。相对而言，乔·布朗、唐·惠伦斯、格温·莫伐特、李奥纳·特瑞等杰出登山者的回忆录，常读来像幽默的田园诗。这类叙事的温馨来自大小旅行，来自友谊、自由、对山的爱、技巧的洗练、低野心、高活力，悲剧只是偶尔发生。最好的书的优点来自生动，而非所叙述事件的历史重要性。

如果我们寻找的是私人经验而非公共历史，那么连抵达山顶也成为选择性叙事而非主要论点，在高处漫游的人成为故事的一部分。也就是说，我们能遗忘运动和纪录，而当我们这么做时，目的地哲学便再次与疏离哲学平衡。二十世纪三十年代经济大萧条时期，攀登俄勒冈州山峰的二十岁导游斯莫克·布兰查德，在我最喜爱的一本登山回忆录《在世界走上走下》中写道："有半个世纪，我试着推广'登山最好被视为野餐与朝圣混合'的概念。"上山野餐 - 朝圣"这一组合缺乏侵略而充满快乐。我希望能使大家明白，温和的登山值得用一辈子时间快乐地追求。恋爱事件能被记录吗？"快活、幽默的布兰查德既是步行者也是登山者，他所叙述的欢乐包括奥勒冈海岸长途健行和内华达岭及太平洋岸西北部的许多攀登。跟包括约翰·缪尔和盖瑞·施耐德在内的许多太平洋岸登山家一样，布兰查德以折中漫游和抵达的方式接近山，使人想起太平洋另一边中国和日本的古老登山传统。

中国和日本的诗人、圣者、隐士所赞美的与其说是登山，不如说是置身山中，而中国诗画中常描绘的山是远离政治和社会的静谧地点。在中国，漫游被赞美——"'漫游'是陷入狂喜的道教术语"，一位学者写道——但人们有时以爱恨交织的态度看待抵达。李白有首诗题为《访戴天山道士不遇》，"不遇"在当时的中国诗里是很普遍的主题。诗中的山有着物质和象征意义，因此行走暗藏的言外之意：

李白的同代诗人——褴褛、幽默的佛教徒隐士寒山写道：

人问寒山道，

寒山路不通。

…………

似我何由届，

与君心不同。

　　在日本，自史前时代以来，山一直有宗教意义，但是伯恩鲍姆写道："公元六世纪前，日本人不登圣山，圣山被视为有别于此世的领域，神圣过度以致不适于人。人们在山脚建神社，从远处崇拜山。随着佛教在六世纪自中国传入，才产生了登圣山到绝顶，在顶颠与神交谈的做法。"之后，虽然僧侣和苦修者漫游，但漫游的模糊意义被朝山的确定意义胜过。登山成为宗教仪式的中心部分，尤其是在佛教中强调登山的宗派修验道中更是如此。"修验道的每个层面都在概念或实行上，与圣山的力量和崇敬行为相关。"研究修验道的杰出西方学者拜伦·鄂尔哈特写道。虽然节庆、寺庙仪式、山中苦修也是修验道的一部分，但是登山是修验道的中心部分，并有神职者的导游服务出现。山被理解为佛教的曼陀罗，登山与通往悟境的六个精神成长阶段相应。十七世纪俳句诗人芭蕉在漫步途中登过一些修验道最神圣的山，如他在俳句和旅行叙事的杰作《往极北的窄路》中所述："我……随我的导游展开往山顶的八英里长征。我走过雾和云、呼吸高处的稀薄空气、踩滑冰和雪，直到最后通过日月之路的云门，我抵达山顶，喘着气，几乎冻死。"十九世纪末修验道被禁后，不再是日本的主要宗教，但它仍有神社和信奉者，富士山始终是主要朝圣地，日本人始终是世界上最热情的登山者之一。

　　优秀登山者暨杰出诗人卡里·史奈德接合了精神与世俗传统。

毕竟，他在亚洲研究佛学，但很早以前即在俄勒冈州马萨马斯俱乐部的协助下学习登山。在一九五六年起执笔近四十年后才终篇的一首名为《无尽的山河》的长诗中，他写道："我在十三岁时认识太平洋西北岸的崇高雪峰，二十岁前已登上很多山顶。我从十岁起在西雅图美术馆所见的东亚风景画也呈现山顶的风景。"他在日本的日子，练习步行禅并与修验道信奉者接触，"我得到观察漫步风景何以成为仪式及冥想的机会。我在小峰山做五天的朝圣之旅并与佛教的不动山神建立关系。此类古代仪式将从山顶到河谷的徒步旅行，可视化为子宫与密乘佛教的金刚石檀城的内在连结"。

　　一九五六年，史奈德离美赴日前带着杰克·凯鲁亚克在海边通宵漫步，回程时途经与旧金山相望、海拔两千五百七十一英尺的塔玛佩斯山。在那趟步行中，史奈德告诉他同伴："你愈接近石、空气、火、木等物质，世界就变得愈有灵性。"学者大卫·罗伯逊评论道："这句话不仅显示卡里·史奈德的诗和散文的中心理念，而且显示许多步行者的思想和实践核心。如果在步行者的生活和文学中有一种习惯，那这种习惯就是：不断接近既是精神又是物质的事物的习惯……徒步旅行对史奈德而言是深化政治、社会、精神革命的方式……事物的性质不是亚里士多德式情节，也不是黑格尔辩证法，且不通向目标。因此，事物的性质不可能是追求的目标。相反，事物的性质不断回旋、绕转，很像凯鲁亚克和史奈德的健行，更像史奈德在行走时告诉凯鲁亚克他计划写的诗。

　　该诗即《无尽的山河》，其中一首《绕行塔玛佩斯山》，描述的就是塔玛佩斯山。里面还详述一九六五年他与菲力普·惠伦和艾伦·金斯堡"为表示崇敬并涤清心灵而在塔玛佩斯山旅行"。喜马拉雅式绕行已被塔玛佩斯山佛教徒采纳为一年数次，长十五英里，包括十站、起讫点皆为塔玛佩斯山东峰山脚的行走。我在倒数第二站读史奈德的诗作体会东峰的气质。东峰不是最高点，而只是十站中的一站，这十站以螺旋形包覆山，每站皆有宗教解释。山是史奈德诗中不断出现的主题。他按照缪尔对里特尔山的描述做了一首诗，也因倾慕寒山而写《寒山诗集》，描述登山、山中行走、在山中生活、当防火员和筑路人。在《无尽的山河》中，史奈德写道："我将空间从其物质意义转译成大乘佛教哲学中的'空'——精神上的透明——的精神意义。"这书开始于乍看是风景的长篇描述，但事实上描绘的却是一幅中国画画卷。史奈德以同样的精神旅行走过各种空间——画、城市、荒野。在《漫步纽约床岩，活在信息之海》中，史奈德游历曼哈顿、思考印第安人与欧洲殖民者的相遇、视摩天楼为神。他看到游隼在第三十五层楼结巢、游民在犹如峡谷里的险峻山脊和拱壁的街道峡谷中游荡。但山以曼哈顿办不到的方式取悦他，正如一首题为《三十一年后重登马特洪峰》的短诗所述：

绵延不断的山
年复一年。
我始终深爱。

步行俱乐部与土地战争

内华达岭

"又是内华达岭美好的一日。"迈克·科恩边喝咖啡边对喝茶的我说，这时我们看见晨光在湖上闪烁。瓦莱莉·科恩尚未起床。我在科恩位于内华达岭东边、优胜美地国家公园东南的六月湖木屋中，现在是大清早，我虽起床但还没有完全清醒。我不记得是什么促使他突然说："内华达岭俱乐部喜欢说约翰·缪尔建立了内华达岭俱乐部。但我认为是加州文化建立了内华达岭俱乐部。"我们便是那文化的产物。科恩夫妇成长于洛杉矶，自早年起就常待在内华达岭。他们是比我专注、健壮的荒野探险者。即使我祖父母是在洛杉矶的移民健行俱乐部里相遇的，崇高的内华达岭无疑是科恩夫妇的领域。他们在那儿滑雪、爬山、健行、工作，甚至在那儿结婚。我让他们选择了我们那日健行的目的地。

那是个八月中旬万里无云的一日，冬天来得相当迟，气候潮湿，以至草地仍绿、野花遍地。健行者们喜气洋洋。瓦莱莉带领我从始自图奥米勒草甸西南的小径走下，在穿越松林的第一英里路，她追忆她是森林警备队员时，这条小径是她的地盘，她负责处理山上的疯汉和吸毒者。她告诉我有一次露营者抱怨有个疯汉——这人是个杰出但发疯了的科学家——在他们的露营地整夜打转、自言自语。她又说到一个关于保姆和捕绳鬐的故事。故事才说到一半，迈克便插嘴道，受"大自然会使你快乐"的理论影响，那些急于寻找快乐的人往往会出现在大自然中。他说得没错，每年有数百万人出现在优胜美地国家公园——世界上最著名、人潮最多的自然风景地之一。

优胜美地也是个大历史地点，尤其对步行、登山、环保运动史而言更是如此。我很幸运，迈克写了内华达岭俱乐部的历史和约翰·缪尔的传记。因此，在走过莫诺隘口时，我们经过了他的学问地域。在十八九世纪之交走过奔宁山的多萝西·华兹华斯和威廉·华兹华斯似乎是寂寞的，而走过优胜美地和内华达岭的约翰·缪尔更是那孤独漫步传统的一部分。但缪尔是内华达岭俱乐部的建立者，而这俱乐部除了筑路这项早期俱乐部的重要活动以外，始终致力于通过维护自然风景来改变社会风景。华兹华斯兄妹展开孤独冬季步行后一百多年，科恩夫妇和我从路边出发，花两星期在图奥米勒草甸步行、登山、露营。一九○一年七月第一次内华达岭俱乐部登山之旅，是"对走进风景的爱好"历史中的里程碑。这种里程碑不止一个，因为俱乐部秘书威廉·柯尔比写道："徒步旅行，如果适当进行，将能唤醒对森林和我们的山的其他自然特征的适当兴趣，也能创造会员的团结精神。马萨马斯和阿帕拉契山俱乐部多年来向众人证明徒步旅行能被设计得非常成功且富有趣味。"步行已成为文化根深蒂固的一部分，借着俱乐部步行能成为进一步变革的基础。

自一八五七年英国登山家成立阿尔卑斯山俱乐部以来，户外组织在欧洲和北美如雨后春笋般兴起。许多组织像阿尔卑斯山和阿帕拉契山俱乐部一样，结合了社交俱乐部的欢乐与科学学会的出版还有探险活动。但内华达岭俱乐部不同。"对森林和其他自然特征的适当兴趣"在该俱乐部的意识形态中是一项政治兴趣。登山和健行对多数步行俱乐部是目的，但内华达岭俱乐部却被建为双重目的组织。一八九〇年，缪尔和画家威廉·凯斯、律师沃伦·奥尔尼等友人开始集会讨论保护优胜美地国家公园免于意图染指木材和矿物资源的土地开发者。他们与正考虑建立登山俱乐部的加州大学伯克利校区的教授合作，新组织的名字来自内华达岭，就像阿帕拉契山俱乐部的名字来自阿帕拉契山一样。一八九二年六月四日内华达岭俱乐部成立了。

假装这世界是座花园的想法是项与政治无关的行为——只是眼不见为净罢了。但试着使这世界成为花园则经常需要政治努力，世界上较激进的登山俱乐部都进行过这种努力。走入风景长久以来被视为有德行的行动，但缪尔和内华达岭俱乐部最后将该德行定义为保护土地。这使走入风景成为自我永恒化的美德、保护土地的存在，并使俱乐部成为意识形态机构。步行或健行、登山成为置身世界的理想方式：在户外倚赖自己的腿既不制造什么也不破坏什么。俱乐部的任务说明俱乐部的目的是要"去探险、享受、接近太平洋岸山区；出版有关太平洋岸山区的翔实资料；呼吁人民及政府共同参与内华达岭的森林和其他天然资源的保护"。

从一开始，内华达岭俱乐部就有许多矛盾。这俱乐部被建立为登山社和环保学会的混合，因为缪尔和其他创立者相信，在山中度日的人会逐渐爱上山，而那种爱会是积极的爱，会使它们愿意进入政治战场去保护赖以为生的环境。尽管这前提十分良善，但有许多登山者对风景的爱好与政治无关，而许多环保主义者并不会在偏远地方旅行。另一种矛盾与"环境破坏通常以经济成长之名被实行"的事实有关。中产阶级俱乐部发现自己在打一场不敢说出自己名字的战争、一场反对以进步及自由企业之名进行环境开发的战争。约翰·缪尔采取反对人类中心说，反对"树、动物、矿物、土、水是在那里供人使用"的立场，但由于将荒野置于远离社会、经济的位置，他未能诉诸土地、金钱政治。俱乐部多半提出的是"风景的开发使其不再具娱乐价值"的以人类为宇宙中心的主张。大家终于明白：娱乐对优胜美地谷的破坏，几乎和资源开采对邻近的赫奇赫奇谷的破坏一样多。赫奇赫奇谷在第一次世界大战时被用作旧金山的蓄水库。俱乐部必须废除任务说明中的通行权条款，开始提倡物种保育，然后是生态保护，接着是地球永存。大自然开始被想象为必需品而非欢乐源。

不过，一九〇一年七月第一次登山之旅进行时，内华达岭俱乐部的麻烦和改造尚在远方。世界大而崎岖，他们在驮着炉、毯、行军床、食物的骡马大队的陪同下，花了三天时间从优胜美地谷走到图奥米勒谷。而今，草地与谷间只有数小时车程。抵达后，他们搭起大营帐，然后分成小部队，进入周围的山和峡谷。这是介于加州被贪婪的扬基人当作殖民地和后来该州过度发展的宁静时代。埃拉·赛克斯顿如此道出第一次登山之旅："当我们带着登山杖、轻便午餐，及许多勇气出发征服达那山的崎岖山峰、落石堆和雪域时，

164

登山家们以轻视的眼神看着我们'虚弱的腿'……登山者们艰难地攀爬到山脚的十英里路，他们中有人而误点，以致救援部队必须到溪流交会处点火，直到最后一位落后者乘摇晃的筏抵达时已是九点钟了。"由于河上没有桥，许多路线未入地图，优胜美地谷到图奥米勒草甸地间远比现今的情形荒凉。那时除了俱乐部会员、渔人、印第安人外，很少人进入此区，且那时俱乐部包含许多顶尖登山家并赞助了许多首次攀登。

但使这些入山的大探险显出风味的，是平常经验。纳尔逊·哈克特在两位女老师征召他时是个高中生，年轻好动的他顺理成章地成了自然爱好者。他后来成为《内华达岭俱乐部公报》编辑及董事会成员。一九〇八年攀登内华达岭王者峡谷时，他写信给父母谈俱乐部领导者："柯尔比先生行走如电，帕森斯先生非常胖、非常慢，所以不会找不到人适合我的步伐。当然，有半打人走在前面时，你是不可能迷路的。我猜有一百二十人走在一条路上，但他们相当分散，所以你只能看到半打人。"几天后，"翌晨，我们在三点三十分在寒冷的星光下起床，在四点三十分出发前往惠特尼山。山不难爬，但很沉闷，岩在脚下很硬。我在九点钟抵达山顶。我在那儿享用了午餐，做了一些巧克力冰糕，欣赏了几小时美景，然后折返。我们能看到沙漠和我们下方一万一千英尺处的欧文湖"。一九〇八年七月十八日海克特写了第二封信："我今天下午聆听缪尔先生谈论他在南北战争后那年往南方的千里步行，及他如何对植物学产生兴趣。营火已升起，再见……"

少旧包袱、富于创发力，使加州长久以来不断育出新文化。十九、二十世纪之交，包括画家、坏诗人、好建筑家在内的区域文化，都应加州独特的影响力和环境而产生。内华达岭俱乐部也不例外。与排斥女性的阿尔卑斯山俱乐部等组织不同，内华达岭俱乐部欢迎女性且为女性提供许多登山机会。在女人很少能在无人陪伴的情况下逛伦敦的时代，内华达岭俱乐部欢迎女性的事实说明了美国西岸的自由。由于充斥着男女专家，内华达岭俱乐部在早期富于知识力量，营火旁的夜晚充满着讨论、音乐与表演。缪尔那时是最有影响力的会员，但俱乐部后来成为发明美国自然摄影的人，譬如安塞尔·亚当斯和艾略特·波特，以及许多在法律和想象上重新定义美国荒野的人，譬如乔治·马歇尔和大卫·布劳尔的家。但加州文化并非凭空而生。早期的露营者自创文化，但许多资材来自东岸。要追踪系谱并不难。新英格兰超验主义的元老爱默生曾拜访过华兹华斯和约翰·缪尔，他似将把经历过法国大革命的漫游诗人的遗产传递给死于第一次世界大战初的福音派登山家。内华达岭俱乐部的会员投入了自己对大自然的爱好，但可能是大自然本身——西部的大荒野——将那爱好转化成新事物。

　　一九〇一年的初次登山之旅，暗示步行文化已从花园中散步和树林里孤独漫游进展到加州的山中。登山已成为主流文化和政治；如果风景能塑造行走者，那么这些加州行走者便以透过立法和文化再造该风景来回馈风景。最近几十年，内华达岭俱乐部已因其妥协、过失，对水坝和核能等议题见解过时而被年轻环保组织痛责。但环保意识是同内华达岭俱乐部一起成长的。战后，俱乐部开始扩张版图、广招会员。它从几千名会员多数是户外活动者的区域性俱乐部，变成了一个包括许多从未参加过俱乐部的旅行者，会员数达到五十万全国性组织。内华达岭俱乐部是美国第一个大环保组织，且始终将是最有力的环保组织之一。它在森林、水、空气、物种、公园、毒物等议题上甚有建树，且始终每年支持数千次健行和郊游。

我们走出树林，进入有小溪流过的美丽草地。一九六八年迈克和瓦莱莉曾领导俱乐部举行的登山之旅，彼时"山之老者"、传奇爬山者、坏脾气的人诺曼·克莱德仍来俱乐部串门，但在大量露营及探险俱乐部蓬勃兴起的冲击下俱乐部逐渐露出疲态，很多传统也不复以往了。我们走近莫诺隘口，遇见了三月我在距莫诺隘口不到三百英里的马林岬所见的野花。然后我们抵达路标写着"莫诺隘口，海拔一万零六百英尺"的鞍状峰。内华达岭山顶是世上少数真正的边界之一。这些山阻挡削弱了从西方呼啸而来的暴风雪，使雪成为向西流淌的水，灌溉世界的最大温带森林——内华达岭的水杉、黄杉和枞树、溪谷和鲑鱼游过的河，以及海洋、农田和城市。有些山涧沿内华达岭东边顺流而下滋润了东面的沙漠。在莫诺隘口，我们坐下来，面对充满柔和野花的亮绿草地。千里沙漠在我们背后绵延数里。我们也看到两场土地大战的结果。优胜美地国家公园的边界十九世纪九十年代由约翰·缪尔起草和制定。二十世纪九十年代，在多年抗争后，环保主义者终于阻止洛杉矶引莫诺湖的水入水力系统的计划，从而挽救了莫诺湖。

我们继续谈论内华达岭俱乐部。虽然我欣赏俱乐部多年来的辛勤耕耘，但我担心将对大自然的爱与某些休闲活动和视觉欢乐连接，会忽略有其他口味与任务的人。风景中漫步可能是特殊遗产的表现，而当风景中漫步被误认为是普遍经验，不参与风景中漫步的人就会被视为对大自然不敏感。迈克向我介绍了一次他领导、瓦莱莉煮炊的内华达岭俱乐部郊游。在那次郊游中，一些心怀好意的会员带来两位十分困惑的内城非裔美籍男孩。他们的困惑吓坏了好意的会员，他们不知该怎么办。幸亏有人带男孩们去钓鱼，瓦莱莉每天为他们做汉堡，才使男孩们不至于过于拘谨和窘迫。迈克在关于缪尔的书《无路之路》中也谈及这次经验："我们震惊地发现对荒野的爱好受文化决定，是由过着舒服生活的美国人享受的特权。人只能借着与一群基本价值与己相同的人一起出游，才能对郊游培养出一种乌托邦式社群感。"自那时起，内华达岭俱乐部和其他组织支持了不少适合内城孩子的"内城郊游"。之后，我们离开小径，开始越野行走，在一藏在黑暗悬崖下的小湖旁迷了路，接着冒险走过了多沼泽的野洋葱绿地。

阿尔卑斯山脉

除了从惠特尼山到优胜美地谷的约翰·缪尔小径和数十所加州公立学校之外，还有一座约翰·缪尔的纪念碑位于塔马派斯山下的丘陵地带，在金门大桥以北十多英里，名叫缪尔树林的红树林里。塔马派斯山是卡里·史奈德和友人设立"转山"佛教仪式的小山。在缪尔树林上方，有一不显眼小径，小径延伸半英里后，转弯至树林上方陡坡上一块新奇、使人迷惑的纪念碑。它看来像是完美的阿尔卑斯山小屋，有户外平滑地板、铺石的屋顶，和民俗图案状杉木板作为材料的露台，且它是以奥地利为基地的"自然之友"组织少数残存的美国前哨之一。一八九五年由教师乔治·施米德尔、铁匠阿洛伊斯·罗劳尔、学生卡尔·伦纳在维也纳建立"自然之友"。当时哈布斯堡君主政权仍控制奥地利山脉的多数入口。"Berg frei"——"自由山"是他们的口号。他们是社会主义者、反君主政体者，且相当成功。"自然之友"自成立的初次集会后，在数十年内会员增至二十万名，他们中绝大多数分布在奥地利、德国和瑞士。每个分会都购地建俱乐部，俱乐部开放给"自然之友"所有会员。他们支持健行、环保意识、民俗节庆，提倡亲近自然、接近山。

十九世纪末至二十世纪初是登山社的黄金时代。他们中的一部分为快速变迁世界所产生流离失所者提供了社会凝聚力，另一部分在工业化时代为残忍压榨时间、健康、精力的工人们提供了闲暇的放松时间。许多登山社围绕乌托邦式理想或实际社会变革而建立，而所有登山社都在创造社群——犹太复国主义者、女性主义者、劳工运动者、运动员、慈善家、知识分子。步行俱乐部是此大潮流的一部分，且每个主要步行俱乐部都建在某种对社会主流的反对上。就内华达岭俱乐部而言，他们面对的是快速发展国家对原始生态体系的猛烈破坏。在大部分欧洲国家，空地处于稳定却难以接近的状态。对奥地利的"自然之友"和许多英国团体而言，贵族对空地的独占是个问题。现任"自然之友"秘书长曼弗雷德·皮尔斯写信对我说："'自然之友'之所以成立，是因为当时休闲和观光旅行是上流阶级的特权。我们想打开一般大众的旅游机会……'自然之友'致力于反抗'不准平民进入阿尔卑斯山的私人草地和森林'。这活动被称为'被禁之路'。通过诸如此类的活动，'自然之友'终于达成了'保证每个人皆可进入阿尔卑斯山的森林和草地'的立法。"结果就是，"虽然阿尔卑斯山脉不是国有领土，它始终是私人财产，但我们及所有游客可进入阿尔卑斯山的步道、森林及草地"。

当德国和奥地利激进分子到达美国，他们带来他们的组织。在旧金山，在瓦伦西瓦街上的德国工人厅相遇的移民成群结队登塔马派斯山。旧金山"自然之友"历史学者埃里希·芬克告诉我，一九〇六年大地震后，更多工匠抵达旧金山，周末健行者的数目暴增，且他们决定购买地产以建立自己的"自然之友"分会。五名年轻人以两百美金买下塔马派斯山上一整片山坡，会员们在山坡上建了一所小屋。芬克的妻子告诉我，在二十世纪三十年代前，你必须出示一张工会会员证才能加入。这栋栖息在红树林上方的巴伐利亚小屋，向工人提供内华达岭俱乐部以外的选择。

"自然之友"的成功有其代价。它的社会主义引起了纳粹政权在奥地利和德国的压制，而此组织的德意志性格使它在第二次世界大战期间在美国备受怀疑。第二次世界大战结束后，社会主义也在美国成为议题。美国的麦卡锡主义使"自然之友"大受损伤，以致一位地方领导者始终不愿跟我谈俱乐部的历史。"'自然之友'今日在欧洲非常具有政治性，"他以浓重的条顿口音说，"但'自然之友'在美国不具政治性。我们不碰政治，因为政治几乎夺走我们历年来的建树。"在二十一个国家的六十万名"自然之友"会员中，不到一千名住在美国，他们不关心政治，在会员中是异数。

德国青年运动"游牧民族"并未撑过第二次世界大战，但其历史显示无任何意识形态对步行有独占权。作为对德国家庭和政府独裁主义的反动，一八九六年"游牧民族"运动始于柏林郊区。在那儿一群学速记的学生一起到附近树林进行探险。至一八九九年，他们的活动已发展至一次长达数周的山中漫游的活动。"游牧民族"

运动最富魅力的会员卡尔·费休改造了该组织、使它的行为形式化并传播它的理念。一九〇一年十一月四日"学童漫步游牧民族委员会"成立时，它是个浪漫主义的漫步团体。"Wandervogel"意指魔鸟，这字取自一首诗，暗示会员追寻自由、毫无负担的身份。数千名加入的学童成员以中世纪漫游学者为其角色典范。一起进行长途旅行是男童们的主要活动。"游牧民族"也进行其他文化活动，据历史学家指出，"游牧民族"的最高文化贡献是复兴民歌。多数成员充满青少年的理想，他们的夜晚充满炽热的哲学辩论和音乐。这运动留下长远的影响。"在漫步中，我们取得完全的和谐。""游牧民族"如此声明。

"游牧民族"的反独裁主义很奇怪，因为该组织排外，阶层体系严明，分成许多服从领袖的小组，成员穿半正式制服，通常是短裤、深色衬衫、颈巾，进行艰难、危险的启蒙仪式。虽然"游牧民族"远离现实政治，但多数成员赞同族群民族主义。"游牧民族"的成员几乎完全是中产阶级；女孩在一九一一年后获准进入一些团体或被鼓励自成团体。"犹太问题"意味着犹太人通常不受欢迎。虽然杰出犹太人本雅明年轻时是"游牧民族"激进少数派团体的一员。"游牧民族"最高峰时约有六万名成员。"游牧民族"似乎是在对德国独裁主义的反抗中产生，就此而言它是个政治俱乐部，但它没有反对德国移向法西斯主义的力量和洞察力。

还有其他组织——教会团体和新教徒青年运动——让年轻人加入，一九〇九年后，童子军的德国版出现，而工人阶级青年则有共产党和社会主义青年俱乐部。童子军跟"游牧民族"、跟步行历史中许多状况一样，提出"当步行变成行军"的问题。多数步行俱乐部是赞美、保护个人私密经验的团体，但有一个步行俱乐部拥抱威权主义。行军使个人身体的旋律服从团体和权威，而任何行军的团体都走向黩武思想。童子军运动是由波尔战争老兵巴登·鲍威尔爵士结合自己和加拿大人欧内斯特·汤普森·塞顿的思想而推动的。塞顿的目标是将男孩引进强调美国原住民技能与价值的户外生活，且他有时被认为有"开启成人间异教思想复兴"的成就。巴登·鲍威尔给"在树林中生活"带来尚武、保守的感性。即使现在，每个童子军团体仍有自己的风格；有的教户外技能，有的训练男孩当小士兵。第一次世界大战后，"游牧民族"瓦解，但被称为"新道路开拓者"的德国童子军反抗成人领导者，取代了"游牧民族"的地位。

以不确定性原理而闻名的物理学家海森堡是"新道路开拓者"的领导者。战时海森堡和其弟曾冒险私运食物到被围攻的慕尼黑，战后海森堡仍喜冒险。和许多其他德国人一样，他健行并依赖爱山的传统：他祖父曾进行年轻工匠的成长仪式——"漫游年"，而他外祖父是进行长程徒步旅行的热情健行者。但带有理想与同志爱的"新道路开拓者"运动对他而言有其他吸引力。这运动慢慢灌输给他国家和同胞爱，这两种爱使他在第二次世界大战时主持纳粹发展原子弹的计划时深感不安。"一九一九年后，俄罗斯、意大利、德国的军事独裁政权建立了自己的青年组织，"第一次世界大战史家写道，"希特勒青年团接收了许多原初青年运动的象征与仪式，但那不过是拙劣的模仿。"

山的那一边

英国外的每个地方，有组织的步行成为健行，进而发展成露营，最后成为当代术语中的户外运动或野外探险。俱乐部通常是由步行与组织两个板块组成的，例如：步行爬山和环保运动，步行和社会主义和民歌，步行和青少年的梦和民族主义。只有在英国，步行始终是焦点，即使闲逛一词也常用来描述步行。步行在英国有它在别处没有的反响和文化分量。在夏季的星期日，逾一千八百万英国人前往乡村，一千万人说他们为娱乐而步行。在多数英国书店，步行指南占据许多书架空间，是被确立的文学类型，以至于有经典文本和颠覆性文本——前者以阿尔弗雷德·温赖特介绍英国荒野的手写、带插画的指南最知名，后者以谢菲尔德土地权激进分子特里·霍华德旅行日记最受瞩目。美国杂志《步行》是针对女性的健康刊物——步行在其中只是运动项目，但英国有好几种"步行是关于风景之美"而非关于身体的户外杂志。户外作家罗利·史密斯告诉我："步行在英国几乎是宗教。许多人为社会层面——在荒野上没有藩篱，你和每个人打招呼——而步行。步行是无阶级的。"

但收编土地则是阶级战争。一千年来，英国地主为自己圈地收愈来愈多的土地，而在过去一百五十年中，无地的人开始反击。当诺曼人在一〇六六年征服英国，他们保留了庞大鹿园供狩猎之用，从那时至今，侵犯猎场的处罚便一直很重——阉割、驱逐出境、处死是常见的处罚。一七二三年后，莫说偷猎鹿，连偷猎兔或鱼也可能被判死刑。公地通常是私有地，当地居民保留捡柴和放牧的权利，而传统的通行权——公众有权行走田野和树林间的步道，无论他们走的是谁的财产——对工作和旅行是必需的。在苏格兰，一六九五年公地被一条法律废止，而十八世纪围场和未经许可公地的没收在加速。

用栅栏把一块地隔开，由大地主在其中从事畜牧，不准农夫进入，谓之围场。十九世纪时，上流阶级对狩猎的狂热激起许多地主没收公地的行为。一七八〇至一八五五年苏格兰的高地清除运动尤其残酷，致使很多人流离失所。他们中的许多人移居北美，有些则被赶到海滨，在那里靠小农场勉强维生。每年猎松鸡、雉、鹿的数星期已成为终年不准进入英国荒野的托辞，尽管狩猎在美国有时是穷人、乡下人、原住民的食物来源，在英国却是精英运动。猎场看守人巡逻荒野，有些猎场看守人用极端的方式阻止外人入内：弹簧枪、陷阱、狗、用棒或拳头攻击、威胁、地方法律的支持。

当英国仍是农村经济时，通行权的争夺是关于经济的。但十九世纪中叶，英国人口已经有一半住在城市和城镇。今日则有逾百分之九十住在城市和城镇。他们移往的城市常常很荒凉。没有足够的净水、排水沟、垃圾收集系统、空气中经常飘着来自烧煤厂的煤灰。十九世纪的英国城市是肮脏的地方，而住在城市的贫民是最肮脏的。"对农村的爱好和对城市的害怕何为先"是个"鸡生蛋，蛋生鸡"的问题，但英国人向来对野外的小路有深沉的爱。人们一有机会就想出城。十九世纪时，关于公地和通行权的冲突不再是关于经济生存，而变成关于心灵生存——关于暂离城市。

随着愈来愈多人选择以步行消磨休闲时光，愈来愈多传统通行权消失。经过这些土地战争，英国乡村的行政大致落入地主和其伙伴之手。一八一五年，议会通过一条准许地方长官关闭任何他们认为不必要的道路的法律。一八二四年，古步道保护协会在约克郡附近成立。一八二六年，曼彻斯特古步道保护协会成立。一八四五年成立的苏格兰通行权协会是至今尚存的此等协会中最古老的一个；而一八六五年成立的公地、空地、步道保存协会仍以空地协会之名在活动。它打赢了埃平森林之役。一七九三年，埃平森林是公众使用的九千亩空地；一八四八年艾频森林已缩小为七千亩，十年后它被栅栏隔开。在埃平森林伐木的三名工人遭到了严厉处罚，为了抗议处罚及栅栏——栅栏已由法院下令移开——五六千人出来履行他们进入埃平森林的权利。一八八四年，伦敦商人成立森林漫步者俱乐部以"漫步埃平森林并报道我们看到的障碍"。无数其他步行俱乐部在十九世纪成立。

冲突是关于风景的两种想象方式。试着把乡间想象成巨大身体。所有权把乡间画分成内脏般经济单位，这种分割无疑是组织构造风景的一种方式，它无法解释为何荒野、山、森林也应被划分、用栅栏隔开。步行不聚焦于分界线，而是聚焦于连接整个有机循环系统的道路。就此而言，步行是拥有的反面。它以流动、和平、分享式的陆地经验为前提。民族主义常常不知如何处理游牧民族，因为游牧民族的流浪模糊、贯穿了定义国家的疆界线，步行的作用和流浪一样。

毋庸置疑，在英国步行的欢乐之一便是通行权创造出的同居感——跨越梯蹬入羊圈，绕过美观又实用的田垄。美国土地就没有英国土地这种通行权，它被严格地分成生产和娱乐区，这可能是美国人民对广大农地殊少感激、感知的原因之一。英国的通行权与其他欧洲国家的通行权相比较并不算什么——丹麦、荷兰、瑞典、西班牙的公民保留相当大的空地进入权。但通行权确实保存了对土地的另类观照，在此观照中，所有权不必传达绝对权利，路和疆界线一样是重要原则。近百分之九十的英国土地是私有地，因此进入乡间意味着进入私有地，但在美国，许多土地始终是公地。因此内华达岭俱乐部是为疆界线奋斗，而英国步行激进分子是为反对疆界线奋斗，但美国的疆界线是为保持土地公有、自然，不让私人企业进入，但是在英国，疆界线是为不让公众进入。

我去看斯托大花园时遇见一位导游，她告诉我花园是借破坏教会旁的村庄，把"脏小人"安置到一英里外而建。她又说，除非"脏小人"穿上罩衫，否则他们不能进花园。三小时后我在现今藏在树丛后的教会附近遇见这位直言、迷人的导游，我们再度交谈。她说小时候她住在门牌上写着"侵犯者将被起诉"的农夫家附近。她相信"起诉"的意思就是"处死"，不明白如此残忍的人怎么会有勇气现身教会。后来，她与外交官丈夫住在俄罗斯，她说，在俄罗斯及其他许多地方，一般人根本没有"侵犯"的观念。我遇见的英国人大多认为风景是他们的遗产，他们有权进入风景。私人财产在美国是绝对得多的观念，大片公地的存在能说明它，"个人权利比社群利益更常被主张"的意识形态也能说明它。

因此当我到达英国，发现"侵犯是全民运动，财产权范围易受到质疑"的文化时，我感到十分震惊。如果说步行将所有权撕裂的土地缝合起来，那么侵犯的功能也是一样。一八八四年引进"让人进入私有荒野和山"法案失败的自由党员詹姆斯·布莱斯，几年后宣布："土地不是供我们无限使用的财产。土地是我们赖以生活、延续生命的必需品，人们以多种方式享用土地；我因此反对在我们的法律或自然法中有'绝对私有'观念的存在。"此立场受英国稳健人士和激进分子支持。一本有趣的德比郡旅行指南的作者这么评论山峰区:"在山峰区这样宽广的地方,度假的游客只能走一条数步宽的路,真讨厌啊! 我想:信仰土地公共拥有权的人看到这番景象,真会大受刺激啊!"不幸地,即使"数步宽的路"的通行权也是有限的,虽然在上面旅行是合法的,但坐、野餐、迷路却可能是非法的。多数步道为实用性目的而建,且未经过一些英国最自然、壮丽的地方。

在这样的背景下产生了改变英国乡村面貌的入侵步行。它们发生在山峰区,在那里北部工业区的工人在休闲时间借步行、骑自行车或乘火车碰头。在英国南部,莱斯利·史蒂芬会"做一些明智的入侵",他笔下文雅的星期日流浪者恐吓猎场看守人,若想严肃探险就登阿尔卑斯山。"十九世纪最后二十五年,在英国都市,尤其在工业城,漫步运动兴起,逐渐取代争取通行权的地位。"霍华德·希尔写道:"此主要原因是瑞士山脉的日益受欢迎,不设限的瑞士山脉吸引了众多英国绅士漫步者和爬山者。"基督教青年会是步行俱乐部早期支持者,十九世纪八十年代,曼彻斯特基督教青年会漫步俱乐部的会员会在星期日下午走七十英里路。一八八八年,伦敦综合技术俱乐部被改建为步行俱乐部;一八九二年,苏格兰西部漫步者联盟成立;一八九四年,女教师组成英格兰中部诸郡步行者协会;一九〇〇年,华德创建社会主义组织"谢菲尔德清音漫步者";一九〇五年,漫步俱乐部伦敦联盟成立;一九〇七年,曼彻斯特漫步俱乐部诞生;一九二八年,全国性的英国工人运动联盟创立;一九三〇年,青年旅馆协会开始为年轻、贫穷的旅行者提供住宿。

青年旅馆俱乐部发源于一九○七年的德国。英国早期青年旅馆俱乐部的一条规则是：不准乘摩托车抵达。许多人在二十世纪头三四十年出外散步，以至于一些人将出外散步描述为一种潮流。历史学家拉斐尔·塞缪尔斯说得好："健行是社会主义生活风格的主要成分。"工人已发展出——或从农民父母、祖父母处得到——对土地的热情，工人阶级植物学家和博物学家出现，步行者队伍随之涌现。成群步行部分是为了安全——有猎场看守人；一位谢菲尔德的漫步者指出"乡下人很讨厌步行者，他们有时会殴打独行者"。

　　工业革命前，山峰区是热门观光地：华兹华斯兄妹到山峰区，卡尔·莫里茨也到山峰区，简·奥斯汀送《傲慢与偏见》的女主角到山峰区，之后山峰区冷门。但嵌在曼彻斯特和谢菲尔德之间的四十英里空地，很受当地人喜爱。山峰区享有各种地形，从丰美的查斯沃斯土地由蓝斯洛特 - 加龙省布朗进行造园工程，到平缓的多弗岱尔，还有着极好的粗砂石攀岩区荒野。在这里，二十世纪五十年代两名曼彻斯特铅工乔·布朗和唐·威伦斯进行"铅管工程工人阶级革命"，将铅管工程带入新境界。在查斯沃斯花园和粗砂石攀岩区之间是金德史考特——通行权的最著名战场。作为山峰区最高、最荒凉的地点，一八三六年之前金德史考特是"国王的地"，即公地；一八三六年，围场法将金德史考特分给附近的地主，查特沃斯拥有者德文郡公爵分得最大一块。金德史考特的十五平方英里公众完全无法进入。步行者称之为"禁山"。穿越山麓的一条古罗马道路曾是通过金德史考特区的主要道路，但一八二一年此通行权——被称为"医生之门"——被地主霍华德勋爵非法封闭。十九世纪末时，开启医生之门的协商开始，曼彻斯特和谢菲尔德的漫步俱乐部开始采取直接行动。一九○九年，谢菲尔德清音漫步者走向医生之门，曼彻斯特漫步者反抗地向医生之门进发五年之久。霍华勋爵继续摆出"无路"告示牌，封闭一端的门，关闭道路，但他最后还是输了。今天医生之门是公共道路。

金德史考特提出一个更大的问题。英国工人运动联盟秘书班尼·罗斯曼如此描述二十世纪三十年代工业萧条时期的恐怖城市："城镇居民周末到乡间露营，失业的年轻人回家则是为了到职业介绍所登记以请领失业津贴。漫步、骑自行车、露营俱乐部会员人数增加……随着群众增加，与大自然亲近的感觉消退，漫步者热盼地望着空泥炭沼、荒地和山，而这些都是禁地。它们不只被禁，还被带着棍子的猎场看守人看守。"一九三二年，英国工人运动联盟决定组织一场大型入侵以宣传此状况，罗斯曼接受报纸访问。虽然被其他漫步者俱乐部反对，年轻激进分子还是吸引了四百名漫步者和德比郡三分之一警力到附近的海菲尔德城。行至中途，罗斯曼发表了一篇关于进山运动历史的激动人心的演说，赢得许多掌声。在接近金德史考特高地时，约二十至三十名猎场看守人出现，他们大吼大叫，用棍子威胁步行者，大家扭打成一团。在山顶，入侵者和谢菲尔德俱乐部的会员及来自曼彻斯特的步行者会合。

在享受片刻胜利后，罗斯曼和其他五人被捕。他们被处以二到六个月不等的刑期，罪名是"煽动非法集会"。对判决的愤怒刺激了其他漫步者和社会人士，并把好奇者和有决心者送到了金德史考特。从前已有抗议缺乏通行权的示威每年在山峰区的温南茨隘口举行，但一九三二年的示威带进一万名漫步者，更多大型入侵和示威在审判后举行。步行政治学由此兴起。一九三五年，漫

179

步协会全国联盟变成漫步者协会，该协会对争取通行权采取许多行动；一九三九年，拥护通行权的法案在议会被提出，但未通过。一九四九年通过了一项更强有力的法案——国家公园及进入乡间法。该法案改变了游戏规则。国家公园没有什么了不起，但通行权却十分重要。每个英格兰和韦尔斯的郡议会都被要求用地图表示其司法管辖范围内的所有通行权，而一旦路被绘入地图，该条路的通行权即被宣告不可更改。举证的责任已转至地主证明通行权不存在，而非要步行者证明该路有通行权。且这些通行权从此出现在公定测量地图上，意指人人可走这条路。地方议会也被要求绘制空地地区的鸟瞰图，然后为这些地区争取通行权。近年来建造的很多长途小径，使人们行走英国数天或数周成为可能。然而步行者们变得不安。漫步者协会成立十四年后，开始举行"被禁英国"大型入侵活动。一九九七年，工党在议会推动"漫步权"立法，要求开放乡间给公民。最近，如"此地是我们的，交出街道"等较激进的新团体已采取直接行动要求扩大公共领域，尽管步行并不是他们民主和生态议程的核心部分，但通行权和环境保存等议题仍是议程的重要部分。

这是乡间步行史的大反讽——或诗学正义；起源于贵族花园的爱好竟成为对"私人财产是绝对权利"的侵犯。步行文化发源的花园是封闭的空间，常被沟渠围绕，只准少数人进入，有时还在被围场的土地上产生。然而民主原则暗藏在英国花园的发展——树、水、地被保留自然外形而不被堆入几何形状，花园围墙瓦解，自由行走于日益自然的空间中。风景中的漫步渐成风气，迫使贵族的后代遵行暗藏在花园中的民主原则。最终可能造成将整个英国开放给步行者。

为欢乐行走已加入了人类的可能性戏码，一些享受步行的人回馈、改变了世界，将世界变成一座花园——这次是没有围墙的公共花园。由步行者俱乐部塑造的地域扩展到许多国家。在美国，许多自然工作者和政治工作者投入挽救有机世界。在奥地利，有数百座小屋散布于二十一个乡村，且有逾五十万人投入户外环保工作。在英国，地主阶级拥有的是十四万英里路和粗野的态度。步行借着作为经济的反制原则，已成为塑造现代世界的力量之一。

为步行建构理论的冲动乍看颇为奇怪。毕竟，珍视步行的人常常谈及缺乏结构与组织化的独立、孤独与自由。但走入世界，为欢乐行走有三项先决条件——必须有休闲时间，有地方去，还有不被疾病或社会限制所妨碍的身体。这些基本自由是无数抗争的主题，也使"工人团体在为每日工作八或十小时、每周奋斗五日之余，也应关注获得空间"变得合理。其他人也已为空间奋斗，尽管我聚焦于荒野和农村空间，另一种为城市居民带来乡野乐趣的民主、浪漫主义计划——都市公园的丰富发展历史，也非常值得关注，譬如中央公园的发展。不被阻碍的身体是一个更细致的主题。早期的内华达岭俱乐部，因睡在松树枝上和在花中爬山而无人陪伴的女人暗示，在加州，自由是副产品：主产品是呼吸浅、步伐短、颤巍巍、衣着整齐、关在家里的维多利亚时代女人。早期德、奥户外俱乐部的裸体主义暗示，对一些人而言，进山是拥抱自然的一部分，其中不乏包含情色成分。有些人就算穿衣服，衣服往往是展示身体的休闲短裤。至于英国工人，你只消读恩格斯的《英国工人阶级之形成》这本关于英国工人悲惨的生活和工作状况的书，就能了解在晴空下走过空地为何是许多人愿意争取的自由。在风景中步行是对中产阶级身体被锁入家和办公室、工人身体成为机械的一部分等转变的反动。

在此"走入风景"历史开端的作家——卢梭和华兹华斯,连接了社会自由与对大自然的热爱。所幸,他们两人均未能预见童子军等步行文化的远程影响。步行俱乐部使许多平凡人更接近他们的理想步行者图像——自由无碍地走过风景。

第三篇

街上的生活

独行者与城市

我在新墨西哥州乡下住了很久，因此当我返回旧金山时，我能以一种陌生人的眼光来看它。那年的春天对我来说很都市，而且我终于懂得了所有那些歌唱城市明亮灯光魅力的乡村歌曲的意义所在。我在五月温和的日夜到处行走，被人行道上塞满的这么多可能性吓了一跳，我走出家门就能发现它们，不是很棒吗？每栋建筑物和每个店面，似乎都通向不同的世界，将各种人类生活压缩进一团可能性。正如书架能塞满日本诗、墨西哥历史、俄国小说，我的城市建筑物包含禅学中心、犹太教会、刺青沙龙、杂货店、音乐厅、电影院和点心店。即使最平凡的事物也使我惊奇不已，街上的人使我看到千种生活，与我的相同或完全不同。

城市里总有各种极其平常、丰富多样或巧合的存在，而这些特质最能经由步行捕捉。一座城市总是包含不为其居民所知的一些方面，而一座伟大的城市总使未知和可能跳入想象。旧金山长久以来被称为美国城市中最具欧洲味的城市。我想说这话的人的意思是，以规模和街道生活而言，旧金山保持了"城市是充满直接相遇地点"

的概念，而多数美国城市愈来愈像扩大的郊区，被细心控制与隔离。旧金山三面环水、一面依山，有几个充满活泼街道的小区。都市风情、美丽建筑物、海湾景色、山海相依，遍布的咖啡座和酒吧暗示着旧金山空间和时间的利用与多数美国城市不同。艺术家、诗人、社会和政治激进分子的传统，使旧金山的生活是关于获得与金钱无关的事物。

回到旧金山的第一个星期六，我闲逛到附近的金门公园，这公园缺少自然的壮丽，但却给我许多欢乐：在会产生回声的行人地下道演奏的音乐家，练拳的中国老年妇女，漫步、以母语交谈的俄国移民，兴高采烈的遛狗者。那天早上，在公园的音乐台，当地广播电台人员正与"流域诗歌节"的工作人员进行排练，我看了一阵子。前美国桂冠诗人罗伯特·哈思正训练孩童用台上的麦克风读诗，几位我认识的诗人站在两翼。我走上去向他们打招呼，他们给我看崭新的婚戒，介绍我认识诗人。然后我又遇见杰出的加州历史学家马尔科姆·马戈林，他说的故事令我哈哈大笑。这是城市给我的日间惊奇：巧合、许多种人的混合、在晴空下念诗给陌生人听。

马戈林的盛世出版社正与一些小出版公司一起展览，他交给我一本题为《奥法雷尔街 920 号》的书。这本书是哈里特·莱恩·利维所写的回忆录，叙述她在十九世纪七八十年代在旧金山成长的美妙经验。在她的时代，漫步城市街道是和进电影院一样丰富的娱乐。"在星期六晚上，"她写道，"城市加入市场街上始于码头、绵延数英里到双峰的游行。人行道很宽，走向海湾的群众会遇见走向大海的群众。人们像呼应呼唤般走向大海。这城市的每一区都在召唤它的居民走进游行。高社会地位的淑女和绅士；他们的德国和爱尔兰女仆；法国人、西班牙人、精瘦干瘪的葡萄牙人；墨西哥人、红皮肤高颧骨的印第安人——每个人，任何人，离开家、店、旅馆、餐厅、啤酒馆进入河边的市场街。水手在码头丢下船，急急走上市场街，加入因灯、骚动和群众的欢乐而兴奋的大众。他们脸上写着——这就是旧金山。这是一场嘉年华会，虽然没有五彩碎纸，但空气中充满千种讯息；虽然没有面具，但眼睛的挑衅一目了然。路经下市场街从鲍威尔街到克尼街的三条长街，与上克尼街到布什街的三条短街，然后再回来，周而复始数小时，直到好奇的眼光深化成感兴趣的眼光；兴趣扩大成微笑、微笑扩大成任何东西。父亲和我每星期六夜晚都到下城去。我们走过灯光流动的街道。到处、每一分钟都有事发生，有事即将发生……我们走啊走，事情不断发生。"一度是很棒散步场地的市场街仍是旧金山交通要道，但数十年的分割、再发展已夺去它的社会光彩。二十世纪四十年代末、五十年代初杰克·凯鲁亚克曾两度描绘旧金山。利瓦伊的下城步道如今被白领、购物者、群集在鲍威尔街电缆车圆环附近的游客践踏；往上城逾一英里，市场街终于再爆发成活泼的行人生活，过几个街区，它便与卡斯特罗街会合，开始登上双峰。

都市和乡村步行史被定义成自由和欢乐的历史。乡村步行在对大自然的爱中找到了道德崇高性，使乡下空间得以被保卫。都市步行向来是比较暧昧的东西，很容易变成乞求、巡弋、游行、购物、骚动、抗议、躲藏、闲混等活动，这些活动无论如何有趣，都很难有热爱大自然的崇高道德声音。因此，除了由一些公民自由意志主义支持者和都市理论家发起的保卫运动外，没有保卫运动为保存都市空间而发起。然而都市步行在许多方面似乎比乡间步行更像原始游猎采集。对大部分人而言，乡村或荒野是我们走过、注视的地方，但很少人在乡村或荒野制造或取走东西。内华达岭俱乐部有句著名格言："只取走照片，只留下足印。"在城市，生物光谱已被缩减为人和一些腐食动物，但活动范围依然很广。就像一位采集者可能停下来注意一棵像是会在六个月内成熟结果的树，又或是检查甘蔗是否已经成熟。一位都市步行者可能注意一家开到很晚的杂货店或换鞋底的地方，又或是邮局旁一条小径。此外，一般乡村步行者关注平凡，关注美，他们注视的风景会在移动中保持连续性：远处的山顶被抵达、树林逐渐变成草地。而都市人则会关注特殊、关注机会，因为一切的变化都是突如其来的。当然，城市比乡村更像原始生活——虽然非人的食肉动物在北美和欧洲已大幅减少，但人类掠食者的可能性使城市居民处在高度警戒中。

在家的头几个月实在迷人，因此我开始写步行日记，在那美丽的夏天我写下："我突然发现我已经在书桌边坐了七小时，浑身僵硬，驼背。于是经布罗德里克一条路到上菲尔莫尔的克雷戏院，虽然走的是一条陌生的道路，但我依旧很高兴。当天的电影是《当猫不见了》，是一部关于一个孤独的年轻巴黎人被迫在她的猫不见时去见她邻居，影片中充满了平淡的事件和步履夸张的人，电影结束时我很兴奋。夜很深沉，有仿若霜白的雾。回程时，我走得很快，先走过加利福尼亚街，路过一对情侣——她很特别，他则穿着一套剪裁精致的棕色西装，腿有些跛——并且不理巴士，在迪维萨德罗街上又不理那巴士。我停在一古董店窗前，注视绘有蓝色中国圣者的奶油色大花瓶，然后往下走几步，看见一秃头中国男人在商店橱窗前举着一个学步的男孩，店里有个女人透过玻璃跟他玩。我望着他们，会心一笑。照明灯和黑夜将白日的统一性变成了充满小幅图画、小品文、舞台道具的剧场。当你从街灯走到街灯，你的影子时而拉长、时而缩小，不断地给你带来飘忽不定的欢乐。当交通灯变换时，为了闪避一辆车，我闯进慢跑区，感觉非常畅快。于是我又慢跑了几条街。"

"在迪维萨德罗街上，我观察其他人、酒店和烟店，然后转入我自己的街。在十字路口，一个戴帽子、穿黑衣的年轻黑人跑向我，我四处张望，以确定万一发生意外时我可能有的选择。他看见我的惊慌，以最甜美的年轻人声音安慰我：'我不是冲你来的，我只是在赶路。'然后向我快步走来。我对他说了一声：'祝你好运。'当他走进街道，我才有时间整理我的思绪：'抱歉怀疑你，但你真的有点快。'我们相视而笑。那一刻我想起我最近在这小区附近曾有过的其他会面，那些会面起初像是麻烦，但结果证明都是相见甚欢。我抬头看见一顶楼窗户里有孟雷的《瞭望台的岁月》——'长长的红唇飘过黄昏天空'的海报，前两天晚上我在城里别处的另一扇窗也看过同样的海报，不过这张比较大。今晚很充实。看见《瞭望台的岁月》两次似乎很神奇。还有二十分钟就到家了。"

街道是建筑物间的空间。房子是被空地之海包围的岛，先于城市的村庄不过是空地之海中的群岛。但随着建筑物的兴起，村庄变成大陆，剩下的空地不再像海，而像陆地间的河、清渠、溪流。人们不再在乡间的开阔空间移动，而是在街上来回走动。正如一条水道变窄后，水流上涨并加速，于是街口变成了溢水口，行人只能沿街行走，并且走得越来越快。在大城市，人们设计建造空间：步行、目击、置身公共场所是设计目的的一部分，就像在室内吃、睡、做鞋、做爱或做音乐一样是设计目的的一部分一样。Citizen（公民）一词和 cities（城市）有关，理想的城市是绕着公民权，绕着参与公共生活而建。

不过，多数美国城市和城镇围绕消费和制造而建立，而公共空间不过是工作场所、商店和住所间的空间。步行只是公民权的开端，但经由步行公民认识他的城市及同胞，并真正占据城市。漫步街道连接了读地图与过生活，个人小宇宙与公众大宇宙；它使城市空间变得有意义。在《美国大城市的死与生》中，简·雅各布斯描述了受欢迎、常被使用的街区如何不受犯罪侵扰。步行保持了公共空间的开放性与生存能力。"城市的特征，"弗朗哥·莫雷提写道，"在于城市空间结构对流动性的深化。"

街头的字有粗糙、肮脏的魔力，带给人诸如低级、普通、情色、危险、革命之类的联想。街头的男人只是民粹主义者，但街头的女人是性的贩卖者。街童是淘气鬼、乞丐、脱缰之马，而新词"街民"指的是除街以外没有住处的人。"街头智慧"意指某人对城市的种种了若指掌，非常适应在城市里的生活，而"走上街头"是都市革命的古典呼喊，因为街道是人民聚集、人民力量的所在地。街头生活意指都市狂流里的生活，其中充满各种人和事。正是这样的社会流动性，这样地缺乏间隔与区划，才赋予了城市危险与魔力。

在封建欧洲，只有城市居民能离开构建社会其余部分的阶层体系——例如，在美国，农奴只要在自由城住上一年零一天，就能获得自由。不过，当时城市内的自由是有限的，因城市街道通常是肮脏、危险、黑暗的。城市常常对市民加诸宵禁法，在黄昏时关上城门。直到文艺复兴时期，欧洲城市才开始改善道路、卫生、安全。

在十八世纪的伦敦与巴黎，在夜晚外出就像今日到贫民窟一样危险。如果你想看清路，你需要雇一名持火炬者——伦敦年轻的持火炬者被叫作灯使，常常也是娼妓介绍人。即使在白天，马车也使行人恐惧。十八世纪前，很少人为取乐而在街道上走。直到十九世纪才出现了干净、安全、明亮的现代城市。赋予现代城市秩序的一切设施及符号——高一截的人行道、街灯、街名、建筑物号码、沟渠、交通规则、交通信号灯——都是近现代的发明。

悠闲的空间是为都市富人创造的——树木夹道的散步场所、半公共的花园。但先于公园的这些地方是反街道的，只有富人才能享用且与日常生活无关。它们既不像地中海和拉美国家广场上的行人步道，也不像利瓦伊笔下的市场街游行，更不像伦敦的海德公园。海德公园既容纳了富人的马车专用道，也为激进分子提供了户外演讲台。虽然这里包含了政治、挑逗和商业，但它们不外乎是户外沙龙和舞厅。从建于一六一六年巴黎一英里长的皇后林荫大道，到墨西哥市的林荫散步道，到建于十九世纪五十年代的纽约中央公园，这类地方往往吸引喜欢在马车内炫耀财富的人。在皇后林荫大道，马车能使交通阻塞，这可能就是一七〇〇年持火炬到市中心跳舞蔚为流行的原因。

虽然中央公园是出于民主冲动，借鉴英国风景花园美学、效仿利物浦公共大花园所建造。但纽约穷人常常会去类似沃克斯霍尔花园的私园，在那儿他们可以喝啤酒、跳波尔卡舞，沉浸在欢乐中。即使那些只希望有场美妙漫步的人也发现阻碍。中央公园的共同设计者弗雷德里克·劳·奥姆斯特德盼望到中央公园的人有场美妙漫步。但中央公园成为富人的美妙散步场所，再一次，马车分离了社会。

雷·罗森茨威格和伊丽莎白·布莱克玛这么书写纽约市和中央公园的历史："十九世纪初期，纽约富人在傍晚和星期日的散步已流行起来。百老汇大道、炮台公园和第五大道已成为看人与被看的公共场所。不过，到十九世纪中叶，时髦的百老汇和炮台公园散步已随着'体面'的公民失去此二公共空间的控制权而衰微……男女都要在宏伟公共空间进行新式公开散步——乘马车散步。十九世纪中叶，马车拥有权变成都市上流阶级地位的定义性特征。"富人去中央公园，而一位民粹主义记者说："我听说行人已养成在中央公园被碾的坏习惯。"

纽约的穷人继续在炮台公园散步，巴黎的穷人则在巴黎外缘散步。法国大革命后，巴黎的杜伊勒里宫能被任何守卫认为穿着合宜的人进入。用伦敦著名的沃克斯霍尔花园做模板的私密欢乐花园，包括伦敦的雷尼拉和克里摩纳花园、维也纳的奥格腾、纽约的乐土、城堡花园、哈莱姆花园及哥本哈根的蒂沃利花园，都以付费能力筛选来人。上述城市的市场、市集和游行富节庆气氛，人民可在这些地点自由散步。对我而言，街道的魔力在于世俗与神圣的混合，而意大利似乎并无私密欢乐花园存在，或许因为意大利人并不需要私密欢乐花园。

意大利城市长久以来被奉为理想，纽约人和伦敦人都迷惑于意大利城市建筑对日常生活赋予的美和意义。自十七世纪以来，外国人不断移居意大利以沐浴于阳光和生活。纽约人伯纳德·鲁道夫斯基在意大利待了很长时间，他在一九六九年的《人民街道：给美国人的入门书》中吟唱对意大利的赞美。对那些认为纽约是典型美国行人城市的人，鲁道夫斯基"纽约是地狱"的看法令人吃惊。他的书用意大利的例子来说明广场和街道能发挥缩合一个城市的功能。"我们从来没有想过把街道变成绿洲。"他开宗明义写道，"在街道功能尚未堕落成公路和停车场，若干安排会使街道更加人性化……最精致的街道遮棚、公民团结的有形表现——或该说是慈善的有形表现，是拱廊。拱廊占据古代公共集会所的位置。"作为古希腊柱廊和回廊的后代，有拱顶的街道模糊了内外的分界，并歌颂发生在拱顶下的行人生活。鲁道夫斯基列举博洛尼亚著名的 portici——一条从市中心广场延伸到乡间的四英里长、有遮棚的走道、米兰的广场、佩鲁贾的蜿蜒街道、锡耶纳的步行街和布里西盖拉的双层公共拱廊。他以极大热情书写意大利的晚餐前散步——passaggiata，它有些近似美国的鸡尾酒时间，许多城镇都为此关闭大街禁止车辆通行。他说，对意大利人而言，街道是供会面、辩论、求爱、买、卖的重要社会空间。

纽约舞蹈评论家埃德温·登比如此写道他对意大利步行者的欣赏："在意大利古城，大街在黄昏时变成剧院。人们以炫耀的态度散步。十五到二十二岁的少女少男殷勤地彼此炫耀魅力。他们表现得愈高雅，人们就愈喜欢他们。在佛罗伦萨或那不勒斯，在古城贫民窟，年轻人是表演者，他们一有空闲就散步。"对于年轻罗马人，他写道："他们的散步像是在用身体谈话那样富于表演力。"他也教舞蹈学生看各种人的步行："美国人占据比实际身体大得多的空间。这一点触怒了许多欧洲人的谦虚本能。但它有自己的美丽，有一些欧洲人能够欣赏……就我而言，我认为纽约人的行走相当美丽、大气和利落。"在意大利，漫步城市是一种普遍的文化活动，而非个人侵略与算计的主题。从在维洛那和拉文那旅行的但丁，到从奥斯维辛集中营走回家的普里莫·莱维，意大利不乏杰出步行者。但除了由外国人进行的、费里尼《卡比利亚之夜》里的妓女、狄西嘉的《单车失窃记》里的主角们和安东尼奥尼许多电影里的人物行走以外，都市行走似乎是普遍文化的一部分，而非特殊经验的焦点。不过，像伦敦和纽约这样既不像那不勒斯那样包容，又不像洛杉矶那样可怕的城市已产生自己的步行文化。在伦敦，从十八世纪起，步行叙述不与日常生活及欲望有关，而与夜景、犯罪、痛苦、放逐、想象的黑暗面相关，纽约拥有的也是这样的传统。

一七一一年，散文家约瑟夫·艾迪生写道："心情沉重时，我经常独自到西敏寺散步；那儿的幽暗和宗教气氛……常常使我的心充满忧伤或深思，使我觉得舒服。"在他这么写时，步行城市街道是危险的，如约翰·盖伊在一七一六年的诗作《琐事》（又名《步行伦敦街道的艺术》）中所指出。走过城市像越野旅行一样危险：街道充满污水和垃圾，许多行业是肮脏的，空气污浊，二十世纪八十年代廉价琴酒像古柯碱蹂躏美国内城那样蹂躏伦敦贫民，罪犯和焦灼的灵魂群集街道。马车冲撞行人，乞丐恳求过路人，街头小贩叫卖货品。当代叙述充满着富人对外出的恐惧和少女对被诱入或被迫加入性劳动的恐惧：到处是妓女。这就是盖伊将都市步行解释为一种技巧的原因——使自己不被水溅到、不受攻击和侮辱的技巧：

> 虽然你在白日经过干净巷道，
> 避开公路的喧嚣，
> 但你在夜晚绝不经过那些暗路；
> 只留心安全，并蔑视侮辱。

和一七三八年约翰逊博士的诗《伦敦》一样，盖伊的《琐事》以古典的形式嘲弄当下。它有三部——第一部描写步行街道的装备和技巧，第二部描写白天行走，第三部描写夜晚行走——这首诗说明日常生活琐事只能以嘲哂的态度视之。它华丽堆砌的辞藻与它的主题形成了强烈对比，并应用了与《乞丐歌剧》相仿的嘲弄口吻。盖伊写道：

　　　　在这里我注意每个步行者不同的脸，
　　　　并在他们的容颜中追索他们的职业。

　　整首诗以他轻视所有人、自诩能从每个人脸上读懂他们的生活为结尾。十八世纪末，华兹华斯"与群众一起走向前"，在每个陌生人脸上看到神秘；而威廉·布莱克则游荡于"每条领有执照的街和观察我遇见的每张面孔上虚弱的痕迹，悲伤的痕迹"——扫烟囱工人的哭泣，年轻妓女的诅咒。十八世纪初期的文学语言不够丰富和个人化，无法将想象力应用到街道生活。约翰逊早年时曾是焦灼的伦敦步行者之一——十八世纪三十年代末，当他和他的朋友，诗人兼恶棍理查德·萨维奇穷得付不起住宿费，他们常边整夜漫步街道和广场边谈造反和光荣——但他没有写这段经历。鲍斯威尔在《约翰逊传》中写他夜晚的经历，但对鲍斯威尔而言，夜的黑暗和街道的匿名并没什么可多想的，如他的伦敦日记所记录的："我今晚本该在诺布兰女爵的晚宴里，但我的理发师不舒服。因此我外出到街上，就在自家的巷子尽头，遇见一位清新、可爱名叫艾丽斯·吉布斯的少女。我们走到巷底一处整洁干净的地方……"至于艾丽斯·吉布斯对街道和夜的印象，我们没有记录。

"除了妓女外很少有女人能自由漫步于街道，游荡街道常足以使女人被视为妓女"是很复杂的问题，容我他处再详述。这里我只想点出女人在街上和夜里的存在。二十世纪之前，女人很少为欢乐步行城市，而妓女几乎未留下其经验的记录。十八世纪有几本关于妓女的著名小说，但范妮·希尔的妓女生活都在室内。摩尔·弗兰德斯的妓女生活得十分实际，且她们两人都是作品具思辨气息的男作家的产物。不过，那时和现在都必定有每个城市依照安全和男性欲望法度塑造出的复杂卖淫文化。曾有过限制卖淫活动的很多尝试：拜占庭时代的君士坦丁堡有"妓女街"；十七到二十世纪的东京有欢乐区；十九世纪的旧金山有恶名昭彰的巴巴利海岸；许多二十世纪初的美国城市有红灯区，其中最著名的是纽奥良的斯托利威尔，也就是产生爵士乐的那个地方。但卖淫游荡出这些界线，且妓女数庞大：一位专家估计，一七九三年伦敦有一百万人口，而妓女就占了五万。到十九世纪中叶，妓女能在伦敦最时髦的地方被发现：社会改革者亨利·梅休的报告提到"秣市广场和摄政街的流莺"，和在伦敦公园和散步场所工作的妇女。

二十多年前一个卖淫研究者的报告说："卖淫街景由散步组成……妓女散步以引诱顾客、减少无聊、保持温暖和降低对警察的能见度。多数街景类似一般草地，所有人在上面都能通行无阻。女人在这里三三两两地聚集，嬉笑怒骂……当流莺意味着很可能跌入不法、危险的环境。"妓权提倡者多洛雷斯·弗伦奇是流莺，她指出她的流莺朋友"认为在妓院工作有太多限制和规矩"，而街道"民主地欢迎每个人……她们觉得自己像牧场上的牛仔，或出入危险任

196

务的间谍。她们夸耀自己多么自由……她们只侍候自己"。自由、民主、危险如同它们占领着街头一样，占据着妓女的生活。

在十八世纪城市，一种新形象兴起，这是拥有自由、孤独的旅行者形象，且旅行者成为象征性人物。一七二九年理查德·萨维奇以一首《漫游者》的诗提出旅行者的新形象；乔治·沃克以小说《浪子》开启新世纪，继之有一八一四年范妮·伯尼的《漫游者》，华兹华斯的《旅行》（头两部分被题为《漫游者》和《孤独者》）；柯勒律治的"古舟子"被谴责为像漫游的流浪犹太人，而流浪的犹太人是英国和欧陆浪漫主义者的心仪题材。

文学史家雷蒙德·威廉斯指出："对现代城市新质量的感知自始至终都与漫步城市街道的人共在。"他认为布莱克与华兹华斯为散步城市街道传统的建立者，但德·昆西对漫步街道做了最沉痛的书写。在《一个英国鸦片吸食者的自白》里，德·昆西叙述他如何在十七岁时逃离沉闷的学校和无情的监护人来到伦敦。在那儿他不敢和认识的人联络、无法在没有关系的情形下找工作。因此在一八〇二年夏秋，他饿了十六个星期，除了在一栋废弃的大宅邸里找到家外，他在伦敦没有其他支持。他与其他几个小孩坠入幽灵般的存在，且在街上不安地游荡。街道对无处可去的人而言是个去处——以步行测量悲伤和寂寞的地方。"那时身为孤独、贫穷的街上行人，我自然与妓女混在一起。这些女人在夜间看守人想驱离我时多会帮我。"他受一位名叫安的女孩的帮助——"她内向胆小，任悲伤紧紧攫住她年轻的心"，她比他年轻，是在被骗取一笔遗产后流落街头的。一次，他们"慢慢沿着牛津街走。前一天我觉得很不舒服，还昏倒过，我要求她跟我一起进苏荷区"，然后他昏倒了。她以她仅有的一点热辣酒唤醒他。他宣称，他在运气改变后没能再找到她，是他一生的大悲剧之一。对德·昆西而言，他在伦敦的逗留是他漫长人生最痛苦的阶段之一，但是这本书没有续集：它的其余部分被交给它的主题——鸦片的效果，和他在乡下地方度过的余生。

狄更斯的不同点在于他选择都市步行，且他长年以书写来探究都市步行。他是伦敦生活的伟大诗人，而他的一些小说既是地方也是人的戏剧。例如，《我们共同的朋友》，在这本小说中，大量灰尘、昏暗的动物标本店、富人冰冷的家是对人物的描写。人和地方互为表里——我们可以用氛围或原则来定义一个人物，但一个地方可能会告诉我们关于这个人的一切。"此种写实主义只能借昏沉地走在某地取得；它无法借清醒地走取得。"狄更斯的最佳诠释者切斯特顿写道。他将狄更斯对地方的敏锐感受归因于他少年期的一段经历，彼时他父亲被关在一债务人监狱，狄更斯自己则到鞋油工厂工作，并投宿在工厂附近的出租套房的公寓。彼时，他是个被放逐到城市的孤单小孩。"很少人了解街道，"切斯特顿写道，"即使我们满腹怀疑地踏入街道，就好像踏入一个充满陌生人的房间。很少人能看透街道闪亮的谜，那只属于街道的陌生人——妓女或流浪儿。流浪者们一代又一代把自己的古老秘密留在白花花的阳光下。对于夜晚的街道我们了解得更少。夜晚的街道是座锁起来的大房子。但狄更斯有街道的钥匙……他能打开房子最深处的门——通向两边有房子、以星星作顶棚的秘密通道的门。狄更斯是最早描摹都市行走的作家之一：他的小说充满侦探警探、蹑足行走的罪犯、追寻的情人和逃亡的被诅咒的灵魂。城市变成一个缠结，人物在这缠结中玩起庞大的捉迷藏游戏，只有巨大的城市才容得下充满交叉道路和重迭生活的复杂情节。但当他书写自己的伦敦经验时,伦敦常是座废城。"

"如果我不能走得快又远,我会爆炸、消失。"他曾这样告诉一位朋友。他确实走得又快又远,以致很少人曾陪伴他。他是个独行者,而他的行走服务无数目的。"我是城市旅行者也是乡村旅行者,并且总是在路上。"他在散文集《不做生意的旅行者》中这么自我介绍。"夸张地说,我为人类同胞利益公司旅行,且与商业有很大牵涉。坦白说,我总在我伦敦柯芬园的房间到处游荡。"此商业旅行者的形而上版本是他角色的不充分叙述,因此他试验许多版本。他是个运动员:"我的许多旅行都是徒步进行的。如果我珍惜好禀赋,我可能会以'灵活的新手'之名出现在体育报纸上,要求十一个强人进行步行比赛。我上一个特别成就是在辛苦行走一日后于两点起床,走三十英里到乡下吃早饭。路在夜晚十分寂寥,我在自己脚步的单调声中睡着。"几篇散文后,他是个流浪汉,或说是流浪汉之子:"我的步行有两种:一种目标明确,步履稳健;一种漫无目标,游荡、流浪。就后一状态而言,我比地球上任何吉普赛人都更爱流浪;流浪对我是那样自然,以致我认为我必定是某个不能矫正的流浪汉后代。"他是个巡逻的警察,过度虚无缥缈,以致只能在心中逮捕人:"我有一个幻想,那就是即使我最安逸的行走也必定有目的地……这样幻想时,我习惯视我的步行为巡逻,我自己则是执勤的警官。"

尽管他有那么多不同的角色和充斥在他书中的群众,他自己的伦敦却常是座废城,而他在其中的行走是种忧伤的快乐。在一篇关于造访废弃墓地的散文中,他写道:"每当我认为该善待自己,该享受一点时,我就在星期六或星期日夜晚从柯芬园散步到伦敦市,在伦敦荒凉的各角落间游荡。"但各篇散文中最令人难忘的还是《夜行》，这篇散文是这样开始的："一些年前，由于沮丧遭受失眠痛苦，我常一连数晚整夜步行街道。"他将这些从半夜到黎明的步行描述为沮丧的疗药，而在步行中"我完成了我在无家可归经验上的自我教育"。伦敦不再像它在盖伊和约翰逊的时代那样危险，但它更寂寞。十八世纪的伦敦拥挤、热闹、充满掠夺者、奇观和陌生人间的玩笑。到狄更斯在十八世纪六十年代书写无家可归时，伦敦大了许多倍，但在十八世纪被惧怕的群众到了十九世纪已大致被驯化为在公共场所进行私人事业的安静大众："在雨中漫步街道，无家可归者走啊走啊走，只看到纠缠的街，有时在角落看到两名警察在谈话，或巡佐在找人。有时在夜晚，无家可归者会看到一个鬼鬼祟祟的头从他前面数码的门廊露出，等他追上那头，他会发现一人直挺挺地站在门廊的影子里，一副不打算对社会有贡献的样子……狂野的月和云像凌乱床上的邪恶心灵一样不安，庞大的伦敦的影子似乎重重地压在河上。"然而他喜欢寂寞的夜街，就如他喜欢墓地和"难捉摸的小区"和他狂想中称为"阿卡迪亚的伦敦"的地方——淡季的伦敦，群众都到乡村去了，城里一片宁静。

大多数专注的都市步行者都知道一种微妙的状态，即沐浴于孤独——点缀着相遇的黑暗孤独。在乡下，人的孤独是地理的——人完全在社会外，因此孤独有其地理的解释。在城市，人因世界由陌生人组成而孤单，而当被陌生人围绕的陌生人，怀着秘密静静行走，想象身边路过的人的秘密是最奢侈的享受。此对城市无限可能性的认同是都市生活的特质之一——逐渐脱离家庭和社群期望，对次文化和自我身份有兴趣的人都可以在都市找到解放。漫步街道使观察者冷静、疏离、感官敏锐，对需要思考或创造的人是好状态。少量的忧郁、疏离、内省是生命最精致的欢乐。

不久前，我听到歌者兼诗人派蒂·史密斯以"我会漫步街道数小时"来回答广播访问者关于她做什么来准备舞台表演的问题。她简明扼要的回答，变现出她的浪漫主义和街道漫步精神的强化。漫步使人更加感性——街道漫步把人裹在孤寂里，从孤寂里可能产生强烈的歌和尖锐的字，以打破那寂静。可能她的漫步街道在许多美国城市无法成功实行——在许多美国城市，饭店被停车场包围，停车场被六巷道路包围，没有人行道，但她是以纽约人的身份说话，以伦敦人的身份发言的。一九三〇年弗吉尼亚·伍尔夫在散文《时常上街去走》里将匿名描述为美好且令人向往的事物。身为伟大的登山家莱斯利·史蒂芬之女，她曾向一位朋友指出："我为何会认为山和登山浪漫？我的婴儿房里不是摆着登山袜和一幅显示我父亲登过每座峰的阿尔卑斯山地图吗？伦敦和沼泽当然是我最喜欢的地方。"自狄更斯的夜行以来，伦敦已在面积上扩大一倍多，而街道再成为庇护所。伍尔夫写到被迫压抑的人性，以及家中物品具有"强化个人经验记忆"的效果。因此她出发去城里买一支铅笔，并在详述旅程中，写下关于都市步行的杰出散文。

"当我们在美丽的傍晚步出家门，"她写道，"我们舍弃朋友所知的我们，变成匿名流浪者大军的一员，他们的世界是那样宜人。"她如此陈述她所见到的人："人借漫步街道了解别人的生活、浸润别人的身心。人能变成洗衣妇、酒馆主人、街道歌手。"在此匿名的状态中，"贝般的外壳被打破，从皱纹和粗糙中冒出来的是感知，一只大眼。街道在冬天是多么美丽啊！既清晰又朦胧"。她走下德·昆西和安曾走过的牛津街——牛津街如今两旁是名品店，她总是对着橱窗驻足良久，然后继续步行。华兹华斯协助发展，德·昆西和狄更斯提炼的内省语言是她的语言，而小事件——鸟在灌木林里啁啾、侏儒女人试鞋子——让她的想象力漫步得比脚更远，走入岔道后，她要费好半天劲才能回到现实。漫步街道已成熟，取得了它自身的独立性，令她前辈痛心的寂寞和内省对她而言是喜悦。

　　一如伦敦，纽约很少激起一致的赞美。它太大、太冷酷。身为一位只熟悉小城市的人，我不断低估纽约的面积，总因走路而精疲力竭。但我欣赏曼哈顿：中央车站的熙熙攘攘、街上的快步人群、闯红灯的行人、广场上的漫步者、推白嫩娃娃过中央公园优美道路的黑肤奶妈。漫游的我常打扰有明确目的的快速人流，仿佛我是掉进蜂巢的蝴蝶、溪流里的残干。三分之二的曼哈顿下城和中城仍适于步行。而纽约，就像伦敦，始终是为实际目的而走的人的城市——行人在地下铁阶梯走上走下，穿梭于十字路口，但沉思者和夜间散步者走的是不同的节奏。城市使步行成为真正的旅行：危险、放逐、发现、转化，在家附近就能完成探险。

　　意大利人鲁道夫斯基曾用伦敦嘲讽纽约："就整体而言，北美的'盎格鲁-撒克逊热'对纽约的形成只有很小的影响。的确，英国城市不是理想的都市社会模型。没有其他民族发展出像英国人那样对乡村生活强烈的爱。因此不难想见：英国城市传统上是欧洲最不吸引人的城市。英国人可能很热爱他们的城镇，但街道——都市风格的标准——在英国人的情感里不居重要位置。"纽约的街道在一些纽约作家的作品里倒是位居要津。"巴黎，一个金发女郎。"法国歌曲这么唱，巴黎诗人常将巴黎比作一位女人。纽约因为其格子般结构、阴暗建筑物、隐约浮起的摩天楼、出了名的坏治安，被定位为阳性城市。如果城市是缪斯，那难怪纽约市的最佳赞美是由同性恋诗人——沃尔特·惠特曼、弗兰克·奥哈拉、艾伦·金斯堡、散文诗人戴维·沃那洛威茨——唱出的。尽管从伊迪丝·华顿到派蒂·史密斯的每位作家都曾对纽约市和其街道表示出敬意。

在惠特曼的诗里，虽然他经常描述自己快乐地躺在情人怀里，但他独行街道以寻找情人的段落却更真实。在《回首来时路》一诗中，大胆的惠特曼叙述自己是一位"常独自行走，想他好友、爱人的人"。在《草叶集》的最终版本中，他开始另一种深情呼唤"狂欢、行走与喜悦之城"的诗。在列出评估一座城市良窳的所有可能标准——房子、商店、游行——后，他"不选择这些，而选择当我漫步曼哈顿，你的眼波流转给予我的爱"：步行而非狂欢，允诺而非传递，是喜悦。惠特曼是用物品清单描述多样性和量的能手，是首批热爱群众的诗人之一。他的诗允诺新关系；他的诗表达他的民主理想和他大海般的热情。《狂欢之城》后接着是《致陌生人》："路过的陌生人！你不知我多么渴望你……"对惠特曼而言，短暂的一瞥和爱的亲密是互补的，他鲜明的自我和匿名的群众也是互补的。因此他吟唱对曼哈顿的赞美及都市新的可能性。

曼哈顿死于一八九二年，正当其他每个人开始赞美城市的时候。二十世纪上半叶，纽约市似乎是象征性的——二十世纪的首都，就像巴黎是十九世纪的首都一样。命运和希望对激进分子和富豪而言是都市的，而纽约因其豪华轮船码头，来到艾利斯岛的移民，连欧姬芙也无法抗拒的摩天楼，成为标准现代城市的象征。二十世纪二十年代，承袭十八世纪伦敦《旁观者》与《闲谈者》的文章传统，《纽约客》杂志的《城中闲话》一栏编纂了《纽约客》作家所写的街头事件。它还有爵士乐及上城的哈莱姆文艺复兴及下城格林威治村的波希米亚文化。而中央公园以同性恋者猎爱知名，也有漫步，还因此获得有"丰盛之地"之名。第二次世界大战前，贝伦尼斯·阿博特边漫步纽约街道边拍摄建筑物；第二次世界大战后，海伦·莱维特拍摄孩童在街上玩耍，而维加则拍摄人行道上的流浪汉及囚犯护送车里的妓女。我们可想象他们是携着照相机的游猎采集者，摄影师留给我们的不是他们的步行，而是那些步行的结果。不过，惠特曼直到第二次世界大战后才有继承者，彼时艾伦·金斯堡接替了他的遗缺。

金斯堡有时被称为旧金山人，他是在二十世纪五十年代居留于旧金山及伯克利期间声名鹊起的。不过他是纽约诗人，而且他诗中的城市大而冷酷。他和他的同龄人在白人中产阶级抛弃城市生活而赴郊区时仍是热情的都市生活者。虽然许多所谓的"垮掉的一代"聚集在旧金山，但他们的写作大多较个人化，比他们聚集的街道更具普遍性。他们以城市作为抵达亚洲和西方风景的通路。他也写关于郊区的诗，最著名的是《加州超市》，在这首诗中他描绘了一座货物丰富、购物人潮巨大的超市，并让已故同性恋诗人惠特曼和费德里戈·加西亚·洛尔卡走在超市的通道上。但他早期的诗多充满雪、廉价公寓和布鲁克林桥。金斯堡经常在旧金山和纽约行走，但步行在他的诗中总是变成别的事物，因为人行道总是变成床或佛教乐土或幽灵。他那一代的最优心灵"在黎明时走过黑人街，想修理人"，但他们立刻看见在廉价公寓屋顶上摇晃的天使、吃火、幻想阿肯色州和布莱克式悲剧等等，即使他们后来确实摇摇晃晃地走到失业救济处，并"整夜在雪堤上步行，鞋里沾满血，等待东河上的门开……"

对"垮掉的一代"而言，除了对史奈德这位真正的徒步游历者之外，运动或旅行相当重要，但其确切性质并不重要。他们抓住一九三〇年代货物运输工、流动劳工、调车场传奇的尾巴，带领前往新汽车文化的路。在此文化中，不安被一小时七十英里、而非一小时三四英里所驱散。他们将身体旅行与想象力的漫步和一种新狂暴语言混合。旧金山和纽约像是他们旅行的长路两边的路边石。我们能看到乡村歌谣的转变：二十世纪五十年代，失望的恋人不再走开或搭上午夜火车出走，至七十年代，汽车歌曲热潮兴起。凯鲁亚克若活到七十年代的话，会喜欢这些歌曲。在《祈祷》第一部，当金斯堡以他同龄人的咏唱来哀悼他母亲时，步行和街道始终是特殊的。街道是历史的仓库，走路是读那历史的方式。"突然想到你，一身轻松地离去，当我走在格林威治村的阳光路上。"《祷告词》第一部这样开始，而当他步行至第七大道，他想起下东城的内奥米·金斯堡："你五十年前走过第七大道，那个小女孩——从俄罗斯……然后在果园街的群众里挣扎往何处？"在她和他城市的赞美诗轮唱中，《祈祷》进入两位金斯堡童年共同经验的篇章。

弗兰克·奥哈拉俊美得像一座大理石像，是与金斯堡完全不同的同性恋诗人，他书写的白天冒险比金斯堡细致得多。金斯堡的诗很激昂——从屋顶嚎叫悲叹和颂歌；奥哈拉的诗则像谈话一样轻松并充满街头漫步内容。他有题为《午餐诗》的书，此书不是关于吃而是关于中午暂离现代美术馆的工作到外头散步，还有一本题为《第二大道》的书，及散文集《伫立与漫步纽约》。金斯堡常跟美国说话，奥哈拉则常对"你"说话，这个"你"似乎是缺席中的恋人或散步时的伴侣。画家拉里·里弗斯忆起："与奥哈拉散步是最特别的事，奥哈拉还写了一首《与拉利·里弗斯一起散步》的诗。"步行似乎是奥哈拉日常生活的主要部分，及组织思想、情感、会面的方式，而城市是他赞美偶然和琐碎的温柔、世故、俏皮声音的唯一合适地点。在散文诗《急中生智》中他肯定："除非我知道有地下铁或唱片行或其他什么标识在附近，否则我什么也无法享受……"他的作品《走去工作》以下文为结束：

> 我变成
> 街。
> 你爱上谁？
> 我？
> 我直直穿过信号灯。

另一首步行诗这样开始：

> 我厌倦了不穿内衣。
> 然后我再度喜欢不穿内衣
> 漫步
> 觉得风温柔地吹在我的生殖器上

戴维·沃纳洛威茨的《接近刀刃：离散回忆录》读来像是他之前所有都市经验的总结。他跟德·昆西一样是匹脱缰之马，但他像德·昆西的朋友安一样以当童妓养活自己，且同狄更斯和金斯堡一般为城市场景带来闪亮、幻觉的澄澈。多数采撷"情色、令人神迷、非法的都市地下社会"的"垮掉的一代"主题的人，常在威廉·巴勒斯与道德无关的脉经里采撷它，他们都较关注此脉络的冷酷而非其影响或政治性，但沃纳洛威茨关注的是创造他作为童妓、同性恋者、艾滋患者的痛苦体系，他本人也于一九九一年死于艾滋。他的书写拼贴了记忆、遭遇、梦、幻想、镶嵌骇人隐喻与痛苦意象的爆发，在他的书写中走路看来像是迭句、鼓动：他总回到自己孤独走在纽约街道或走廊的形象。"有些夜晚，我们会走七八百条街，即整个曼哈顿岛。"他写他的乱闯岁月，因为步行始终是无处可睡的人的靠山。

沃纳洛威茨二十世纪八十年代的纽约类似盖伊的十八世纪初的伦敦。彼时伦敦像出自霍加斯笔下的酒吧巷，艾滋病、游民增加、吸毒者四处游荡，且治安极差，因此富人害怕纽约街道，就像伦敦富人会害怕伦敦街道一样。沃纳洛威茨写道他看见"长腿和钉满大钉的靴子和高雅的高跟鞋，三名妓女突然包围一位商人，她们说：'来吧，甜心。'并摩擦他的……其中一位妓女夺去他的皮夹，她们一个个散去，他则继续咯咯地笑"。我们仿佛回到夺去男人的银手套、鼻烟壶、假发的摩尔·弗兰德斯。他描写了因营养不良、无家可归而痛苦住在街上直到十八岁的岁月："我在做童妓的日子，曾三次差点死于嫖客之手，离开街之后……我在别人面前不谈这件事……直到我拿起笔，将这段经历写在纸上，形象和感觉的分量才出来。""离开街"：这词汇将所有街道描述成一条街道，街道是一世界，有自己的市民、法律、语言。街道是人们逃离创伤的世界。

《接近刀刃：离散回忆录》的章节之一，《身为美国的同性恋者：离散日记》记录了二十世纪八十年代美国都市街上步行对同性

207

恋者的用处，就像《傲慢与偏见》记录了步行对二十世纪前乡村淑女的用处一样。"我走过这些走廊，这里的窗砸开一片垂死的天空，寂静的风追随孩子的脚踝，当他突然跨越十栋房子外的一个门框。"故事这样开始。他追随孩子进入房间对他鸡奸，这房间类似他过去巡游的长码头和仓库。几段后他的行走变成对朋友——死于艾滋的摄影师彼得·胡加尔——的哀悼："我在他死后漫步街道数小时，经过聚集的黑暗和交通，走入贫民窟，在那里，流浪汉充斥街道，狗撕裂门廊旁发出恶臭的垃圾……我转身离开，走回交通灰雾并精疲力竭，身边走过一个骨瘦如柴、拖着孱弱身体在人行道上散步的妓女。"他遇见一位朋友——"凌晨两点在第二大道上的人"——他告诉他有个人因是同性恋者而在西街被一车来自新泽西的小孩痛打的事。然后是他的迭句："我来此走廊二十七次，我只看到冷冷的白墙。一只手慢慢地摩擦过一张脸，但我的手是空的。拖着带蓝色的影子在房间来回走动，我觉得虚弱……"他的城市不是地狱而是地狱边缘、不安的灵魂永远摇摆不定的地方，只有热情、友谊、洞察的能力使他脱离地狱边缘。

我自十多岁起便开始走我城市的街道，走得实在够久，以致它们和我都变了。青少年时，"现在"仿佛是永恒的炼狱，彼时的焦灼步伐逐渐成长为富有节奏的步履。这些数不胜数的脚步使我不再紧张、孤独与贫瘠。而我的步行常常成为对我自己和城市历史的审视。空地变成新大厦，老酒吧被爵士酒吧取代，卡斯特罗街的迪斯科舞厅变成维他命店，所有街道和小区都改变了面貌。连我自己的小区也改变甚多，仿佛我已迁居两三回似的。我测量的都市行走者暗示一种行走尺度，在那上面，我已从光谱上金斯伯格·沃纳洛威茨的一端移向弗吉尼亚·伍尔夫那端。

那年结束前两日，我星期天早上到一家酒坊买牛奶。一人坐在门廊的角落里喝酒，以假声唱歌，声音听来像堕落天使。"啊——"一字颤声唱出，在楼梯上美丽地回荡。我在回去的路上看见他专心地漫步下街，他没注意到我走过。走路似乎夺走歌者所有专注力，仿佛他强迫自己走过身边一种浓浓的气氛。当我开始浇我房屋前面的树，他仍在角落附近蜿蜒前进。总穿一条裙子、说话客气的老妇人走向另一个方向。我在她经过时向她打招呼，但她和他一样没注意到我。当她抵达歌者曾经逗留的地方时，她忽然跳起芭蕾舞来，直到消失在角落。这两人似乎听到某种听不见的音乐，使他们欢欣、着魔。

不久后，去教堂做礼拜的教徒会出现。当我最早迁来这里时，这里没有咖啡馆，所有常去做礼拜的人走路——星期日早上街道很热闹，黑种女人戴着炫目的帽子，从四面八方走向教堂，不是以朝圣者顽强的步伐而是以赞美者欢乐的大步。那是很久以前的事了，小区转型已将浸礼会集会驱散到别的小区，从此许多人开车去教堂。非洲裔美国年轻人仍散步，他们的腿冷静但他们的臂和肩跳跃，但大部分常去做礼拜的教徒已被跃向中产阶级世俗殿堂——中央公园——的慢跑者和遛狗者取代，为宿醉所苦的人则漂流向咖啡馆。但这天早上街道属于我们三位步行者，或属于他们两位，因他们使我觉得自己像漂流过他们私生活的鬼魂，在那寒冷、阳光充足的星期日早晨，在都市步行者的孤寂里。

巴黎或在柏油路上采集植物

　　巴黎人像占据沙龙和走廊那样占据公园和街道，他们的咖啡座面向街道和街上的人流，仿佛行人剧场实在有趣，以致一刻都不能疏忽。裸体铜像和大理石女人遍布户外，站在台上、从墙上伸出，仿佛巴黎是博物馆和妇人的起居间，而凯旋门和柱子像子宫和男性生殖器般点缀街道。街道变成中庭，雄伟建筑物包围中庭，国家建筑物像大街道那样长，大街道像公园那样两旁是树、椅。一切事物——房子、教堂、桥、墙——都是同样的沙灰色，因此巴黎看来像是一栋复杂建筑、高级文化的珊瑚礁。这一切使巴黎显得独树一帜，仿佛私人思想和公开行为在巴黎不像在其他地方那样分离；在这里，步行者流进流出于狂欢与革命。巴黎比任何其他城市更常入画与小说，因此再现与现实像一对面对面的镜子般反映彼此，而漫步巴黎常被描述为阅读，仿佛巴黎是部庞大的故事选集。它对它的市民和参观者加诸磁石般的吸引力，因为它一直是难民和流亡者的首都、法国的首都。

　　"一会儿是风景，一会儿是厅堂。"瓦尔特·本雅明如此写到步行者的巴黎经验。本雅明是城市和漫步城市艺术的伟大学者之一，而巴黎将他收入它的深处、使他在生命最后十年不断以巴黎为写作题材。他在一九一三年初次造访巴黎，之后数次造访，停留时间愈来愈长，直到二十世纪二十年代末终于定居巴黎。即使书写他的出生地柏林，本雅明的字也游向巴黎。"在一座城市里找不到自己的方向，或许稀松平常、一点也不有趣。因为人们只会认为你不认路。而让自己如同迷失森林中一般在城市里，则就另当别论了。那些招牌、街名、过路人、屋顶、报摊或酒吧必会各展所长与漫步者沟通，它们或像漫游者脚下的树枝吱嘎作响，或像远处乌鸦的啸叫，又或像亭亭玉立于林中空地的百合欲言又止。巴黎教会了我迷失的艺术。"他在一篇关于柏林童年的散文里说："这让我实现了长久以来的梦想。这个梦想可以在我学校练习簿的吸墨水纸上的迷宫里初露端倪。"他被教养成尊敬山、森林的世纪交替之际的好德国人——一张童年照片显示他在阿尔卑斯山图画前握着一只登山袜，而他的富有家庭常常在黑森林和瑞士度长假——但他对城市的热情既是对那陈腐浪漫主义的拒斥，也是对现代主义都市性的浸淫。

城市吸引本雅明之处，在于城市是只能借漫游来理解的组织，是与叙事和纪年等时间秩序成对比的空间秩序。在那篇柏林散文里，他谈及他在巴黎一家咖啡馆获得的启示——"只有巴黎的墙、码头、休闲地、收藏品、垃圾、栏杆、广场、拱廊、报摊才能教如此独特的语言，使他的整个生命被图示成地图或迷宫，仿佛空间而非时间，是他生命主要组织结构。"他的《莫斯科日记》将他自己的生命混入对莫斯科的叙述。他还写了一本形式似乎是模仿一座城市的书

《单向街》，书中的标题像是城市地点和标志——加油站、建筑工地、墨西哥大使馆、附家具的庄园式十室的公寓、中国古董等——混合而成的短篇文章。如果叙事像道路，那么这本书的许多叙事就像一群街道和小巷。

本雅明是伟大的街道漫游者。"我不认为我曾见过他挺直走路。他的步态独树一帜，带种沉思、犹疑的意味，这也可能因为他的近视。"一位朋友这样形容本雅明。我想象他在通过巴黎街道时没有注意到另一位视力更糟的流亡者——在一九二○年到四○年间住在巴黎的詹姆斯·乔伊斯。他是一个流亡的天主教徒，写了一本关于一位犹太人漫游都柏林街道的小说。乔伊斯在他一生中获得的尊敬后来降临本雅明身上——他的作品在二十世纪六七十年代被重新发现。他已成为文化研究宗师，他的书写已衍生出数百种论文和书。可能是此书写的混合性质——主题富有学术性，但充满美丽的格言和想象力，是煽唤而非定义的学术——使他成为诠释者取之不尽的源泉。他的巴黎研究十分有趣——他留下一本未写的书《拱廊商场》的大量引用文和批注，这本书原本准备就波德莱尔、巴黎、巴黎拱廊、闲逛者等主题加以发挥。是本雅明将巴黎取名为"十九世纪的首都"，是本雅明使闲逛者成为二十世纪末学者的研究主题。

闲逛者究竟是什么从未有过令人满意地定义，但无论闲逛者是懒惰虫还是安静的诗人，有一件事是确定的：闲逛者是漫步巴黎观察敏锐、孤独的人。他们说明了公共生活对巴黎人的吸引力，及法国文化的性格，连散步也被理论化了。这词到十九世纪初才成为一般用语，且来源不明。普丽西拉·帕克赫斯特·弗格森说它来自"古斯堪的那维亚语"，而伊丽莎白·威尔逊则写道："十九世纪《拉鲁斯百科全书》指出 flâneur（闲逛者）一词来自意指'放荡者'的爱尔兰字。《拉鲁斯百科全书》的作者贡献一篇长文给闲逛者，他们将闲逛者定义为闲荡、一点点浪费时间的人。他们将闲逛者与购物、观赏人群等都市新休闲活动相联系。《拉鲁斯百科全书》指出，闲逛者只能存在于大城市，因为乡镇提供的漫步舞台太小。"

本雅明本人从未明确定义闲逛者，只将他与若干事物连接：与休闲、群众、疏离、观察、走路，尤其与拱廊漫步——由此我们可推断闲逛者是有点钱、感性细致、几乎没有家庭生活的男人。本雅明指出，闲逛者出现在十九世纪初城市变得大而复杂的时候。闲逛者是报纸的连载小说和致力向群众介绍陌生人的交际杂志的常见主题。十九世纪时，城市的概念使城市居民相当困惑，他们耽读自己城市的旅行指南，就像现代游客熟读其他城市的旅行指南一样。

群众——一群始终陌生的陌生人——似乎是人类经验里的新事物，而闲逛者则代表其中的新类型，一言以蔽之，就是在群众里觉得自在的人："群众是他的领域，就像空气是鸟的领域、水是鱼的领域一样。"波德莱尔在常用来定义闲逛者的著名段落里写道："他的热情和职业是没入群众。对完美的懒惰者、热情的观察者而言，在群众、人潮、喧闹、变动里建立家是极大的快乐。远离家而处处为家……"本雅明在他最著名的闲逛者段落中写道："闲逛者在柏油路上采集植物。但十九世纪要在巴黎到处散步是不可能的。在奥斯曼重塑巴黎前宽路很少，而窄路相当危险。若无拱廊，散步很难获得意义。"他在别处写道："拱廊很受欢迎。有将自己嵌入群众的行人，也有要求活动余地、不愿放弃悠闲生活的闲逛者。"本雅明接着说，此悠闲的一个证明是一八四〇年左右时带乌龟到拱廊散步的风气："闲逛者喜欢有乌龟为他们定步伐。人随着乌龟走。"

他最后未完成的作品《拱廊商场》即是致力于探究兴起于二十世纪初拱廊的意义。拱廊愈发模糊了内外边界：它们是铺有大理石和马赛克、两边是商店的行人街道，有用钢和玻璃等新建筑材料制成的顶棚，它们是巴黎最先有煤气灯的地方。身为巴黎大百货公司和美国购物商场的先驱者，拱廊是销售奢侈品、收容游荡者的优雅环境。拱廊使本雅明得以将他对游荡者的着迷和马克思主义的主题联系起来。闲逛者，边消耗商品和女人边抗拒工业化速度和生产的压力，是暧昧的人物，既抗拒新也被新商业文化诱惑。纽约或伦敦的独行者将城市体验为气氛、建筑和偶遇；意大利或萨尔瓦多的漫步者遇见朋友或挑逗；本雅明的文章暗示闲逛者在边缘徘徊，既不孤独也不爱社交，将巴黎体验为令人陶醉的许多群众和货物。

闲逛者的唯一问题是他不存在，除了作为一种类型、一种理想、一种文学里的人物。闲逛者常被描述得像侦探，女性主义学者辩论是否有或可能有女性闲逛者，但迄今无文学侦探发现可被称为闲逛者的实际个人——克尔凯郭尔，要是他不那么多产、那么丹麦化，可能是最佳候选人。无人曾看过带着乌龟散步的人，所有提到此做法的人都举本雅明为资料来源。尽管在闲逛者的全盛期，作家内瓦尔曾带着一只绑了丝带的龙虾散步，但他在公园而非拱廊从事此活动，且是为形而上而非浮华的理由。无人完全实现闲逛者的概念，但每个人却与闲逛者多少沾上点边。但就本雅明来说，漫步城中每处不只是可能的而且被广泛实行。其他城市的独行者常常是边缘人物，被隔绝于发生在密友间和建筑物内部的私生活之外——但在十九世纪的巴黎，真实生活发生在公共场所、街道和社会。

一八五三至一八七〇年间在奥斯曼男爵大幅改造前，巴黎是个中世纪城市。"狭窄的裂缝"，雨果如此称呼"那些不知名的、缩窄、呆板的小路，旁边是八层楼高的废墟……街道很窄、排水沟很宽，行人走在总是潮湿的石砖路上，在像地窖的商店、门禁森严的大型石造建筑物、大垃圾堆旁……"这个城市相当杂乱：卢浮宫的中庭好似贫民窟，王室宫殿的户外拱廊中庭提供性、奢侈品、书和酒。社会景象和政治言论均放荡无拘。一八三五年，作家弗朗西斯·特罗洛普到时髦女装店购物，"在路上我被水泼溅两次、几乎被碾过三次"；在回程的路上，她停下来看"革命英雄纪念碑，英雄陨落并被埋在离喷水池不远处"，并与群众一起窃听一位工匠告诉他女儿为何他和那些英雄在一八三〇年抗争。她也曾提到暴动和在林荫大道的时髦漫步者。购物和革命，淑女和工匠，在这些肮脏、迷人的街道上混合。

巴黎的行人生活给一八四五至一八四六年间造访巴黎的摩洛哥人留下了深刻印象："在巴黎有让人们散步的地方，散步是巴黎人的娱乐方式之一。人们牵起朋友的手，一起步向散步点。他们漫步、聊天并欣赏风景。巴黎人的郊游概念不是吃喝，更不是闲坐。他们最喜爱的散步点是香榭丽舍区。"受欢迎的散步地点还有杜伊勒里花园、莱茵大道、王室宫殿、意大利人林荫大道，都在右岸，而植物园和卢森堡花园则在左岸、波德莱尔的成长地。一八六一年写信给母亲时，波德莱尔想起他们"长长的散步和绵长的感情！我想起堤岸，在傍晚十分悲伤"，一位朋友记得，当诗人年轻时，他们曾"整晚在林荫大道和杜伊勒里花园一起散步"。

人们为社交而聚到林荫大道。他们去街道和巷弄则是为了冒险，为他们能航行在尚未被适当绘进地图的庞大网络中而感到骄傲。法国大革命前，一些作家和步行者已喜爱"城市是神秘、黑暗、危险、有趣荒野"的概念。雷蒂夫·德·拉·布雷东纳的《巴黎之夜，或夜间的观察家》是革命前散步的经典书。革命后该书被增至包含《革命之夜》；一七八八年这书初次出版，而十八世纪九十年代它的内容被扩充。布雷东纳先是农民，后成为画家、巴黎人和作家，是法国文学怪杰，但现在很少人知道他。他写了一本又一本书，以十六卷的自传仿效卢梭的《忏悔录》，以《反朱斯蒂娜》嘲仿萨德侯爵的《朱斯蒂娜》，该书和萨德的作品一样，在王室宫殿拱廊的色情书店里贩卖。他还写了数十本小说，和一些关于巴黎的新闻体文章。《巴黎之夜》是数百篇关于他在巴黎街道冒险轶事的集合。这本书的轶事性质使人想起美国原住民骗子小狼或漫画蜘蛛人的无数冒险。

在他的夜晚漫步中，布雷东纳遇见商店女孩、铁匠、酒鬼、仆人、妓女、暗中监视辩论的政客和通奸的贵族，尤其是杜伊勒里宫的贵族通奸。他目击犯罪、火、群众、易装者以及刚被谋杀的尸体。他将巴黎书写成一片荒野、性感带和卧房，而这也是许多作家后来写的。圣路易岛是他最爱徘徊的地方，一七七九至八九年间，他在石墙上凿上重要日期和一些引人遐想的字句。因此，巴黎成为他的冒险地和一本冒险书的数据来源、经由行走被书写、阅读的故事。

普鲁斯特著名的玛德琳小点心是用来召回过去，铭文对拉布雷东纳的意义也是召回过去。"每当我停在圣路易岛的护墙旁沉思，我的手会探出日期和曾使我兴奋的思想。我接着步行，裹在夜的黑暗中，夜的寂静和寂寞使人愉快地战栗。"他读他刻下的第一个日期："我无法描述前一年我感觉到的情绪……我思潮汹涌；一动不动地站着，一心想将此刻与前一年的此刻连接在一起。"他再度体验恋爱事件、痛苦的夜、破裂的友谊。他的巴黎充满了花园中的关系和街道情色的卧房——此不足为怪，布雷东纳是个恋足癖者，且有时追求穿高跟鞋的小脚女人。在他的巴黎，情色生活不断地泼洒在公共场所。在他眼里，城市是荒野，因为它的公、私空间和经验是混合的，还因为它是无法无天、黑暗并充满危险的。

十九世纪"城市是荒野"的主题再三出现在小说、诗和通俗文学里。城市被称为"处女林"，它的探勘者以本雅明的名言来说是"在柏油路上采集植物"的博物学家，而城市居民常常是"野蛮人"。本雅明引述一段波德莱尔的话："森林和大草原的危险与文明的每日冲突相较，算得了什么？无论人在林荫大道上捕捉他的猎物或在树林里刺他的猎获物——他始终不是所有肉食动物中最完美的吗？"在赞美库珀有关美国的荒野小说时，大仲马称道一本名为《巴黎的莫西干人》的小说；书中叙述了一位闲荡侦探的冒险——他让风吹的纸片带领他从事冒险；一位二流的小说家保罗·费佛尔则在巴黎安置了一位美国原住民，他在出租车里剥下四个敌人的头皮；本雅明说，巴尔扎克谈及"穿紧身短大衣的莫西干人"和"穿大礼服的休伦族"；十九世纪末，人们将游荡者和罪犯称为"阿帕契族"。这类词汇赋予城市异国色彩，将城市中的人分成各种族群，个人变成探勘者，街道变成荒野。乔治·桑便是其中一位城市探勘者，她发现："在巴黎的人行道上我像是冰上的船。我精致的鞋在两天内裂开，我的套鞋被污水飞溅，我总忘了抬起裙子。我全身泥泞、疲倦且流鼻涕，我看着我的鞋子和衣服……拿刀来把它们毁掉。"她穿起男人的衣服，虽然这行为常被描述为反社会，但她却习以为常。她的新衣服带来欣喜若狂的行动自由："我无法描述我的新鞋子多么使我高兴……有了它们我终于能在人行道上健步如飞了。我在巴黎来回走动，有如环游世界。我的衣服也是耐风雨的。我在任何天气都能外出，任何时候都能回家、进戏院。"

但乔治·桑进入的中世纪荒野与布雷东纳不同。一些相同人物——妓女、乞丐、罪犯、美丽的陌生人——出现在波德莱尔的生命里，但他不跟他们说话，他们的生活照他看来是投机的。你无法区别人们是在浏览商店橱窗还是在观赏人群。"群众与孤独本质相同，对积极、多产的诗人而言是可互换的。"波德莱尔写道，"不能享受孤独的人就不能在喧闹的世界独处。诗人享受独处无与伦比的特权……如同那些寻求身体的游荡灵魂，他进入每个人的人格。对他而言万事皆空。"波德莱尔的城市是寂寞的，犹若荒野。

旧巴黎被奥斯曼男爵砍倒。为迎合拿破仑三世的愿景，他建了一座壮丽且可管理的现代城市。自一八六〇年代以来，许多人说奥斯曼破坏中世纪街道、建立壮丽林荫大道是出于反革命的目的，因为此种设计会使军队能够进入城市。毕竟，在一七八九、一八三〇、一八四八年市民能起义反抗，部分就是借由在大街小巷上建立路障。但这未能解释奥斯曼计划的其余部分。宽阔的新大道容纳了人流、商业、军队，但在大道下方是除去旧城市若干臭味与疾病的新排水沟和水道——而布洛涅森林被设计成英国风格的美丽公园。作为一个政治计划，它似乎是一个引诱而非压抑巴黎人的计划；作为一个发展计划，它将穷人从城市中心移至城市边缘和郊区，在那里他们一直待到现在。在这点上，多数战后美国城市（曼哈顿和旧金山除外）则是将穷人留在市中心，而中产阶级蜂拥到郊区。十九世纪城市的"野性"还以其他方式被驯服：街灯、门牌号码、人行道、街名、地图、旅行指南、巡逻、妓女的管理与起诉。

对奥斯曼的抱怨有两个方面。其一是在拆毁旧城中，他涂去了心灵与建筑的细致交错——步行者携带的心灵地图及步行者记忆与联想的地理凭据。在一首关于奥斯曼在卢浮宫旁建筑地的诗中，波德莱尔抱怨：

> 巴黎在改变！但我忧郁内的事物
> 无一改变！新皇宫、鹰架、石头
> 旧小区——一切事物对我已成寓言
> 而我宝贵的回忆比石头还重。

波德莱尔就是波德莱尔，这首诗以"在我流亡灵魂的森林"结束。而一八六〇年十一月八日爱德蒙·龚古尔和儒勒·德·龚古尔兄弟在日记中写道："我的巴黎，我出生的巴黎在消失，一八三〇至一八四八年间的巴黎，无论在物质上还是精神上……我自觉像走过巴黎的旅人，对迎面而来的事物感到陌生。我也不喜欢这些笔直的新林荫大道，没有漫步、冒险……"

第二个抱怨是对宽广、笔直的大道，奥斯曼将荒野变成正统花园。新林荫大道延续了两个世纪前为路易十四设计凡尔赛大花园的勒诺特开始的计划。勒诺特设计了杜伊勒里花园和从杜伊勒里宫到拿破仑安置凯旋门的艾托勒的香榭丽舍花园林荫大道。多数勒诺特的设计是在城墙外，在城市的经济生活之外，但城市扩大至吸收它们。因此勒诺特在十七世纪六十年代为欢乐而建的林荫大道，到十九世纪六十年代变成由奥斯曼为欢乐和商业而建的林荫大道。林荫大道很早以前就被广泛采用；美国华府是采用林荫大道的城市之一。奥斯曼是和勒诺特一样的审美家；他因夷平山和努力使街道笔直而惹恼了拿破仑三世。反讽的是，虽然英国花园已获胜且花园已变得"自然"——杂乱、不对称、充满曲线，一座正式的法国花园却在巴黎的荒野诞生了。

潮湿、私密、幽闭、鬼祟、狭窄、弯曲的鹅卵石街道，已让位于充满光、空气、商业、季节的堂皇的公共空间。如果说旧城市常常被喻为森林，那可能是因为森林是由许多动物的独立姿势组成，而非施行某人的大计划而成；森林不是被设计而是自然生长而成。许多人痛恨变化："对漫步者而言，从玛德莲教堂抄快捷方式走到艾托勒有何必要？相反，漫步者喜欢延长他们的步行，这就是他们连续走同样小径三四次的原因。"阿道夫·梯也尔写道。漫步荒野是一种要求胆识、知识、力量的欢乐，是野蛮人、侦探、穿男人衣服的女人的欢乐。而漫步花园则是更温和的欢乐。奥斯曼的林荫大道使城市的更多地方成为散步场所、更多市民成为散步者。拱廊随着街道布满女装店、大百货公司诞生而开始长期衰微。而一八七一年巴黎公社期间，街头革命分子的路障被建在林荫大道上。

最早吸引本雅明注意拱廊及将步行解构为文化行动可能性的不

是波德莱尔，而是本雅明的同辈——友人弗朗茨·黑塞和超现实主义作家路易·阿拉贡。他认为阿拉贡一九二六年的书《巴黎农民》十分令人振奋，以致"夜晚在床，我只要读几个字，就会心跳加速到必须放下书……事实上《拱廊商场》的头几个批注就是来自《巴黎农民》。然后是柏林岁月，在这段岁月中我和黑塞的友谊常因谈论拱廊商场而滋长"。在他的柏林散文中，本雅明将黑塞描述为引导他认识柏林的向导之一，且黑塞自己曾书写漫步柏林。他与本雅明曾一起翻译普鲁斯特的《追忆似水年华》，这本带有记忆、行走、偶遇、巴黎沙龙种种主题的小说深得本雅明喜爱。黑塞、阿拉贡和本雅明十分符合对十九世纪闲逛者的描述。

阿拉贡的《巴黎农民》是出版于二十世纪二十年代末的三本超现实主义著作之一；另外两本是安德烈·布勒东的《娜佳》和苏波的《巴黎昨夜》。这三本都是关于巴黎漫游者的第一人称叙事，非常明确地描述了地名和地方，其中妓女占了很大篇幅。超现实主义珍视梦、无意识心灵的自由联想、令人吃惊地将机会和巧合及日常生活化成诗。漫游城市是浸淫这一切性质的理想方式。布勒东写道："我仍记得阿拉贡在我们每日漫步巴黎中扮演的特别角色。我们在他陪伴下通过的地点，即使是最平凡的地点，也会染上一层迷人的浪漫色彩，只要转个弯或浏览商店橱窗，就能有许多收获。"

被奥斯曼剥除神秘的巴黎再次成为诗人的缪斯。《娜佳》和《巴黎昨夜》围绕对偶遇的神秘年轻女子的追求而展开。偶遇是城市步行文学的标签：布雷东纳追求有美腿的女人；惠特曼在曼哈顿对男人抛媚眼；奈瓦尔和波德莱尔写关于送秋波的女人的诗。布勒东"和此陌生女人说话，虽然我必须承认我不敢存奢望"。苏波的无名叙述者像侦探般追踪他的对象，并逐渐了解她和其伙伴栖息的地下世界，尽管此华丽、发狂、凶恶的肮脏领域既未能解释也未能完全驱散她的魅力。阿拉贡的《巴黎农民》——三本中最不因袭陈规的一本——没有叙事且和本雅明的《单向街道》一样是围绕地理而展开：它探索了巴黎的几处——头两处是巴黎歌剧院通道，在阿拉贡书写《巴黎农民》时已被登记在拆毁名单上的拱廊商场，后来它被拆毁让位于奥斯曼的林荫大道。《巴黎农民》显示对漫步而言，城市是多么丰富的主题。

　　阿拉贡以城市做主题，布勒东和苏波则追求身为城市象征的女人：娜佳和乔吉特。苏波写道他的主角在乔吉特带顾客到邻近新桥的旅馆、回到街道时暗中监视她。之后，"乔吉特重新开始漫步巴黎、穿越夜的迷宫。她往前走，驱散悲伤、孤独或苦难。然后展现她的奇特力量：美化夜的力量。由于她，巴黎的夜变成神秘领域，充满花、鸟和星星的美妙区域，给整个空间带来希望……那夜，当我们追踪乔吉特，我第一次看见巴黎。它高悬在雾之上，像地球那样旋转，比平常更女性化。乔吉特变成城市"。再一次，巴黎是荒野、卧房、经行走而被阅读的书。主角——无名、无业、完美的闲逛者——接受布雷东纳探索夜的任务，但是借由追求一名与犯罪有牵连的单身女人。主角是一位追踪犯罪和审美经验的侦探，而乔吉特象征犯罪和审美经验。

　　后来乔吉特告诉他，她之所以当妓女，是因为她和她弟弟必须生活，而"既然我熟悉行道和街道上的人，事情很容易。街道上的人都在寻觅"。跟娜佳一样，她是个闲逛者，以街道为家的人。《巴黎昨夜》是小说，《娜佳》则以布勒东与一真实女人的相遇为蓝本——为强调《娜佳》的非虚构性，他在叙事中复制人物、地方、画、信件的照片。在一次约会中，娜佳带领布勒东到西堤岛西端一个名为多菲内的地方，然后他写道："每当我在那里，我感到想去别处的欲望逐渐从我体内流出，我必须努力不让自己从温柔、过分坚持、最终垮掉的拥抱中挣脱。"

三十年后，布勒东在《新桥》中借一位评论家之口如此描述自己："提出了对巴黎中央地形的详细'诠释'，按此诠释，西提岛的地理与建筑结构及它所坐落的塞纳－马恩省河湾，被视为组成一个躺着的女人身体，而这个女人的阴道坐落在道芬，'这个三角形、曲线构成的形状由分开两树林的裂缝所平分'。"布勒东与娜佳在旅馆里过夜，苏波的叙述者则雇乔吉特从事性行为，但在这两个故事里，情色不是被聚焦于床上的身体亲密而是被扩散于城市，夜间步行（而非性交）是他们沐浴于情色的方式。他们追求的女人在街道上最自在、最迷人、最感安适，仿佛妓女的职业就是漫步街道。她们不再如许多早期女主角那样，是街道的牺牲者或逃亡者。娜佳和乔吉特像多数超现实主义对女性的再现，是女人的化身——既堕落又崇高，既是缪斯又是妓女，是城市的化身——而非个别女人，而此在她们不可思议的城中漫步、诱惑叙述者追随女妖的漫步中最明显。市民对城市的爱和男人对过路人的欲望已结合为热情。而此热情的极点是在街上与脚上。步行已变成性。本雅明在将巴黎比成迷宫时，将城市变成女体、步行变成性交："不可否认的，我刺入此最内部的地方——人身牛头怪物的寝室，唯一的差别是此怪兽有三个头：哈普街上小妓院居住者的头，在这妓院，鼓起我最后的力气……我踏进去。"巴黎中央是妓院的迷宫，在此迷宫中重要的是抵达，而非圆房。

朱娜·巴恩斯一九三六年的作品《夜林》犹如上述作品的尾声，在此书中迷人疯女的色欲再次与巴黎和夜的魅力混合。巴恩斯杰出女同性恋小说的女主角罗宾·沃特"全神贯注而困惑地"漫步街道、抛弃她的爱人诺拉·弗洛德，并"走向诺拉和咖啡厅间的夜生活。她在步行时的沉思是她期望在步行结束时找到的欢乐的一部分……她的思想是种运动"。经常光顾林荫大道小便池的变装爱尔兰医生在长长的独白中对诺拉解释夜，而巴恩斯住在此许毕斯教堂旁塞瓦多尼街上——大仲马安置他的三剑客之一、雨果安置《悲惨世界》主角冉·阿让的那条小街——奥康纳医生家时必定知道自己在做什么。此种文学浓度在《夜林》之时已在巴黎聚积，我们可想象来自数百年文学的人物不断通过道路、推挤彼此，一辆充满女主角的都会车，一充斥小说主角的散步场所，一群喧闹的小人物。巴黎作家总赋予人物街道地址，仿佛所有读者都熟悉巴黎，以致只有街上的真实地点能赋予角色生命，仿佛历史和故事已在城市里定居。

本雅明描述自己是"好不容易撬开鳄鱼下颚、在那里定居的人"。他大半生像他喜欢的文学里的小人物那样漂流。或许是法国文学使他步向死亡，因他延宕离开巴黎直到太迟。男童冒险书和探险家的年代纪，仿佛他在第三帝国阴影下最后数年的写照。当一九三九年九月战争爆发，他被法国境内的其他德国人围捕，并步行到内维斯集中营。他胖且患心脏病、即使逛巴黎街道也得每隔数分钟停下来一次，在前往内维途中昏倒数次，但他在近三个月拘留期间恢复，以致能教哲学课程以换买香烟。国际笔会为他争取释放，他回到巴黎，在那里继续为《拱廊商场》搜集资料，试图获得签证，并撰写极其抒情的《论历史哲学》。在纳粹占领法国后，他逃往南方并与其他数人爬险峻的庇里牛斯山进入西班牙布港。他带着一只公文包，里边据他说藏着比他生命还珍贵的手稿，在一陡峭葡萄园中，他兴奋到他的同伴必须挽扶他。"没人知道这条路，"与他同行的格尔兰德女士写道，"我们必须匍匐着爬部分地区。"在西班牙，当局要求法国的出境签证而拒绝接受本雅明的朋友好不容易获得的美国入境签证。对进不了西班牙，可能必须回法国感到绝望，他在西班牙吞服过量吗啡，并在一九四〇年九月二十六日死亡——"他的自杀给边界官员留下深刻的印象，"汉娜·阿伦特写道，"他们因此准他的同伴到葡萄牙去。"他的公文包消失。

在同一篇文章里，二十世纪六十年代住在巴黎的阿伦特写道："在巴黎陌生人觉得安适，因为他能像住在家中那样住在巴黎。正如人居家是真真实实住在家中而只利用家来睡觉、吃、工作，人借无目的漫步城市来栖居城市——街旁无数咖啡馆能抚慰此漫游。直到今日，巴黎依旧是世界大城市中唯一对行人友善的城市，它比任何其他城市更倚赖街上的行人，因此现代汽车交通相当危及巴黎的存在。"当我在一九七〇年代末逃到巴黎，如果你不计较一些巴黎男人的好色和无礼的话，巴黎多少仍是步行者的天堂。我十分贫穷又年轻，因此到处行走，一走数小时，进出十八岁以下者可免票的美术馆。现在我知道我当时住在一个正在消失的巴黎。右岸上的大空地是巴黎大堂市场最近被铲除的地方，但我不知道像小迷宫般螺旋形墙小便池也在消失，交通标识将来到拉丁区弯曲老街，快餐店的照明灯将破坏旧墙，奥塞火车站将成为一座崭新的博物馆，杜伊勒里宫和卢森堡公园区带有螺旋形扶手，有针孔的圆形金属椅将被漆成相同绿色、较不美丽的直椅子取代。这完全不像巴黎人在法国大革命或奥斯曼改造巴黎期间所经历的转变，但此小幅度转变已使我成为失落城市的怀念者，而或许巴黎总是个失落的城市、充满只活在想象里的事物的城市。当我最近回到巴黎，最令我沮丧的是阿伦特预见的改变：街道被汽车占据。汽车回到街道，使巴黎回到从前肮脏和危险的状态、卢梭被马车碾过而漫步街道是项壮举的时代。为匡正汽车崇拜，汽车被禁止在星期日通行于若干街道和堤道，好让人能漫步其中，就像他们在花园和林荫大道的宽人行道上漫步一样。（当我写此文时，有人努力要取回更多空间——尤其是协和广场的大空地，该广场在最近几十年已成为交通壅塞的圆环。）

　　一项光荣始终属于巴黎，那就是它拥有步行理论家，其中有二十世纪五十年代的德波、七十年代的塞尔托和九十年代的贝利。德波讨论城市建筑和空间配置的政治和文化意义；解释和再解释那些意义是德波所创立的"国际情境主义"组织的任务之一。"心理地理学，"德波在一九五五年宣称，"是门研究地理环境对个人情感和行为特殊影响的学科。"他在"国际情境主义者"创社宣言中谴责对汽车的崇拜，盖心理地理学最能经由徒步被理解："街上的气氛在几英里空间内突然改变；城市被分为不同心理气氛区；最宜于无目的漫步的道路。"是他擘画的几点原则，提议"以引进心理地理学地图"来"阐明完全不顺从惯常影响的若干漫游"。另一德波的著名论文是《漂流理论》："漂流是通过各种环境的技术……在漂流里一人或多人在某段时间丢下他们平常的行为动机、他们的关系、他们的工作和休闲活动，并让他们自己被地域和人的吸引力吸引。""德波似乎认为漫游者是他自己发明的新概念"有点好笑，他对"颠覆"的权威规范觉得也有点好笑——但他"使都市步行成为像实验一般"的想法是认真的。"重点是，"研究情境学的格雷尔·马库斯写道，"将未知当成已知的一部分，在熟悉处找惊喜、从经验中得纯真。这样你才能不假思索地漫步街道，让你的心绪漂流，让你的眼带你上下左右行走，进入你自己的思绪地图，具体的城被想象的城取代。"情境主义者对文化手段和革命目的的结合向来很有影响力，尤其在巴黎一九六八年学生暴动里最能看见，当时情境主义标语被涂在墙上。

塞尔托和贝利相当温和，虽然他们看到的未来和德波看到的一样黑暗。塞尔托将《杜撰日常》中的一章献给都市步行。步行者是"城市的实践者"，因城市是被造来走的，他这样写道。城市是语言，可能性的仓库，步行是说那语言，从那些可能性中选择的行动。正如语言限制能被说的、建筑限制人能走的地方，但步行者发明别的行走方式，"因为穿越、漂流或随兴步行揄扬、转化或放弃空间元素"。他又说："行人的步行提供一连串能被比拟为'修辞格'的转弯和绕道。"塞尔托的隐喻暗示一骇人的可能性：如果城市是步行者说的语言，那么后现代城市不只已变沉默且冒变成死语言的危险，即使后现代城市语言的正式文法存在，它的口语措辞、笑话、诅咒也会消失。贝伊住在此汽车壅塞的巴黎并记录步行的衰微。照一位诠释者的说法，他陈述城市的社会和想象功能正受到坏建筑、无灵魂的计划、对都市语言、街道、字流、无

228

尽的故事等基本单位冷漠的暴政威胁。保持街道和城市活络系于了解它们的文法和产生它们赖以繁荣的新话语。而对贝伊而言，此过程的主要机制是步行，他称步行为"腿的衍生文法"。贝伊视巴黎为一堆故事，由街道步行者所造的记忆。要是步行消失，这堆故事会变得不被阅读或无法阅读。

街道上的市民：派对、游行与革命

我转了一个圈，才发现是翅膀使我背后的天使看来好奇怪。至少，他穿得像天使，且许多外星人、娼妓、迪斯科王、两腿怪兽却往卡斯特罗街的方向流去，就像他们在每个万圣节所做的一样。我前一晚把自行车放到市场街端头，以便到时骑车参加"自行车群聚效应"（Critical Mass）活动——该团体骑行活动既对骑行者安全空间的缺乏表示抗议，又在节日里占领了该空间。数百名骑车者充满街道，正如他们自 1992 年开始在每月第四个周五举行的例行活动那样。（骑行者在全球各大都市——包括日内瓦、悉尼、耶路撒冷、费城等在内——都举行过"自行车群聚效应"活动。）一些骑行者穿着写有"少一辆车"的 T 恤，陪伴我们的三名跑者穿着"少一辆自行车"衬衫，而为了庆祝即将来临的节日，一些骑行者戴面具或穿戏服。

卡斯特罗街上的万圣节是个混合性节日——既是庆祝也是政治陈述，因为肯定同性恋者身份本身就是大胆政治陈述。肯定同性恋者身份颠覆了"性是私密的、同性恋可耻"的长久传统。如今，卡斯特罗街的万圣节街头派对也吸引许多异性恋者，但每个人似乎都在容忍、敢曝、无畏的原则下行动。无物被卖、无人操控，每个人既是景观也是旁观者。万圣节傍晚，数百人从卡斯特罗街游行到法院抗议，并哀悼一名年轻男同性恋者在怀俄明州被杀——这对旧金山和卡斯特罗街而言是稀松平常的示威游行，须知旧金山和卡斯特罗街既是消费殿堂，也是政治激进活动的基地。

十一月二日，人们在教会区第二十四街上庆祝亡灵节。照例，阿兹特克舞者带领游行队伍——他们光着脚不停地转身跺脚，身缠腰带，手持摇浪鼓，头戴四英尺长的翎羽。他们身后跟着的参与者背着长杆祭坛——一根杆子顶端是圣女瓜达鲁普，另一根的顶端是阿兹特克神。祭坛后方跟着一大群人，有的拿着披上棉纸的大十字架，有的把脸涂得像骷髅，有的人则手上拿着蜡烛——参与者总人数或许有一千人。与大型游行不同的是，此游行几乎完全由参与者组成，只有一些旁观者从家中窗户探出头观看。或许它最好被描述为列队前行，因列队前行是参与者的旅程，而游行则是与观众互动的表演。亡灵节游行与万圣节游行相当不同；亡灵节游行有种较温柔、忧郁的气氛，空气中有种来自分享相同空间和相同目的、细微但令人满意的同志情谊。仿佛在连接我们的身体中已连接我们的心。在第二十五街与教会区的交口另一个游行队伍侵犯我们，那是个反对一名死刑犯即将来临的处死的喧闹队伍，虽然我不喜欢他们那种好像我们是刽子手的态度，能被提醒死亡的现实总是有益的。西点面包店卖死人面包（烤成人形的甜面包）卖得很晚，亡灵节是基督教传统和墨西哥传统的美好混合，在旧金山许多文化手中获得修正与变形。跟万圣节一样，亡灵节是识阈的节日、庆祝生与死间的阈，那时万事皆有可能，众人各自流动。这两个节日已成为城市不同功能遇合的门槛、陌生人相会的地方。

伟大德国艺术家博伊斯过去常说"每个人都是艺术家"这句话。我过去以为这句话意指他认为每个人都该制造艺术，但现在我怀疑他指的是更基本的可能性：每个人都能成为参与者而非只是观众的一员，每个人都能成为生产者而非只是意义的消费者。同样的概念也隐藏在朋克文化的 DIY 信条后面。"每个人都能参与创造自己及社群的生活"是民主的最高理想，而街道是民主最伟大的活动场所——人能在街道说话而不被墙隔离，也不被有较多权力的人干扰。Media（媒体）和 mediate（调停）有相同的字根并非偶然；真实公共空间里的直接政治行动，可能是参与和陌生人直接沟通的唯一方式，也是借制造新闻打动观众的一种方式。游行和街头派对是可喜的民主现象，既是最唯我、快乐主义的表达，也有民众保持大胆并使街道开放给更富政治性的用途。游行、示威、抗议、暴动及都市革命，都是关于社会人士为表达政治诉求而在公共空间移动。就此而言，游行、示威、抗议、暴动、革命分子是步行文化史的一部分。

公众示威游行混合朝圣语言，人步行以表现决心。罢工活动时，人借来回走显示团体的力量及个人的坚持。而节庆则消泯了陌生人间的界线。步行变成作证。许多游行者抵达集合点，但集合通常将参与者变成观众；我自己常深深感动于和众人一起走过街道，但又十分不耐抵达后的事件。多数游行和列队前行是纪念性质，而此移动于城市空间以纪念其他时间的方式，将时间与地点、记忆和可能性、城市和市民交织成一个整体、一个能塑造历史的纪念空间。过去成为构筑未来的基础，不尊重过去的人不能拥有未来。连最无害的游行也有意义：圣帕特里克节游行可追溯到两百多年前的纽约，它们彰显宗教信仰、族裔骄傲和曾被边缘化的社群力量，旧金山的中国新年游行和北美大陆的同性恋自豪日游行也有同样意义。军事游行总是力量的展示并煽动部族的骄傲或市民的自尊。在北爱尔兰，橙带党员用游行庆祝过往新教徒象征性侵犯天主教小区的胜利，而天主教徒则使被杀者的葬礼成为大规模政治游行。

在平常日子我们独自或与一两个同伴在人行道上步行，而街道用来进行运输及商业。在特别的日子——历史性周年纪念日和宗教节庆及我们塑造历史的日子——我们一起步行，而街道用来彰显该日的意义。步行在这些游行中成为演讲，许多历史由走过城市的市民的脚书写。这类步行是政治或文化信仰的身体展示并且是最普遍的公开表达形式之一。它可被称为游行示威，因为它是朝向共同目标的共同行动，但参与者并未像踢正步的军人那样交出自己的个性。相反，他们显示不同人之间取得共同基础的可能性。当身体运动变成演说形式，言语和行为间、再现和行动间的区别便逐渐模糊，游行示威因此可以是走入再现、象征、历史领域的另一种形式。

只有视城市为象征和实际领域，能一起步行、习惯漫步街道的市民，才能反抗。很少人记得"人民和平集会的权利"在美国宪法第一修正案上是与出版、言论、宗教自由并列。出版、言论、宗教自由很容易辨认，人民和平集会的可能性经由都市设计、汽车文化等因素而被抹消则很难辨认并很少形成民权议题。但当公共空间被抹消，公众也就被抹消；个人不再是能与同胞一起体验、行动的公民。公民权是在"与陌生人有共同点"的意识上形成，民主亦是建立在对陌生人的信任上。而公共空间是我们与陌生人共享的空间。在集会时，公共空间变得真实而可触摸。洛杉矶曾发生许多暴动——

一九六五年的瓦茨骚乱和一九九二年的罗德尼·金起义，但很少发生抗议。洛杉矶太大、太分散了，除了几条重建的行人购物街道，它既不拥有象征空间亦不拥有行人集合空间。旧金山则像"西方的巴黎"，在其中央空间产生不少游行、抗议、示威等公众活动，不过，旧金山不是首都，因此它无法撼动全国及联邦政府。

巴黎是步行者的城市。巴黎是革命的城市。这两个事实经常被写得好像它们彼此无关，但其实很有关联。历史学家霍布斯邦曾思考"理想暴动城市"。他下结论："理想暴动城市应人口稠密、幅员不太大。基本上它应适于徒步旅行……在理想暴动城市，权威——富人、贵族、政府或地方行政官员——是与贫民混合在一起。"所有革命城市都是旧式城市：它们的石头和水泥浸润意义、历史、记忆，使城市成为戏院，在这戏院中每个行动都反映过去并塑造未来，并且权力在事物中心昭然可见。它们是行人城市，居民对自己的行动有信心、熟悉地理。巴黎符合这一切条件，因此它在一七八九、一八三〇、一八四八、一八七一和一九六八年都曾发生大暴动，近年曾发生许多抗议和罢工。

霍布斯邦针对奥斯曼的巴黎改造计划写道："不过，都市重建对潜在的暴动有另一种影响，盖崭新、宽阔的大道提供示威游行的理想场所，大道上的车轮痕迹愈条理分明，大道愈与周围环境隔开，就愈容易将示威游行变成仪式性的游行而非暴动的前奏。"就巴黎而言，纪念、象征、公共空间的繁多似乎使巴黎特别容易发生革命。也就是说，法国人是"游行队伍是军队""只要人民相信政府已倒台，政府就已倒台"的民族，而之所以如此，是因为巴黎人有个再现和真实彼此渗透的首都，因为巴黎人的想象太逗留于公共空间、公共议题、公共梦想。"我把我的欲望当作真实，因为我相信我欲望的真实"，一九六八年五月学生暴动时，巴黎大学一幅墙壁涂鸦这样写道。该次暴动掳掠了最重要的领域——国族想象，在国族想象和拉丁区和罢工地点上，他们几乎推翻了欧洲最强大的政府。"哥伦比亚大学暴动和巴黎大学暴动的差别在于曼哈顿的生活像从前一般继续，但在巴黎，社会的每个层面都在几天内乱了起来，"一九六八年巴黎学生暴动时在拉丁区街上的梅维斯·格兰特写道，"集体幻想是生活能突然改变。我始终觉得这是个光荣的欲望。"

大家都知道法国大革命是如何开始的。一七八九年七月十一日，路易十四解雇受欢迎的阁员雅克·内克尔，使喧嚣的首都更加混乱。巴黎人必定一直想象一次武装暴动，因六千名巴黎人自动集合攻陷巴黎伤兵院并没收那儿储藏的来复枪，然后继续攻陷河对岸的巴士底狱以获得更多军事供给，每年七月十四日全法国的游行和欢宴仍庆祝巴士底狱日。生活确实突然改变，而从长远来看，是好的改变。中世纪城堡监狱的解放象征性地结束了多个世纪以来的专制政治，但革命直到三个月后，市场妇女游行才真正开始。法国大革命的知识根源，部分在于由诸如托马斯·潘恩、卢梭及伏尔泰等启蒙哲学家所推动的自由和正义理想，但它也有身体根源。一七八八年夏天，一场灾难性的雹暴摧毁了法国许多农作物，一七八九年时人们感受到了影响。面包涨价，变得罕见，平民经常在早上四点就开始在面包店排队，希望买到当日面包，而贫民开始变成饥民。身体原因产生身体效应；法国大革命不只是意念的革命，也是身体在巴黎街道及广场舞台上被解放、挨饿、游行、舞蹈、暴动、被斩首的革命。诉诸身体的政治总会演变成革命,而当行动变成以演说为惯常形式时,则为政治。英国和法国从前已有饥民和税捐暴动,但尚未发生过像法国大革命这样结合对食物和对理想的渴望的暴动。

在巴士底狱被攻陷后的混乱日子,市场妇女和渔妇逐渐习惯于一起游行,而且他们在一起进行的宗教游行中必定感受到共同欲望和集体力量。至少一位本地人因"不同区的市场妇女、浣衣女、商人和工人,在八九月的每日游行中表现出的纪律、壮观和威严"而感到震惊,他们从圣雅克街走到新建的圣杰内芙耶芙教堂进行感恩礼拜。西蒙·沙玛指出在八月二十五的圣路易日,巴黎的市场妇女按传统去凡尔赛献花给皇后。她们赋予游行形式新内容:她们业已游行向教会和国家致敬,准备游行要求权利。

一七八九年十月五日上午,一个女孩带了一面鼓到巴黎中央市场,而在叛乱区圣安东尼,有位妇女强迫当地牧师敲教堂钟。鼓和钟招来一群人。数千名女人选择巴士底狱的英雄马亚尔,梅氏经常向其门人宣扬中庸之道)来领导她们。虽然主要由贫穷劳动妇女(渔妇、市场妇女、浣衣女、女门房)组成,这群人包括一些有钱的女人和诸如梅丽古尔等著名革命分子。妓女和穿得像女人的男人在当代游行叙述中居重要位置,但妓女和穿得像女人的男人似乎一直是游行的要角,因为许多人相信"体面的"女人不会进行此种叛乱。女人坚持走过杜伊勒里花园,而当一位卫兵向带领的女人挥剑时,梅拉挺身相救——但"她用扫帚挡开男人的剑"。她们继续唱:"面包和到凡尔赛!"那天傍晚,美国革命英雄拉法耶特侯爵领导一约有两万名兵士的后备军队来支持这些女性。

傍晚他们抵达凡尔赛的国家议会,要求政府处理食物短缺,一些妇女被带到国王面前请愿。午夜前群众来到凡尔赛宫门口；清晨群众入内。这是血淋淋的抵达——在一名卫兵射杀一名少女后，群众斩两名卫兵的头并冲到王宫寻找玛丽·安托瓦内特皇后。那天，受惊的王室被迫与高声欢呼、精疲力竭、胜利的群众一起回到巴黎。在长长的游行队伍——拉法叶估计有六万人——的前端是被携带月桂树枝的女人围绕的马车中的王室，后面是护送装有小麦和面粉的马车后备军队。一位史家写道，在游行队伍的后面走着更多女人，"她们的树枝在长矛和步枪中给人'活动森林'的印象。雨仍在下，路上的泥积得很深，然而他们看来很满足，甚至欢悦"。他们向过路人大喊："贝克、贝克的妻子和贝克的小男孩来了。"王在巴黎和王在凡尔赛是非常不同的存在。在巴黎，法国君主政体衰退，他成为君主立宪政体的君主，然后成为一位阶下囚，几年内随着革命向下直转成党争和大屠杀而成为断头台的牺牲者。

历史常被描述为仿佛历史完全由封闭空间内的商议和开放空间内的战争组成。法国大革命的早期事件——国家议会的诞生和攻陷巴士底狱——符合此描述。然而市场妇女以平民的身份塑造了历史。在前往凡尔赛的途中，她们克服了过去的负累，而未来的创伤尚未被预见。十月五日这一天，世界和她们在一起，她们无所惧，军队跟随她们，她们不是历史磨坊的磨粉用谷物而是研磨者。跟各处的游行者一样，她们展现了集体的力量，她们以游行者的身份开启革命。她们携带树枝和步枪——步枪在真实领域中运作，树枝在象征领域中运作。

此类宗教庆典、公共广场上的大集合和大游行交杂在一起的现象，在法国大革命两百周年纪念日再现。但在整个欧洲，政府已失去对暴力镇压的爱好或信心。暴力已成为很少被利用的工具，人权已建得相当稳固，而媒体已使世界上的事件在观众面前曝光。美国民权运动已显现它在西方的有效性，而和平运动和非暴力策略已成为公民反抗的全球语言。诚如霍布斯邦所指出，步行大道已大致取代市区暴动。在整个东欧，叛乱分子阐明非暴力是其意识形态的一部分。波兰的革命按非暴为许多外部政治压力和内部政治协商，产生一九八九年六月四日的自由选举——而所有革命都受惠于戈尔巴乔夫对苏联的解武。但是在匈牙利、东德和捷克，历史在街道上被塑造，且它们的古老城市悦纳公共集会。

提莫西·加顿·艾什指出，三十一年后为纳吉·伊姆雷举行的葬礼引发了匈牙利的革命。伊姆雷因参与一九五六年叛乱而被处死。六月十六日，两万人聚集游行。在恢复历史与声音的兴奋中，异议分子加快努力，因此在十月二十三日，新匈牙利共和国诞生。东德是下一个闹革命的国家。政府先采取镇压手段——学生和工人仅因在东柏林动乱区附近即被捕：连步行都成为犯罪。这就如同在动乱时期或在独裁政权下，常有的宵禁及禁止集会。但莱比锡的圣尼古拉教堂长久以来举行星期一傍晚的"为和平祈祷"，接着到邻近的卡尔马克思广场示威，参加示威游行的人不断增加。十月二日，一万五到两万人在教堂旁广场集会，进行东德自一九五三年以来最大的自发性示威。十月三十日那一天，有近五十万人游行。"自那时起，"艾什写道，"人民行动而党反应。"十一月四日，一百万人带着旗帜和海报在东柏林的亚历山大广场集合，十一月九日柏林围墙倒塌。那儿的一位朋友告诉我，柏林围墙之所以倒塌，是因为许多人在错误报道指出柏林围墙已倒塌时决定弄假为真——卫兵失去勇气，让他们动手。因为许多人决定让事情发生，因此事情发生。再一次，人民用脚写历史。

捷克的"丝绒革命"是东欧所有革命中最不可思议，也是最终的。罗马尼亚的圣诞节暴动则完全是另一回事。一九八九年一月，剧作家哈维尔由于参加学生逝世二十周年纪念而被监禁（该学生在抗议政府镇压一九六八年"布拉格之春"革命时，在布拉格中心文赛拉斯广场自焚而死）。一九八九年十一月十七日是另一个在纳粹占领捷克时被纳粹所杀的捷克学生烈士的逝世纪念日，而此纪念游行比一月的游行盛大、大胆许多。群众从查尔斯大学出发，而当警察在黄昏抵达时，他们点燃蜡烛、摆上闲话，继续走过街道、反复高喊反政府口号——过去再次成为讨论现在的凭借。在文赛拉斯广场，警察包围游行者并开始打人。游行者逃窜到旁边的街道，在那里一些人溜走或被带到附近的房屋，但许多人受伤。关于一学生死亡的错误报道激怒了全国。之后在文赛拉斯广场又有成百上千人参加的游行、罢工和集会。在魔灯剧院，刚被释放的哈维尔将所有反对团体集结成一股政治力量以使权力被带到街上（捷克反对派被称为"公民论坛"，而斯洛伐克反对派被称为"反暴力公众"）。

捷克人开始在公共场所活动，每日在文赛拉斯广场集合并沿邻接的那洛德尼大道前进，从其他参与者获得消息，制造和阅读海报与标语，制造花和蜡烛——将街道收复成公众决定的公共空间。一位新闻记者报告说："布拉格好像被催眠，跌入梦幻之境。它一向是欧洲最美丽的城市之一，但有二十年，悲伤之云笼罩哥德式和巴洛克式尖塔。现在它消失了。群众平静、有信心且有礼。每天，人们在下午四点集合，循序进入文赛拉斯广场……城市充满了色彩：海报被贴在每一吋墙、商店橱窗和闲置空间。游行过后，群众唱国歌。"四天后，捷克两位最著名的异议分子——哈维尔和一九六八年英雄亚历山大·杜布切克——出现在广场上方的阳台上，后者是在被迫沉默二十一年后首次公开露面。杜布切克这次说："政府告诉我们街道不是解决事情的地方，但我却说是。街道的声音必须被听见。"

由纪念一位学生开始的革命，因赞美一位圣者而达到高潮。波布米亚的圣安妮，神圣的文赛拉斯广场的曾孙女，几周前被封为圣徒。布拉格的总主教、反对运动的支持者，在杜布切克再出现后几日，在雪中为数十万人举行了一场户外弥撒。跟匈牙利人一样，捷克人已借纪念过往的英雄与烈士而获得未来，在十二月十日产生了新政府。丝绒革命时在捷克的年轻美国地理学者迈克·库克拉尔写道："大型街头示威的日子在十一月二十七日后结束，革命的性格因此改观。翌晨醒来我并未发现自己变成一只大虫，但我知道我可能再也无法体验到过去十日的动力、冲动与兴奋时，确实感觉悲哀。"

一九八九年是"广场年"——亚历山大广场、卡尔马克思广场、文赛拉斯广场，也是人民重新发现广场人民力量的一年。但许多其他抗争存在于捷克的"丝绒革命"和血腥镇压之间，且一九八〇年代是政治行动主义的十年：在哈萨克、英国、德国、美国的反核运动中，在中美洲反对美国干预的无数游行中，在全世界学生催促他们的大学抛弃南非并协助推翻那里的白人政权中，在日增的同性恋者游行及二十世纪八十年代末的艾滋感染者权益争取中，在出现于菲律宾及许多其他国家街道的民粹运动中。

还有一场几年前的造反也是以广场为舞台。五月广场母亲在警察局和政府办公室不断追问被一九七六年掌权的军政府官员绑架的孩子们的下落，从此开始马约广场母亲们的传奇。玛格丽特·古兹曼·波瓦写道："秘密是军政府肮脏战争的标志……在阿根廷，绑架神不知鬼不觉地进行，因此，恐怖事实始终是秘密，连被绑架者的家人也不得其解。"身为受很少教育、没有政治经验的家庭主妇，马约广场的母亲们逐渐了解她们必须让秘密公开，且她们不顾自身安全地追求目标。一九七七年四月三十日，十四名妇女前往位于布宜诺斯艾利斯中央的马约广场。马约广场是一八一〇年宣布阿根廷独立的地方，也是贝隆民粹主义的演讲地。一位警察大喊，坐在马约广场相当于举行非法集会，因此女人开始绕着广场中央的方尖石塔走。

一位法国人写道，在二十世纪八十年代的马约广场，将领们输了他们的第一场战争，而母亲们找到她们的身份。是马约广场赋予她们姓名，她们每星期五在马约广场的行走使她们成名。"许久之后，"波瓦写道，"她们将她们的行走描写为游行，而非步行，因为她们觉得她们是走往一个目标而非只是无目的地绕圈。一个个星期过去了，绕着广场行走的女人的数目增加，警察开始注意。许多警察抵达，记下名字，强迫女人离开。"尽管被狗、棍棒攻击，被逮捕、审问，她们不断回到马约广场游行许多年之后，以致马约广场游行成为仪式、历史，马约广场之名广为世人所知。她们带着孩子的照片、佩着绣有失踪孩子的照片和失踪日期的手帕游行。后来手帕改绣："让孩子活着回来。"

"她们告诉我，游行时她们觉得和孩子非常亲近。"和女人一起行走的诗人玛乔里·亚葛辛写道。"事实是，在广场这个遗忘不被允许的地方，记忆恢复其意义。"有许多年，这些以步行治疗创伤的女人是最公开的反对派。一九八〇年，她们创造了全国性的母亲网络；一九八一年，她们开始了第一次每年的庆祝人权日二十四小时游行和宗教游行。此时母亲们在游行中不再孤独；广场挤满了来采访中年妇女为反抗独裁政权而行走的奇特现象的外国记者。当军政府在一九八三年倒台，母亲们在新当选的总统就职典礼上被奉为嘉宾，但她们继续每周在马约广场方尖石塔周围的逆时钟行走，从前害怕的人如今加入她们。她们每星期四仍绕方尖石塔逆时钟行走。

测量抗议的有效性有许多方式，譬如，对公众、对政府的冲击。但常被遗忘的是抗议对抗议者的冲击——抗议者突然成为公共空间里的公众，不再是观众而是力量。我曾在波斯湾战事头几个星期尝过这种公共生活的滋味。一九九一年一月在美国发生许多大型抗议——包围宾州独立厅、在白宫对面的拉法叶公园聚集、占据华盛顿州和德州议会、关闭布鲁克林桥、以海报和示威覆盖西雅图、在南方举行大型示威。在旧金山也有一场持续数星期的大型示威。我不是要说我们有马约广场母亲们的勇气或布拉格人民的影响力，我只是说我们也在公共场所生活了一阵子。波斯湾战事的整个策略——它的速度、庞大的禁运措施、对高科技武器的倚赖、非常有限的地面作战——是借限制讯息及美国死伤人数来压制美国人民的反对，这暗示抗议和舆论是波斯湾战争意图压制的强大力量。

243

我们走入街道，城市的空间遂被改变。在第一批炸弹丢下前，人们开始集会、一起行走、以街上的老圣诞树制造篝火、组织仪式和集会、在墙上张贴海报及有关战事意义的评论。这里的许多示威（就像在别处的示威一样）本能地朝向交通要道——桥、公路，或权力点——联邦大楼、证券交易所，并将其关闭。从一月到二月，几乎每天都有示威。旧金山被重塑为市中心不属于商业或汽车而属于行人的地方。街道不再是家庭、学校、办公室、商店的前厅，而是庞大的圆形剧场。从街道中央看去，天空更宽，商店橱窗是透明的。

战事开始前的星期六傍晚，我抛弃我的汽车，走进自动结合的喧嚣游行。我在战事爆发前一天与其他几千人一起走在抗议队伍中。战事爆发那天下午，我再度与许多人一起走过黑暗及我们自己的恐惧到联邦大楼。翌晨，我与一群激进分子封锁一零一号公路，直到公路警察开始驱逐并打断一人的腿，后来我又与其他二三十人走进金融和商业区。战争爆发后那个周末，我与其他二十万人一起用旗帜和标语牌、木偶和吟诵抗议战争。有好几个星期，我的生活似乎是经过变形城市的不断游行。私人忧虑和个人恐惧在当时的喧嚣气氛里消失。街道是我们的街道，我们的担忧是别人担忧。有关使用核武的耳语和以色列可能卷入战争的说法。对远方发生之事的恐惧和我们内在的反抗力量产生特别情绪。除了最激情的爱和最受哀悼的死之外，我从未感受到像波斯湾战争给我那样强烈的情绪。这场战争造成许多死亡，在战争的毒物效应开始显现前，美国人的死亡很少。

战争第一天下午，我在一场警方扫荡里被捕，戴着手铐坐在巴士里，望着窗外，接着与警察一起倾听一位被捕新闻记者的短波收音机报道战争。以色列正遭飞弹射击，广播说台拉维夫的居民在密封的房间内戴着防毒面具。"市民看不见世界，看不见彼此的脸，甚至失去说话能力"的战争形象震撼了我。大部分美国人也好不到哪里去，在重复播放同样影片的电视前无声。借着在街上生活，我们拒绝消费游行的意义，而在我们的街上、我们的心里制造自己的意义。

在那些与人一起走过街道的时刻，产生心灵相通、彼此与共的可能性——或许有些人在教会、军队、体育队伍里找到它，但宗教信仰并非人人都有，而军队和体育队伍是受较不高尚的梦推动。在游行时，仿佛个人身份的小水坑已被大水淹没，小水坑完全为大水的集体欲望与憎恨注满，以致人不再能感受到恐惧或看到自我的倒影，只是随那大水浮沉。这些当个人发现分享其梦想的其他人、恐惧被理想主义或愤怒所淹没、人感到力量的时刻，是他们变成英雄的时刻——受理想推动、为我们说话、有力量求善的人当然是英雄。总是感受到它的人可能成为狂热者，但从未感受到它的人未免有心肠冷硬之嫌。游行的每个人都成为梦想者，每个人都成为英雄。

革命和暴动的历史充满陌生人间好意和信任的故事、彰显不凡勇气的事件、超越日常生活琐碎关切的故事。在《一七三九》这本革命小说里，雨果写道："人们生活在公共场所，他们在门外的餐桌边吃饭；女人坐在教堂的阶梯上边唱马赛曲边制造绷带用的麻布。蒙索克斯公园和卢梭堡花园是游行场地……每件事都很可怕但无人受惊……每人都很忙——这世界在疾转中。"在西班牙内战初期，乔治·奥威尔如此写道巴塞罗那的转变："到处都是革命招贴、从墙上冒出鲜明红、蓝，使其他广告看来像泥巴。在人潮川流不息

245

的中央大街蓝布拉斯街，扩音器整日整夜咆哮革命歌曲……在这一切之上的是对革命和未来的信仰，突然进入平等与自由时代的感觉。"套用情境主义者的话，在公共生活、公共议题中似乎有暴动的情境，这可从游行仪式、陌生人和墙的喋喋不休、街道和广场上的人潮、潜在的自由的醉人气氛看出。"革命时刻是个人生活欢庆其与重生的社会合一的嘉年华会。"情境主义者鲁尔·瓦纳格姆拉写道。

但无人永远是英雄。革命总会退潮。革命是我们看新可能性和照亮旧体制的黑暗的闪电。人们为绝对的自由而起义。有时他们会推翻一位独裁者，但其他独裁者会出现并带来其他威吓、奴役人民的方式。有时人民争取到投票权、食物和正义会变满足，但正常交通会回归街道、海报会消失、革命分子会回去当家庭主妇、学生或垃圾收集员，而心会再变得私密。联盟节日在巴士底狱被攻陷的第一周年产生，它是个混合舞蹈、参观、游行、欢笑的国家节庆，巴黎各阶级自动参与布置战神广场的工作，是整个节庆最令人振奋的部分。一年后的一七九一年七月十二日，有一纪念伏尔泰的军事游行，先是凶恶，然后欢欣参与历史的人再成为观众。

"反抗是欢欣的秘密。"一个来自"取回街道"组织的人在伯明翰一条街道的中央交给我的一本小册子上这样说。一九九五年五月"取回街道"成立于伦敦，其宣言指出："如果说私人化空间和全球化经济正使我们与彼此、与地方文化疏离，那么，取回公共空间做公共生活和庆典之用，就是抗拒私人化空间和全球化经济的一种方式。反抗——在街道中央和别人一起快乐地反抗——不再是达到目的的手段。反抗本身就是胜利。"革命既被想象成如此，革命和庆典间的差异遂变得更不明显，因庆典本身即带有革命性。三年后，伯明翰的"取回街道"派对被用来当作对该周末八国高峰会的反制，在此次会议中来自世界超级经济强权的领袖在不顾念人民或贫穷国家的情形下决定世界的未来。数十万人在"基督徒援助"组织的召集下绕着市中心游行。"取回街道"不是请求，而是取其所需。

　　当号手吹响小号，数千名来参加全球街头派对的人从巴士站涌到伯明翰大街。人们很快竖立电线杆、挂旗帜。一面约六十英尺长的旗帜写着"在柏油与碎石路下"。这句话来自一九六八年五月巴黎学生暴动。另一面旗帜写着"阻挡汽车和解放城市"。一旦人进入，前进的伟大精神消退成年轻人的派对——跳舞、混合、在炽热下脱衣，与卡斯特罗街上的万圣节没什么不同，除了这是非法的。一位"取回街道"分子后来告诉我，这不是他们最棒的街头派对，既无法与他们和罢工的利物浦码头工人一起的三天街头派对相比，也无法与对伦敦附近一新公路的咆哮式抗议相比，更不能和"取回街道"副组织"行人革命前线"在阿尔法·罗密欧促销会上的恶作剧或对特拉法加广场的占领相比。或许别的地方——安卡拉、柏林、波哥大、都柏林、伊斯坦布尔、马德里、布拉格、西雅图、图灵、温哥华、萨格勒布——举行的街头派对能符合"取回街道"出版物的光荣词汇。虽然"取回街道"可能尚未达成目标，但它已为街头行动设立新目标——如今每个游行、每个示威游行、每个节庆，都能被视为对疏离的克服，对城市空间、公共空间和公共生活的取回。

入夜后的步行：女人、性与公共空间

一八七〇年，年方十九岁的卡罗琳·威伯与英国查塔姆的一位海军士兵一起出去走。步行长期以来是求爱的一部分。步行是自由的，它给情侣半私密空间求爱。无论在公园、广场、林荫大道或小路——如情人巷等地都是情侣的私密空间。或许，就像一起游行肯定产生团结一样，一起散步在情感和身体上连接了两颗心；或许因为一起走过夜晚、街道、世界，他们初次觉得自己是情侣。一起散步让他们得以沐浴于彼此的存在，既不需不断谈话也不需做紧要的事以致妨碍了谈话。而在英国，"一起出去走走"一词有时意指与性有关的事，更常意指一个稳定的关系已被建立，类似现代美国词汇进展顺利。在乔伊斯小说《死者》里，刚发现妻子在年轻时有追求者的丈夫问妻子她是否爱那已经死去的男孩，她回答："我过去常和他一起出去走走。"

年方十九的卡罗琳·威伯被看到与她的士兵一起走，为此，她某个深夜被警察拉下床。那时的《传染病防治法》让兵营城里的警察拥有逮捕任何一位他们怀疑是妓女的人的权力。在不当时间或地点行走能置女人于被怀疑之境，而法律准许任何被如此怀疑的女人被逮捕。如果被捕女人拒绝接受身体检查，会被判数月徒刑；但痛苦而羞辱的身体检查也是惩罚；如果她发现被感染，则会被关入医疗所。总之，她无法全身而退。威伯靠洗门前的石阶和地下室养活自己和母亲，害怕失去收入的母亲试着说服女儿接受身体检查。她拒绝，因此警察将她绑在床边四日之久。第五日，她同意被检查，但穿着紧身衣、腿被绑着带到诊疗室后，推入诊察榻，被一助手压制后，她又不愿意了。她挣扎、以绑着的脚轧榻，因此弄伤自己。但医生笑，因他的检查器具已奸污她，血从她下体流出。"你没说谎，"他说，"你不是个坏女孩。"

士兵既未被逮捕、检查，亦未被拉入法律体系，男人步行街道似乎不必像女人那样付出惨重的代价。女人则经常因为步行而被惩罚、威吓，因为她们的步行在关注控制女人的性的社会中被视为富于性意味。在我追索的步行历史中，主要人物——无论逍遥派哲学家、闲逛者还是登山家——一直是男性。是时候检视为何女人不出去步行了。

"生为女人是我最大的悲剧。"西尔维娅·普拉斯十九岁时在日记中写道。"是的，我与路工、水手、军人、酒吧客混合的欲望——成为场景的一部分、匿名、倾听、记录——都被我是个总处在被攻击、被殴打危险中的女人的事实所破坏。我对男人和他们生活的兴趣常被误认为引诱他们的欲望。是的，上帝，我想和每个人说话。我希望能睡在空地上、到西部旅行、在夜晚自由行走。"普拉斯似乎正因为无法探究男人而对男人感兴趣。散步有三个先决条件：人必须有休闲时间、可去的地方、不被疾病或社会限制所阻碍的身体。

休闲时间固然不少，但多数公共场所多不欢迎女人也对女人不安全。法律、社会习俗、隐藏在性骚扰中的威胁、强暴都限制女人随心所欲行走的能力。女人的衣饰——高跟鞋、紧或脆弱的鞋子、紧身衣和束腹、非常满或窄的裙子、易被破坏的纤维、模糊视线的面纱——是妨碍女人的社会习俗的一部分。

女人在公共场合的存在经常受到污蔑。英文中有不少情色化女人步行的字和词汇。违反性规范的女人能被说成在闲荡、慢逛、闲逛、漫步——以上种种词汇都暗示女人的旅行带有性意味。要是有个妇女团体称自己是星期日流浪者——即莱斯利·史蒂芬男性朋友团体的自称，这名字暗示的不是她们在星期日散步，而是她们在星期日从事猥亵之事。无疑女人的步行常被解释为表演，意思是女人步行不是为看而是为了被看，不是为自身而是为男观众的经验，意指她们步行是为了赢得注意。关于女人如何步行的书有很多，有出自以情色眼光者——从十七世纪"脚在内衣底下如小老鼠般溜进溜出"到玛丽莲·梦露的扭动——也有教导正确步行方式者。至于女人走到哪里去则被较少书写。

其他范畴的人也有行动受限的情况，但基于种族、阶级、宗教、族裔、性倾向的限制，相对于女人所受的限制显得局部、零星，过去数千年女人所受的限制在世界多数地区塑造了男女两性的身份。对这些事态有生理和心理解释，但社会和政治环境是最相关的。我们能回溯多远？在中亚细亚约公元前十七到十一世纪，女人被分成两个范畴。法律规定，出门上街的妇女和寡妇必须将头覆盖；妓女和女奴则必不可将头覆盖。违法戴面纱的女人会被打五十大板或泼沥青。历史学家格达·勒纳评论道："家庭主妇在中亚细亚被定义

251

为戴着面纱的'体面'女人；不在男人的保护和性控制下的女人则被定义为不戴面纱的'妓女'……历史上，这种赤裸裸的强迫性歧视屡见不鲜，大量的歧视性规定将'名誉不好的女人'归置到标有醒目特殊标志的区域或房子里，或者强迫她们在相关部门登记并随身携带身份证。"当然，"体面的"女人也受管理，但与其说是受法律规范管理，还不如说是受社会规范管理。中亚细亚的法律规范了许多事，此法律对世界的规范似乎自公元前十七世纪以来一直主导世界。它使女人的性成为公共事务。它将抛头露面与性放荡等同，且它要求物质障碍使女人难被过路人接近。它以性行为为基础将女人分成两个阶级，但准许男人接近两个阶级。体面阶级的会员资格以"大门不出、二门不迈"为代价而产生；有空间与性自由阶级的会员资格来自牺牲社会名望。无论如何，法律使成为可敬的公共女性人物几乎不可能，且自公元前十七世纪以来，女人的性一直是公共事务。

荷马的奥德赛周游世界并到处乱搞男女关系。奥德赛的妻子佩妮洛普回绝追求者、忠诚地待在家。旅行自奥德赛的时代以来一直是男人的特权，而女人则常常是目的地、奖品，或家的守候者。在公元前五世纪的希腊，男女不同角色被定义成男主外（公领域）、女主内（私领域）。理查德·桑内特写道："雅典女人由于生理缺陷而局限于家。"他引用伯利克里对雅典妇女的忠告——"女人的最大光荣是很少被男人谈论，无论是赞美还是批评"，以及色诺芬对妇女的忠告——"你的本分是待在室内"。古希腊的女人住得离被赞美的公共空间和城市的公共生活很远。从古到今，女人大体待在家，不只由于法律，而且由于习俗和恐惧。就操控女人而言，常见理论是男人一旦获得财产的拥有权与控制权之后，为了要让财产能正确无误地移转到自己子女的手中，一定得控制女人的性不可。还记得笔者在第三章中讨论的解剖、演化学者欧文·勒夫乔伊吗？勒氏企图以"女人的忠贞早在我们成为人以前就对人很重要"的理论将男尊女卑的社会秩序自然化。但一优势性别的诞生牵涉到许多其他的相关因素，包括操控、定义常被视为混乱、危险、不洁的女性性欲等等。

建筑史学家马克·威金斯写道："在希腊思想里，女人缺乏男人拥有那种内在自控。此类自控是安全界线的维持。这些内在界线……不能被女人所维持，因为她流体的性不断地淹没、瓦解它们。此外，她不断地瓦解别人（即男人）的界线……可以说，建筑的角色就是对性的控制，或者更精确地说，对女性的性、女孩的贞洁、妻子的忠诚的控制……房子保护孩子免于暴风雨的侵袭，但房子的主要角色是借使女人无法接近别的男人，来保护父亲的家族地位。"如此，女人的性经由对公私空间的管理而被控。为使女人只为丈夫所享有，她的整个生命必须局限于家庭的私密空间。

妓女比其他任何女人都受到更多的管理，仿佛她们已经逃避的社会规范转而以法律形式来纠缠她们。（当然，妓女的顾客们几乎从未受到任何形式的管理——不管是法律惩罚还是社会谴责：想想前文提到的瓦尔特·本雅明和安德烈·布勒东，他们书写与妓女的关系，却不害怕失去他们作为公共知识分子或可结婚的男人的地位。整个十九世纪，许多欧洲政府企图借限制卖淫环境来管理卖淫，而此常常成为对步行环境的限制。十九世纪女人常被描述为太脆弱、纯洁、禁不起都市生活的污染，如果没有特别目的最好不要外出。因此女人借购物合理化步行，而商店长久以来提供安全的半公开漫步环境。关于为何女人无法作为闲逛者的一个解释是，无论作为商品或消费者，女人都无法脱离城市生活的商业。一旦商店关门，女人的漫游机会就消失。这对女工是最残酷的，对女工而言晚上是她们唯一的休闲时间。在德国，警察迫害夜晚单独在外的女人，一位柏林医生评论道："在街上散步的年轻男人只认为好名誉的女人不会让自己在夜晚被看见。"抛头露面和独立仍能被等同，就像抛头露面在三千年前就等同于性放荡一样；女人的性仍借地理及时间位置被定义。想想多萝西·华兹华斯和她虚构的妹妹伊丽莎白·班纳特因为散步乡间而受责难，或伊迪斯·华顿《欢乐之家》中的纽约女主角由于单独走进一个男人家喝杯茶而损害了自己的社会地位，并由于被看到在夜晚离开另一个男人家而地位全毁。法律控制"名誉不好的女人"，"体面女人"则经常彼此监督。

十九世纪七十年代左右，在法国、比利时、德国、意大利，妓女只被允许在某些时间拉客。法国对卖淫的管理尤其严格；卖淫必须领有执照，发照和禁止未领有执照的性商业让警察得以控制女人。任何女人只要出现在与性产业有关的时间、地点就会被逮捕，而妓女会因为出现在任何时间、地点而被逮捕——女人被分成日间和夜间人。一位妓女因在上午九点于雷阿勒区购物而被逮捕，并被控跟男人（商店老板）说话的罪名，且在执照上注明失职。那时，风纪警察能够以任何罪名逮捕工人阶级女性，且他们有时会在林荫大道上逮捕女行人以充业绩。起先，看女人被逮捕是项男人娱乐，但到一八七六年时，滥捕变得相当严重，以致闲荡者有时试图干预而导致自己被逮捕。被逮捕的贫穷的年轻未婚女人很少被认为无罪；许多被监禁在圣拉萨尔监狱的高墙后，在那里她们生活在可怕的环境中，饥寒、肮脏、工作过度且被禁止讲话。她们在同意当妓女时被释放，而从领有执照的妓院逃走的女人，则被给予"回到妓院或被送到圣拉萨尔监狱"的选择——因此，女人是被迫卖淫而非被救出火坑。许多人自杀而非面对逮捕。伟大妓权斗士约瑟芬·巴特勒在十九世纪七十年代访问圣拉萨尔监狱："我问监狱的人犯的是何罪，他们告诉我是步行街道罪！"

巴特勒这位成长于进步分子间受过良好教育的上流阶级女人，是十九世纪六十年代通过的英国传染病法的最有力反对者。身为一位虔诚的基督教徒，她反对传染病法，因为它使国家有管理卖淫的权力，因为它实施双重标准。女人会因被怀疑是妓女而被监禁或受检查，发现携带性病的女人被监禁，而男人则继续散播性病。通过传染病法以保护军人的健康——军人得性病的几率比一般大众高很多；这法律似乎是植基于"男人的健康、自由、民权对国家的价值高于女人的健康、自由、民权对国家的价值"这一认知。许多人的遭遇比卡罗琳·威伯更惨，且至少一个女人——一个三个孩子的寡母——被迫自杀。出去走走已成为性活动的证据，而女人的性活动已被污名化。虽然美国的法律还算公正，但类似的状况有时会发生。一八九五年，一位名叫利兹·肖尔的纽约年轻女工因妓女罪被逮捕，因为她夜晚单独外出且停下来向两位男人问路。虽然她事实上是在去她位于下东城姨母家的途中，行为和时间被解释为她在拉客。直到身体检查证明她是个"好女孩"，才被释放。要是她不是处女，很可能被视为独自拉客和在夜晚独行二罪。

虽然保护体面女人免于罪恶长久以来是国家管理起诉卖淫的理由，体面的巴特勒承担起保护女人免于国家迫害的艰巨任务，为此她被暴民追击。一次暴民抓住她，她被殴打且被涂上粪便，她的头发和衣服被扯；另一次，她在逃避暴民途中遇见的一位妓女，带领她穿过一片后街和空仓库而至安全之地。她进入政治对话的公领域，挑战男人的性行为，因为她被一名议员谴责为"比妓女还坏"。当一九〇六年她病重卧床时，许多女人正进入公领域并遭遇相同待遇。英美妇女争取投票权运动在几十年默默无效的努力后，在二十世纪的头几十年变得激烈，有许多游行、示威和公共集会。这些示威游行遭遇暴力——英国警察、美国军人群众的暴力。工会活动分子、不信仰国教者等人从前曾遭遇暴力，但发生在妇女参政权论者身上的一些事相当独特。在英国，旧时法律将女性的公共集会判定为有罪，而赋予所有公民和政府请愿的权利的现行法律又遭侵犯。在英美，因实践置身公共场所、在公共场所说话权利而被逮捕的女人绝食示威、要求自己被视为政治犯。政府的强行喂食措施——将女人束缚起来，插胃管强行灌食——成为新式体制强暴。企图借步行于街道而参与公共生活的女人再次被监禁，并发现自己的身体被国家侵犯。

但女人赢得投票权，近几十年来，公共空间和身体间的决斗不是介于女人与政府间，而是介于女人与男人间。女性主义已大致达成室内——家庭、工作场所、学校、政治体系内——互动改革。但为社会、政治、实际、文化目的而接近公共空间是日常生活很重要的一部分，而女人却因害怕暴力和骚扰不敢接近公共空间。

诚如一位女性主义学者所说："女人经历的骚扰证明了女人不会觉得安心，女人会记得自己作为男人性玩物的角色。性骚扰提醒我们，女人尚未与男人平等、无法自由地参与公共生活、自在地追求自己的目标。"男女两性都可能因为经济原因而受攻击，男女两性都可能成为城市暴力的受害者。但女人是性暴力的主要目标——她们在郊区、农村和都市遭遇来自各种年龄、挑衅的叙述、评论、睨视和威吓中。对强暴的恐惧置许多女人于室内、倚赖物质屏障而非自己的意志来保护自己。据一份民意调查指出，三分之二的美国女人害怕夜晚独行于自己的小区；另一份民意调查显示，约一半的英国女人害怕夜晚独自外出，百分之四十"非常担心"被强暴。

跟卡罗琳·威伯和西尔维娅·普拉斯一样，我在十九岁时初次感受到缺乏自由的力量。我成长于郊区和乡下交界的地方，可以自由地进城或上山，十七岁时我逃到巴黎，有时在街上抓住我的巴黎男人似乎只是可厌而非可怕。十九岁时，我迁至旧金山的贫穷小区，那里的街道生活比同性恋小区少，我发现那里的夜晚相当危险。我害怕的不只是贫穷小区和空间。譬如，我某个下午在渔人码头附近被一个对我进行口头性挑逗、衣着光鲜的男士跟踪；当我转身要他走开，他被我的"不敬"吓坏，告诉我无权那样跟他说话，并威胁要杀我。他认真地拿死亡威胁我，仅这一点使这件事显得特殊。我心痛地发现我没有户外生命权、自由权、追求快乐权，这世界充满只因我是女人就恨我、伤害我的陌生人。性很容易成为暴力，很多人认为性暴力是私人问题。我被劝告夜晚待在室内、穿宽大的裤子、把头发遮起来或剪短、设法看起来像男人、迁至较昂贵的地方居住、搭出租车、买车、成群行动，找个男人护卫我——这一切都仿佛希腊高墙和小亚细亚面纱的现代版，这一切都使我必须控制自己和男人的行为，而非期待社会保障我的自由。我明白许多女人已被动成功地社会化到了解她们的位置，以致她们已选择较保守的群居生活。独行的欲望已在她们体内消失——但它未在我体内消失。

　　不断的威胁和可怕的事件改变了我。但是，我仍在我原来的地方，变得较擅长处理街上的危险，并随着变老而较少成为目标。今日我与行人的互动几乎都是文明的，且有些是非常快乐的。我认为，年轻女人之所以受到性骚扰，不是因为她们较美丽，而是因为她们较不确定自己的权利和界线。虽然这种表现为天真和胆小的不确定常是被视为美丽的一部分。一个人年轻时所受的骚扰使其一生都有所警惕——即便是时过境迁之后。社会学者琼·拉金邀集一群加拿大青少年记录他们在公共场所所受的性骚扰，发现他们的记录并不完全，因为正如某人所说："如果我写下发生在街上的每件小事，会花太多时间。"在遇到许多掠夺者后，我学会像受害者那样思考，尽管恐惧在我日常生活中扮演的角色比我二十多岁时小多了。

　　女权运动常常产生自追求种族正义的运动。在纽约州塞内卡瀑布举行的第一届妇女大会，是由废奴论者伊丽莎白·凯迪·斯坦顿和卢克丽塔·莫特组织——她们曾参加伦敦的世界反奴隶大会，却发现由男人主导的大会不设女性代表席位。一位历史学家写道："斯坦顿和莫特逐渐看出她们受限的地位和奴隶地位间的类似性。"约瑟芬·巴特勒和英国妇女参政权领导者艾米琳·潘克赫斯特亦来自废奴论者，近年一些最富创意且重要的女性主义者是讨论种族和性别的黑种女人——贝尔·胡克斯、米歇尔·华莱士、琼·乔登。

当我书写纽约的同性恋诗人，我略去出生于哈莱姆区的詹姆斯·鲍德温，因为对他而言，曼哈顿不是他能沉醉其中的实验室。曼哈顿对他构成威胁，无论那威胁是要他待在上城的公立图书馆旁的警察，或是试图征募他在第五大道上拉皮条的人，还是他小区里试图掌握他行踪的人。他以黑人而非同性恋者的身份书写漫步城市，尽管他是黑人也是同性恋者；他的种族限制他的漫游，直到他搬到巴黎。今日黑人的处境与一个世纪前工人阶级女性的处境相同：被视为罪犯，因此法律常干预他们的行动自由。一九八三年，非洲裔美国人爱德华·劳森挑战"要求在街上漫步的人提供可信证明，并在受治安官要求时解释他们存在"的加州法令，最后在最高法院获胜。《纽约时报》指出，劳森"喜欢步行且常在夜间在住宅区被警察拦住"，在这种步行被定为犯法的情况下，因为拒绝提供身份证明而被逮捕十五次。他是个勇敢强壮的人，过去常到我去的一家夜总会跳舞。

但在公共空间，种族歧视常比性别歧视容易认出且较易成为议题。二十世纪八十年代末，两名年轻黑人死于"在不当时间置身不当场所"。迈克·格里菲斯在霍华海滩被一群凶恶的白种人追击，跑进车流，结果被碾死。尤塞夫·霍金斯在另一个白人皇后区班森赫斯特小区由于身为黑人而被棒打至死。这两件事引起很大的义愤；人们正确地了解到这两位年轻人的民权在他们因步行街道而被攻击时遭到剥夺。格里菲斯和霍金斯死在皇后区后不久，来自曼哈顿的一大群十几岁少年在夜晚进入中央公园，发现一名白种女人在慢跑。

她遭到轮奸，被刀、石、水管攻击，她的头骨破裂，失血过多。她活了下来，却落下残疾。

"中央公园慢跑者事件"受到广泛讨论。许多人愤怒地指出格里菲斯和霍金斯被拒绝享有漫步城市的基本权利，人们普遍认为这两起谋杀案的动机均出于种族歧视。但在仔细研究中央公园事件后，海伦·本尼迪克特写道："整个过程中，白人和黑人媒体不断刊载试图分析年轻人为何犯下此极恶罪的原因……他们在种族、毒品、阶级及贫民窟的暴力文化里寻找答案。"她下结论：提出的理由完全无法解释……因为媒体从不正视强暴的最刺目理由：社会对女性的态度。将中央公园事件描述为种族事件——攻击者是拉丁美洲裔黑人——完全未能彰显对女性的暴力。且几乎完全没有人将中央公园事件讨论成民权事件——侵害女人漫步城市权事件。黑种女人很少出现在犯罪报道中，显然因为她们缺乏男人作为公民的地位和白种女人作为受害者的吸引力。班森赫斯特事件和中央公园事件后十年，一名黑人在德州所受的可怕私刑被大众愤怒地视为仇恨犯罪和侵害有色人种的民权，一名年轻同性恋男子在怀俄明州的惨死也被视为仇恨犯罪——因为男同性恋者和女同性恋者也是暴力的常见目标。但由性别引起的谋杀，尽管它们充斥着报纸且每年取走数千女人的生命，只被视为孤立事件。

种族和性别的地理是不同的，因一个种族团体可能独占整个地区，而性别是呈局部分布。许多有色人发现以白人为主的美国乡下地区不友善。伊夫琳·C.怀特写道，当她初次试着探索俄勒冈州乡下，南方私刑的记忆"在我与麦肯齐河旁的伐木工人一起通过小路时，使我恐惧万分"。在英国，摄影师英格丽·波拉德在湖区为自已拍了多幅照片，从照片中看来她很紧张。她似乎在说，自然浪漫主义对有色人种是不可得的。但许多白种女人在任何孤立的处境都觉得紧张，以下是一个女人的经验。伟大的登山家格温·莫法特年轻时到苏格兰沿海美丽的斯开岛独自攀登。在一个酒醉的邻居半夜闯入她卧房后，她打电话给一男人要他来陪："要是我较老、较成熟，我能独自处理生活，但就我现在的情形而言，我容易遭受攻击和觊觎。通常，传统男人视我的生活方式为公开的邀请，而我无法面对他们在被拒时感到的怨恨。"

女性一直是朝圣之旅、步行俱乐部、游行、革命的热诚参与者，部分原因在于，在一项已被定义的活动中，她们的存在较不可能被解读为性邀请，部分是因为，同伴一直是女性公共安全的最佳保证。在革命中，公共议题的重要性似乎将私人议题暂搁一旁，女性得以从中得到较大的自由（一些革命者——如艾玛·戈德曼——已使性成为她们寻找自由的前线之一）。但独行也有很大的精神、文化、政治意义。它是冥想、祈祷、宗教探究的主要部分。它是沉思、创作形式，从亚里士多德的逍遥学派学徒到纽约和巴黎的漫步诗人都可看到此点。它可给作家、艺术家、政治理论家等人启发他们作品的遭遇和经验，及想象遭遇和经验的空间，要是伟大男人的心灵无法随意移动于世界，简直无法想象它们会成为什么样子。试想关在屋里的亚里士多德、穿蓬蓬裙的缪尔。即使在女人能白天步行的时代，而夜晚——忧郁、诗意、醉人的城市夜晚嘉年华会——则很可能对她们构成危险，除非她们已成为"夜晚的女人"。如果说步行是主要的文化活动及置身于世界的重要方式，那么，无法随意步行的人就被否定及置身于世界，再者，无法随意步行的人被否定的不只是运动或娱乐，而且是人性的大部分。

简·奥斯汀和西尔维娅·普拉斯等女人已为她们的艺术找到主题。一些女人进入了大世界——我想到的有人到中年的和平朝圣者、穿着男人衣服的乔治·桑、埃玛·戈德曼、约瑟芬·巴特勒、格温·莫法特——但更多人必定已被完全噤声。弗吉尼亚·伍尔夫的《一间自己的房间》经常被引述为仿佛它是主张女人必须拥有家庭办公室，但事实上它对经济、教育、进入公共空间的关注并不亚于对创作艺术的关注。为了证明她的观点，她创造了莎士比亚有才能的妹妹的悲惨生活，并对此茱迪丝·莎士比亚提出以下的问题："她能在酒栈里吃晚餐或在半夜漫步街道吗？"

莎拉·舒尔曼写了一本题为《女孩、愿景与一切》的小说，评论女人自由受限制。这本书名取自凯鲁亚克的小说《在路上》，探查了凯鲁亚克的信条对年轻女同性恋作家莉拉·福图朗斯基多么有用。"秘诀，"福图朗斯基认为，"在于与凯鲁亚克认同而非与他沿路玩弄女人认同。"因此就像奥德赛，凯鲁亚克是一群不动的女人中旅行的男人。她像凯鲁亚克探究二十世纪五十年代的美国那样探究八十年代中期曼哈顿下东城的魅力，而在"她最爱的事物"中有"随意漫步街道数小时"。但随着小说发展，她的世界变得愈来愈狭小：她坠入爱河，在公共空间过自由生活的可能性消退。

近小说末尾，她和她的爱人外出到华盛顿广场公园进行傍晚散步，回来时在公寓前面一起吃冰淇淋，这时她们听到一个男人说："那是同性恋者解放。他们认为他们能做任何自己想做的事。"他们像自太古以来的情侣那样一起出去走。像九十年前因独行而在下东城被捕的利兹·肖尔一样，她们进入公共空间危及她们的人身安全。

"对莉拉而言，这是日常生活无可避免的一部分。结果她学会温顺、保持安静、施诈术、避免被天击……莉拉像总走在街道的人那样走在街道，对她而言步行街道是自然、丰富的。她和'我是安全的'幻想一起行走。然而，当莉拉外出买烟的那个晚上，她不安地行走，她的心漫游直到它因'我不安全'的事实而自动停下。她觉得她可能在任何时候受伤。她坐上一辆七四年的雪佛兰，接受这世界不是她的世界，即使在她自己的街区。"

第四篇

通过路的尽头

有氧的西西弗斯与郊区化的心理

若无地方可去,步行自由是无多大用处的。黄金步行时代在十八世纪末开始,在二十世纪七十年代结束。这时代虽在一些人眼中问题较多,但仍以创造步行地点和对散步的重视而知名,并于二十世纪初达到高峰。彼时北美人和欧洲人经常散步,步行常是种圣事和例行娱乐,步行俱乐部兴盛。那时,诸如人行道和排水沟等十九世纪的都市发明改善了城市,而诸如国家公园和登山等也在兴盛中。至今本书已概览了乡下和都市空间的行走生活;行走的历史就是城市和乡村的历史,而本书也对人们在一些城镇和山区的行走进行了一番调查。或许,当一九七〇年的美国人口普查显示多数美国人住在郊区时,此黄金时代已告结束。郊区被剥夺了旧空间的自然光荣和市民欢乐,而郊区化大幅改变了日常生活的规模和质地。此种改变发生在人们心中,也发生在地面上。一般美国人如今以与过去完全不同的方式感知、评价、使用时间、空间和自己的身体。步行仍适用于汽车与建筑物间的地面和建筑物内的短距离,但步行作为文化活动、欢乐、旅行和闲逛方式在消退,身体、世界和想象间古老的深刻关系也在消褪。或许步行最好被想象成"指示种"。指示种表示一种健康的生态系，而其陷入危境或减少可能是大问题的早期警讯。步行是各种自由和欢乐的指示种：休闲时间，自由而迷人的空间，以及不受阻碍的身体。

郊 区

在《杂草前沿：美国的郊区化》中，肯尼思·杰克逊勾勒先于中产阶级郊区发展的"步行城市"：它的人口稠密；有"明显的城乡区别"；它的经济和社会功能是混合的，而"工厂几乎是不存在的"，因为"生产发生在小店铺里"；人的住家离工作场所很近；富人往往住在市中心。他的步行城市和我的黄金时代在郊区结束，而郊区的历史是分裂的历史。

罗伯特·费希曼在另一本郊区历史书《中产阶级的乌托邦》中指出，中产阶级郊区住宅在十八世纪末建于伦敦城外，好让虔诚的商人能将家庭生活与工作分开。城市被上等中产阶级福音派基督徒投以怀疑的眼光：纸牌、舞厅、剧院、街市、花园、酒栈都被谴责为不道德的。同时"家庭是世界之外的神圣空间，妻、母是神圣空间内的女祭司"的现代崇拜开始。此类富有商人家庭的郊区社群听来幸福而沉闷：郊区是充满大房子的地方，居民没有多少家外的事情可做。郊区别墅是小型英国庄园，且郊区别墅像英国庄园那样彰显自我满足。不过，庄园上盘踞的是农民、猎场看守人、仆人、客人和扩展家庭，因此庄园是生产地，而郊区住宅住的是核心家庭且日益成为消费地。此外，庄园准许步行；郊区住宅容不下步行，但郊区会侵蚀乡下、模糊都市。

在工业革命时的曼彻斯特，郊区宣告成熟并取得自身的独立性。郊区是工业革命的产物，从曼彻斯特和英格兰中部诸郡北部向外伸展出去。在工厂制度成熟、穷人变成赚工资的雇员前，工作和家庭从未完全分开。当工艺被破坏成机器旁不需特殊技能的重复姿势，工作分裂了。早期评论者悲叹工厂工作破坏家庭生活，将个人自家庭中抽离，使家庭成员在漫长工作中成为彼此的陌生人。家对工厂工人来说，不过是恢复精神从事翌日工作的地方，而工厂制度使工厂工人远比独立工匠贫穷、不健康。十九世纪三十年代，曼彻斯特的厂主开始建造第一批大规模郊区以逃避他们创造的城市并增强家庭生活。不像伦敦的福音派基督徒，他们逃避的不是诱惑而是肮脏与危险——工业污染、坏空气和差劲的卫生，以及可怜劳动力的景象和威胁。

"郊区化有两项大结果，"费希曼说，"首先是随着中产阶级离开、工人赴工厂做工而居民被掏空的城市中心……游客们惊奇地发现一个在办公时间后完全安静、空虚的都市中心。市中心商业区诞生了。同时，曾经边缘的工厂如今被郊区带围绕，郊区带将工厂与农田分开。郊区别墅被墙围绕，连两旁是树的街道也常常只准居民和居民的客人通行。一群工人企图使一穿过某厂主的郊区别墅的步道保持开放……厂主以铁门和壕沟回应。"费希曼的图像显示"步行城市"中的丰富都市生活被贫乏化。

工人以星期日逃到原野并争取进入原野步行、攀登、骑自行车、呼吸的权利来回应（如第十章所述）。中产阶级以继续住在郊区响应。男人坐私人马车、公共马车和火车去工作，而女人坐私人马车、公共马车和火车去购物。在避开穷人和城市中，他们遗忘行人身份。人能在郊区走，但郊区几乎没什么地方可去。当汽车使人能住得离工作场所、商店、公共运输、学校、社会生活很远的时候，二十世纪美国郊区扩散迅速。菲力普·兰登将现代郊区描述为与步行城市对立："办公室与零售业分开。住宅经常被分成彼此无关的区域……再以经济地位做更细的区分。制造业，无论多干净、安静——今日的工厂很少是吵闹、冒烟的工厂———律在住宅区之外。新小区的街道设计加强分离。为打开严格的地理隔离，个人需要获得一把钥匙，即汽车。基于明显的理由，钥匙不发给十六岁以下的人和不再能开车的老年人。"

得到驾照和汽车对现代郊区青少年而言是种深刻的成长仪式；在获得汽车前，孩子要么留守家中，要么坐在父母的车里到处跑。珍·霍尔茨·凯在关于汽车影响的书《柏油国家》中，写及一则研究，该研究比较适于步行的佛蒙特州小城和不适于步行的南加州郊区十岁少年的生活。加州孩子看电视的时间是佛蒙特州孩子的四倍，因为户外世界给他们提供了很少的冒险和目的地。一项关于电视对巴尔的摩成人影响的近期研究，显示当地电视新闻十分强调血腥犯罪的报道，而当地人看这些故事愈多，他们就愈害怕。待在家看电视使他们打消外出的念头。我在本书开始引述《洛杉矶时报》电子百科全书广告："你以往须在滂沱大雨中横跨一个城镇，去查阅我们的百科全书。我们深信，你们的孩子只要按按键盘，就可以把数据拖出来了。"这或许描述了不再有附近图书馆且不被允许独行的孩子可有的选择。"走到学校"是进入世界的第一步，对许多代孩子而言，同样变成较不寻常的经验。电视、电话、家庭计算机和因特网完成了郊区发端、汽车加强的日常生活的私人化。它们使走入世界变得较不必要，因此人们对公共空间和社会状况的恶化采取的是忍受而非抗拒的态度。

美国郊区的建筑很分散，不适于步行，且正如花园、人行道、拱廊、荒野小径是用于步行的基础设施一样，现代郊区、公路、停车场是行车的基础设施。汽车使大洛杉矶的发展成为可能——洛杉矶的郊区并不能算郊区，因为洛杉矶根本没有都市。如新墨西哥州最大城市阿尔伯克基、凤凰城、休斯敦、丹佛等城市可能有也可能没有一个人口稠密的都市核心，但它们的空间太大，以致公共运输使不上力，步行亦不适宜。在这些城市，人们不再被期望去步行，也很少步行。有许多原因可以解释。郊区化通常使得步行很无聊，往往步行一小时，看到的是同样的风景。许多郊区有不少弯曲的街道和死巷：兰登给了加州欧文城的例子，在这个城市，为了到达四分之一英里外的目的地，旅行者必须步行或开车逾一英里。此外，当步行不是平常活动的，独行者可能会对做不寻常的事觉得不安。

步行成为无力或低社会地位的表征，且新都市和郊区设计鄙视步行者。许多地方已用购物中心取代购物街，或建造根本没有购物街的城市，经由停车场而非前门进入建筑物。在约书亚树国家公园附近的尤卡谷，所有商业在公路的七英里路上排成一列，且人行横道和交通标识灯相当罕见：例如，虽然我的银行和食品店仅相隔数个街区，但它们在公路的相反两边，开车是在它们之间旅行唯一安全、直接的方式。整个加州，逾千处人行横道在近年被取消，其中逾一百五十处在交通壅塞的硅谷。这显示符合二十世纪六十年代初洛杉矶城市设计者的宣言："行人始终是交通顺畅运行的最大障碍。"西部城市的许多地方完全没有人行道，进一步暗示步行已被设计终结。在二十世纪八十年代无家可归之时与狗莉兹白在德州和南加州间搭便车徒步旅行的拉尔斯·艾格纳，坦白地书写其经验，最坏的经验在一位司机在错误的地方放他下车时产生："南图森完全没有人行道。我起先认为这完全是因为该地破落造成的，但我后来知道图森的公共政策是尽可能妨碍行人。尤其，我发现除了在狭窄公路的交通道上行走外，没有能走到北部的路。起先我不能相信，但莉兹白和我花了数小时游荡在干河谷的南岸寻找人行道。"

即使在最好的地方，行人空间也不断减少：一九九七至九八年间的冬天，纽约市长朱利安尼认为行人干扰交通。我也可以说，在许多人仍徒步旅行、做生意的纽约市，是汽车干扰交通。市长命令警察取缔闯红灯的行人，把市内一些最繁忙的街口人行道用栅栏围起来。纽约人以路障进行示威和闯更多红灯来抗议。在旧金山，更快、更繁忙的交通，更短的绿灯，更好战的驾驶者威吓、骚扰行人。在旧金山，所有死于交通意外的人中有百分之四十一是被汽车碾死的行人，且每年有逾千名行走者受伤。在亚特兰大，数据显示，每年有八十位行人被汽车碾死，逾一千三百位行人受伤。在朱利安尼任市长的纽约市，被汽车碾死的人几乎是被陌生人杀害人数的两倍——一九九七年的数字是 285∶150。漫步城市看来不是容易的事。

地理学家理查德·沃克将都市风格定义为"人口密度、公共生活、大都会种种难以捉摸的混合，及自由表达"。都市风格和汽车在许多方面是对立的，因驾驶者的城市只是人们驾车往返于私领域的功能障碍郊区。随着购物中心取代购物街、公共建筑变成"柏油海"中的岛、城市设计变成交通工程，人们较少混合，汽车鼓励了空间的扩散和私人化。街道是宪法第一修正案言论和集会权利适用的公共空间，但是购物中心不是。人们聚集在公共场所的民主和自由可能性不存在于人们无空间可聚集的地方。或许"无空间可聚集"是一种故意设计。如费希曼指出，郊区是避难所——先是避开罪恶，然后避开城市和城市贫民的丑陋和愤怒。在战后美国，"白种人逃离"将中产阶级白人从多种族城市送到郊区，而在新西部城市和全国各处的郊区，对犯罪的恐惧正进一步消除公共空间和步行的可能性。政治参与可能是郊区已排除的事物之一。

在美国郊区发展初期，游廊——小城社会生活的重要特征——在家前面被车库的出入口所取代。社会学家狄恩·麦坎内尔告诉我，一些新房子有伪游廊，这些游廊浅得坐不进人。最近的发展在退出公共空间上更为激进：我们处在墙、警卫、安全系统的新时代，建筑、设计和科技是用来消除公共空间的新时代。此类退出公共空间，就像一个半世纪前曼彻斯特商人退出公共空间，是用来使有钱人高高在上、不理民间疾苦；它是社会正义的替代品。新的建筑和隔离式都市设计可被称为卡尔文教徒式的：它们反映"活在一个预定论的世界""剥夺世界种种可能性而代之市场上选择自由"的欲望。"任何曾试图在有警卫巡逻、到处是死亡威胁的小区进行黄昏散步的人，都能很快了解到'城市自由'的古老概念有多过时。"迈克·戴维斯如此描述洛杉矶郊区。而克尔凯郭尔很久以前即呼喊："令人难过和丧气的是，盗贼和菁英分子只在一件事上意见相合：过隐匿的生活。"

如果步行有黄金时代，它源自一种欲望，一种勇于加入各式行

273

人之中，渴望摆脱汽车只身漫步于开放空间的欲望。它兴起于城市和乡下变得更安全、对行人更有包容性的时代。郊区在不回归乡村的情形下放弃城市空间。而在近年，第二波郊区发展更加深了城乡的距离。不过更重要的是，步道的消失预示着人的身体与空间的关系的转变。而在近几年来，这种转变带来了非常奇妙的变化。

日常生活的去身体化

人们生活的空间已经历大幅转变，人们想象、体验生活空间的方式也经历大幅转变。我在一本一九九八年的《生活杂志》上发现一段赞美过去千年来重大事件的奇特文字。在一张火车照片旁写着以下文字："就大部分人类历史而言,所有陆地运输倚赖一种推进力——脚。无论旅行者倚赖的是他自己的极限或另一种动物的极限，缺点是一样的，即低移动速度、受限于天气、需要停下来进食及休息。但在一八三〇年九月十五日,足部力量开始长时期衰退。在乐队伴奏下，百万英国人聚集在利物浦和曼彻斯特间世界第一辆蒸汽火车的通车典礼上，尽管有位下院议员在通车典礼被火车碾死，但利物浦和曼彻斯特激起了全世界的火车热。"火车像工厂和郊区一样是工业革命的一部分；工厂加速生产，火车加速货物和旅人的运送。

《生活杂志》的陈述很有趣；大自然作物和气象因素是一缺点而非偶然的不便；进步由对时间、空间和大自然的超越组成。吃、休息、移动、体验天气是身体的经验；视身体的经验为负面的等于谴责生物性或感官的生命，这从"足部力量开始其长时期衰退"一句话可以看出。或许这就是《生活杂志》和群众都不哀悼被碾死的下院议员的原因。在某种意义上，火车碾压的不只是一人的身体，而是借由将人的感知、期待和行动从有机世界中抽出来碾压火车上所有的身体。与大自然疏离通常被描述为与自然空间疏离。但感知、呼吸、生活、移动的身体也是对大自然的体验：新科技和空间能带来与身体和空间的疏离。

在其出色的《铁路旅行：十九世纪时空的工业化》一书中，沃尔夫冈·施菲尔布施探究了火车如何改变乘客的感知。他写道，早期铁路旅行者随着时间和空间的消泯而具现火车的效应，而超越时间和空间便是开始超越物质世界——变得去身体化。去身体化有副作用。"火车前进的速度破坏了旅行者和被旅行空间的亲密关系。"席维尔布赫写道，"火车被体验为发射体，在火车上旅行被体验为被射过风景——因此失去对感官的控制……坐在火车内的旅行者不再是旅行者，而成为如十九世纪一则流行隐喻所指出的一件包裹。"我们的感知自有火车以来加快了，但火车更快。早期的陆地旅行形式将旅行者与旅行的环境紧密关连在一起，但火车动得太快。十九世纪心灵来不及和掠过的树、山、建筑产生联系。与此地和彼地间地域的空间和感官联系逐渐消散。两地只被愈来愈缩短的时间分开。席维尔布赫写道，速度未使旅行更有趣，而是更无聊；和郊区一样，速度置旅行者于空间监狱。人们开始在火车上阅读、睡觉、编织、抱怨无聊。汽车和飞机大大增加了此类转变，而在海拔三万五千英尺高空上看电影可说是空间、时间和经验的终极断裂。"从步行的体力劳动的消泯到由飞机引起的感觉丧失，我们终于抵达知觉丧失的边境。"保罗·维利里奥写道，"旧时旅行的战栗的丧失，如今由放映电影补偿。"

《生活杂志》的作者们可能是对的。身体日益被理解为太慢、太脆弱、不值得托付期望与欲望——就像等着被机械运输的包裹。虽然许多陡峭、崎岖或狭窄空间、许多偏僻地方只能借步行抵达，但无可否认的是，为容纳机器运输，我们的环境已成为拥有航路、高级道路、降落场、能源的环境。在某种意义上，汽车已成为"义肢"，汽车"义肢"是供被不再适合人行走的世界损害的身体使用的。在电影《异形》里，女演员在一个缠绕她四肢的机械化身体盔甲里摇摇摆摆地前进。这身盔甲使她更大、更尖锐、更强壮，能与怪兽搏斗，且它看来很奇特、怪异。之所以这样解释，是因为身体和身体盔甲间的关系在这里十分明显，后者明显是前者的延伸。事实上，从第一根被抓住的树枝和临时的搬运装置，工具就相当能扩展身体的力量、技能。我们生活在一个我们的手脚可以指挥一个金属庞然大物跑得比陆地上跑得最快的动物还要快的世界，在这世界里我们的声音能到达几千英里外，食指轻轻一动就能在东西里打洞。

未受工具辅助的身体如今很罕见，作为肌肉和感觉有机体、未受工具辅助的身体已逐渐萎缩。自火车发明的这一百五十年来，感知和期待已加快，因此，许多人现在认同机器的速度对身体的速度和能力持怀疑态度。这世界不再依身体的尺度而建，而是依机器的尺度而建，且许多人需要——或认为他们需要——机器来快速通过世界。当然，一如多数"省时"科技，机械化运输制造的与其说是休闲时间，还不如说是被改变的期望；现代美国人的休闲时间比三十年前明显减少。换句话说，就像增加的工厂生产速度并未减少工时，增加的运输速度将人连接往更分散的场所，而非将人自旅行时间中解放出来。例如，许多加州人如今每日花三四小时往返于工作场所和家之间。步行的衰微是关于缺乏步行空间，也关于缺乏时间——产生许多思考、求爱、幻想、照见的幽静、自然空间已消失。机器加速，而生活已与机器同步。

郊区使步行成为无效的交通方式，但美国心灵的郊区化已使得步行即使在它还有效的时候也日益稀少。可以说，步行不再是很多人想象的那样。即使在旧金山这个依杰克森的标准而言是"步行城市"的地方，人们已将郊区化意识带入他们在旧金山的旅行，至少我的观察如此。我经常看到人们连短距离也要开车或乘公交车，那样的距离用脚走还快些。在一次旧金山公共交通危机中，一位通勤者宣布他以搭有轨电车的时间走到购物街——他的所在地距离下城很近，步行二十多分钟即到，而步行是报纸报道从未提议的交通选择。一次我让我的朋友玛丽亚——一个爱好冲浪、骑车、周游世界的人——从她家走半英里到十六街上的酒吧，她很惊喜地发现这两个地方其实相隔很近，因为此前她从未想过要走路去酒吧。上个圣诞季节，伯克利时髦户外装备店的停车场挤满等待停车位的驾驶者，但是附近街道充满停车位。购物者显然不愿意走两个街区去买户外装备。自那时以来，我注意到今日驾驶者常常等待一个近处的停车，而不愿从停车场的较远处走入。人们愿意步行抵达的距离似乎在缩小；都市计划者说住宅区和购物区间相距最好约四分之一英里，即五分钟内可走到的距离，但有时从汽车到建筑物似乎不到五十码。

当然，在户外装备店外等停车位的人可能是到户外装备店买步行靴、工作服、登山绳，即步行装备。身体不再是许多美国人的实用工具，但它仍是娱乐工具，而此意味着人们已放弃日常空间——从家庭到工作、商店、朋友的距离——向创造出最常借汽车抵达的新娱乐地点：购物中心、公园、健身房。公园，从欢乐花园到荒野保留地，长久以来容纳身体休闲，但过去几十年中如雨后春笋般兴起的健身房代表崭新的东西。如果步行是指标物种，那么健身房是荒野生活保留地。保留地保护栖息地在别处消失的物种，健身房容纳失去体力劳动的最初地点的身体。

跑步机

郊区合理化，孤立家庭生活；而健身房合理化，孤立的不只是运动，而且是每个肌肉群、心跳速度、卡路里"燃烧带"。此历史可追溯至工业革命时代的英国。詹姆斯·哈迪在一八二三年关于跑步机的小书中写道："跑步机是在一八一八年由伊普斯威奇的威廉·库比特先生发明，并被设立在伦敦附近的布里克斯顿的感化院。"最早的自行车是一个带有扣链齿用作供囚犯踩踏的踏板的大轮子。它被用来安抚囚犯的情绪，但它已是运动器材。囚犯的体力劳动有时被用来供给制粉厂动力，但是体力劳动，并非生产，是跑步机的重点。"自行车令人恐惧并经常压垮顽强精神的，不是运动强度，而是其单调的稳定性。"哈迪如此写到自行车在美国监狱中的效果。不过，他又写道："数所监狱的医生一致指出，囚犯的健康并未受损，相反的，自行车能带来许多健康上的好处。"纽约东河上的贝勒福监狱包含八十一名男游荡者和一百零一名女游荡者、一百零九名男罪

278

犯和三十七名女罪犯及十四名女"疯子"。游荡过去是、现在仍有时是犯罪，而在自行车上做工是完美的惩罚。

自希腊神话中的神判决西西弗斯推石头上山以来——罗伯特·格雷夫斯告诉我们，西西弗斯"总靠抢劫维生，常谋杀毫无戒心的旅人"，反复性劳动一直是惩罚性的。每当快到山顶时，石头就滚下去，他必须重新推石头上山，而永远如此受折磨。很难说西西弗斯是否是第一位举重的人或第一位使用自行车的人，但很容易从西西弗斯的故事看出古代对无实际结果的重复性体力劳动的态度。在大部分人类历史中及今日的"第一世界"之外，食物相当稀少而体力劳动很多；只有当这两件事的位阶互调，"运动"才有意义。虽然体能训练是古代希腊公民教育的一部分，它有现代练习和西西弗斯式惩罚中短缺的社会和文化意义，而步行作为运动长久以来尽管是贵族活动，工人对步行的热爱，尤其是在英国、奥地利、德国，暗示步行绝不只是一种使血液循环或卡路里燃烧的方式。在《疏离》这个标题下，爱德华多·加莱亚诺写了一篇关于多米尼加共和国某偏僻村庄的渔人的短文，这些渔人不久前对着一则划船机的广告纳闷道："室内？他们在室内用它？没有水？他们没有水地划船？且没有鱼？没有太阳？没有天空？"他们大喊，告诉给他们看这则广告的外来者，他们喜欢他们的工作但不喜欢划船。当他解释这机器是运动机器，他们说："哦。运动——那是什么？"日晒的肤色在大部分穷人从农田迁至工厂时成为身份象征，因此，棕色皮肤表示休闲时间而非工作时间。肌肉成为身份象征，表示多数工作不再要求体力：如晒黑的皮肤一般，肌肉是过时的美。

健身房是补偿外部消失的内部空间及身体萎缩的补偿之计。健身房是肌肉或健康的制造工厂，且多数健身房看来像是工厂：僵硬的企业空间、金属机器的闪光、各自埋头于重复性劳动的孤立的人（就像肌肉，工厂美学可能唤起乡愁）。工业革命体制化、分割劳力；健身房现在在做同样的事——为休闲。一些健身房事实上是再生工厂。曼哈顿的切尔西码头建于二十世纪一十年代，为定期班船——为港口工人、装卸工人和海员的劳动、为移民和菁英分子的旅行。此码头今收容一个带有室内通道、举重机、攀岩场、四层楼的高尔夫球场的运动中心。电梯带打高尔夫球的人到球场，在此球场所有打高尔夫球的姿势——步行、携带、注视、定位、移动、沟通、取回或跟随球——都随着高尔夫球场周围的景色消失了。只有一条球道：四列做同样姿势的孤独的人、球被打的尖锐声、球落地的沉闷砰击声、走过人工草皮去捡球并喂球进自动吐出球的机器的小型汽车。英国擅长将工厂变成攀岩场，其中有伦敦的前发电站、格洛斯特郡塞汶河岸上的仓库、谢菲尔德市的铁工厂、伯明翰下城一家早期工厂及一测量员朋友所说的"利兹附近六层楼的轧棉厂"（以及布里斯托的一间教堂）。工业革命就在曼彻斯特和利兹的纺织厂、谢菲尔德市的钢铁工厂、曾为"世界工厂"的伯明翰的无数工厂中诞生的。类似地，在美国，攀岩场也由工业建筑改建而成，或至少建在那些有工业革命老建筑的城市里。攀岩场之所以建在废弃工厂，是因为如今货物在别处制造且"第一世界"的生产方式极大改进，原来的工厂被废弃，人们如今去那里只为休闲。（攀岩场也不是没有好处，应该说，攀岩场让人得以琢磨技能、在坏天气时运动；对一些人来说，攀岩场给人们攀岩增加机会，并未取代山的功能——尽管对一些人而言，攀爬真岩的不可预测性和魅力已经变得比较鸡肋，烦人——或不可知。

工业革命的身体须适应机器，运动机器则适应身体。马克思说历史第一次发生时是悲剧，第二次则是闹剧；体力劳动第一次发生时是创造性劳动，第二次则是休闲消费。最深的变化不是体力劳动不再是创造性的，手臂的使劲不再移动木头或汲水，而是肌肉的拉紧要求健身房会员资格、练习装备、特殊器材、教练和指导员，而产生的肌肉可能不用来做别的事。运动的"效率"意指卡路里的消耗高速发生，这恰恰是工人目标的反面，且努力劳动是关于身体如何塑造世界，努力运动则是关于身体如何塑造身体。我无意贬低健身房的使用者——我自己有时也使用健身房，只是想指出其奇怪之处。在体力劳动已消失的世界，在健身房最易取得有效的补偿。然而健身房还是有令人困惑之处。我常在使用举重机时试着想象这动作是划船、汲水还是举包。农事已被空虚的动作取代，因无水可汲、无桶可举。我不是怀念农夫生活，但我无法避免对我们使用举重机取代汲水动作感到奇怪。"我们用举重机汲水，不为水而为我们的身体、身体理论上被机器科技解放"变化的本质究竟是什么？当肌肉与世界间的关系消失，当水被一个机器处理而肌肉被另一个机器处理，我们是否失落了什么？

过去有驼兽地位的身体如今有宠物地位：它不像马那样提供真实运输；相反的，身体被运动得像人遛狗。因此，身体成了娱乐而非实用工具，不劳动，而只练习。一袋洋葱或一桶啤酒被金属铸块取代，举重机使抗拒重力的动作简化。健身房里最怪异的装置是跑步机。怪异，因为我能了解模拟农事，因为农村生活的活动不易得到——但模拟步行暗示步行空间已消失。亦即，举重机模拟劳动，但跑步机模拟步行发生的表面。跑步机模拟体力劳动的沉闷、反复是一回事；走过世界的多面经验被搞得沉闷、反复是另一回事。我记得在曼哈顿傍晚散步，看到许多玻璃墙、两层楼的健身房充满使用跑步机的人，看来好像他们正要夺玻璃而出，但我们知道他们哪儿也去不了。

一个阳光充足的冬日午后，我外出拜访一个家庭运动器材店，途中经过旧金山大学体育馆，在那里骑行者们在平板玻璃窗里运动。而在三个街区外的金门公园，那里有许多人在跑步、骑行，游客和东欧移民则散步。店里的强壮年轻男子告诉我，人们买家庭跑步机，因为家庭跑步机让他们得以在夜晚、外出恐不安全时运动，在私密中运动——邻居看不到他们流汗、边运动边看着小孩、有效利用休闲时间，且因为骑行这种低冲击活动受过跑步伤害的人是有益的。我有个朋友在芝加哥天气极冷时使用自行车，另一个朋友由于有受伤的腘后腱而使用自行车。她之所以会受伤，是因为她使用了为体型较大者设计的车，而非因为跑步。但第三位朋友的父亲住在非常美丽的佛罗里达海滩外两英里处，这位朋友告诉我，那海滩充满低冲击的沙，但他不去那里而在家里使用跑步机。

跑步机是郊区和汽车城的附属品：在无处可去的地方用、用了也到不了哪里去的一种设备。或者也让人没有去别处的想法：跑步机也使习惯开车和住在郊区的人在天气受控制的室内比户外运动更加舒服，从事的活动可量化、定义清晰，比起需要身心并用且需注意周遭环境的户外步行要舒适。跑步机似乎是为人们避开外界提供便利的诸多装备之一，且我担心这种帮助使人更不想参与户外世界。跑步机也被称为"卡尔文教科技"，因为它提供对速度、距离乃至心跳速度的精确评估，且它消除无法预测的部分——没有与熟人或陌生人的相遇，没有转弯处的惊喜。在跑步机上，步行不再是沉思、求爱或探险。步行是下肢的轮流运动。

不像十九世纪二十年代监狱里的自行车，现代跑步机不制造机械动力而只消耗机械动力。新式自行车有两马力的引擎。曾经，人可借马车进入世界；如今他可借插上两马力的插头来行走。家庭中连接的是一整套电力基础结构与变换风景与生态的设施电缆、仪表、煤矿、油井或水坝工人。也有工厂用跑步机，虽然工厂劳动如今在美国是少数人的经验。因此，跑步机比散步要求更多的经济、生态联系，但它制造少得多的经验连接。多数骑行者边骑车边阅读。《预防》杂志推荐边骑车边看电视，并教骑行者如何在春天来临时将自行车与户外步行结合，暗示骑行而非步行是主要经验。《纽约时报》指出人们已开始上感动单车课以缓和长途骑行的寂寞。就像工厂劳动，骑行的时候很沉闷——它是用来教化囚犯的单调运动。必确牌心脏病学跑步机的小册子说该产品的特征是"五种距离、时间、方向不同的行程……减重行程借调整工作量来保持你的心跳速度在你最适宜的减重带，而订制行程让你得以创造、贮藏多达八英里的个人化行程"。最使我感兴趣的是订做的行程；使用者能创造在不同地域上行走的经验，只不过这里的地域是在约六英尺长平台上的旋转皮带。当铁路开始侵蚀空间经验，旅程开始以时间而非空间语汇被形容。一现代洛杉矶人会说比弗利距好莱坞二十分钟远而不是多少英里。踏车以准许旅行完全被时间、体力劳动、机械运动测量而完成此转变。空间——作为风景、地域、奇观、经验——已消失。

步行的形态

前章所述的日常生活的去身体化是多数人的经验，是汽车化和郊区化的一部分。但步行有时——至少自十八世纪晚期以来——是对主流的一种抵抗行为。当步调与时代不一致的时候，走路就变得凸显——这就是走路的历史很大程度上存在于第一次世界大战、工业革命后的缘故。工业革命后，步行不再是经验连续统一体的一部分，而成为被刻意选择的事物。在许多方面，步行文化是对工业革命带来的速度和疏离的反动。步行文化将可能作为一种反文化、亚文化而持续对抗后工业和后现代社会中空间、时间和身体的丧失。步行文化的许多内容得自古代仪式——逍遥派哲学家、边走边作诗的诗人、进香客和佛教"步行禅"实践者的仪式——和健行及漫游者等旧有步行文化。但一新步行领域在二十世纪六十年代开启：作为艺术的步行。

当然，艺术家也有他们走路的历史。十九世纪时，摄影的发展和外光画的传播使步行成为形象制造者的重要媒介——但他们一旦找到风景，便停止漫步，更重要的是，他们的形象永远凝住了风景。有无数精彩的步行画，从隐士漫步山间的中国画到托马斯·盖恩斯伯勒的《晨间散步》或古斯塔夫·卡耶博特的《巴黎街，下雨天》。但《晨间散步》中的年轻贵族情侣永远凝定在他们跨足的一刻。在所有我能想起的作品中，只有十九世纪日本版画家歌川广重《德井田路的五十三景》似乎是暗示步行而非停止；它们像圣瞻亭一般，以一连串的图画来暗示旅程，这次是从江户，即现今的东京到京都的三百一十二英里路，当时这段路多是人行道，就像它们在版画中的情形一样。《德井田路的五十三景》像公路电影。

语言像路；它不能被立刻理解，因为它在时间中开展。此类叙事或时间因子已使得书写和步行彼此类似——直到二十世纪六十年代，每件事都变了，而任何事在视觉艺术的大伞下都成为可能，艺术和步行才彼此类似。每个革命都有其创始者。视觉艺术革命的一位教父是抽象表现主义画家帕洛克。表演艺术家亚伦·卡普洛在一九五八年写道，帕洛克不再把画当成审美对象，而当成"写日记的姿势"。姿势是主要的，画为其次。卡布罗的分析成为丰富的预言式宣言："帕洛克对艺术传统的破坏可以说是回归艺术与仪式、魔术、生命密切相关的时代……我认为，帕洛克使我们着迷、目眩于日常生活的空间和对象，无论那是我们的身体、衣服、房间或第四十二街的广阔。不只用手作画，我们应利用视觉、声音、动作、人、气味、碰触。"

对接受卡布罗描绘的邀请的人而言，艺术不再是以技艺为基础的学科，而成为对观念、行动与物质世界间关系的无止境探索。在画廊及美术馆等建制仿佛垂死的时代，行动画派成为此类艺术派别寻找新场域和创造艺术的新理由。艺术的可能只是这样一种探索的证据或观者进行探索的支撑物，而艺术家在扩展姿势时能以科学家、僧人、侦探、哲学家为师。艺术家的身体变成表演的媒介，正如艺术史家克丽丝汀·史蒂尔斯所写："强调身体是艺术，行动画派艺术家扩大过程的角色，不强调对象而强调行动方式。"回想起来，行动画派艺术家似乎是一个行动一个行动地以最简单的物质、形状、姿态重塑世界。这种姿势——能引出非凡力量的平凡姿势——就是走路。

书写现代艺术史逾三十年的露西·利帕德，追溯步行作为美术的源头至雕塑，而非表演。她聚焦于卡尔·安德烈一九六六年的雕塑《杠杆》和一九六八年的《关节》。前者以铜作为材料，自一个房间延伸到另一个房间，因此观者必须旅行；后者线条类似，但它是在草地游历的干草桶。"我认为雕塑是路，"安德烈写道，"一条不从任何特定观点显现自己的路。路出现、消失……我们对路没有特定看法，我们对路的观点是移动的，随前进而移动。"安德烈的微雕，就像中国卷轴，是在时间中因应观者的动作而展现自己；安德烈的微雕和中国卷轴把旅行纳入自身的形式。"借着纳入东方的多重观点概念，安德烈为'步行'的雕塑类型辟出场地。"利巴德下结论。

其他艺术家已开拓了各种道路：一九六○年夏天，卡萝莉·施内曼迁往纽约、成为表演艺术界最激进的艺术家之一前，在伊利诺伊州后院用被龙卷风吹倒的树和其他残片建了一座迷宫让朋友漫步。卡布罗在二十世纪六十年代初为观众和表演者建立可走过、参与的环境。同年安德烈建造了《关节》、帕特丽夏·约翰逊建立了《斯蒂芬·朗》。利巴德这样描述《斯蒂芬·朗》："它是一座陈列在纽约州巴斯柯克废弃铁道上一千六百英尺长的青色木造小径，被设计成借着增加距离和时间，来吸收颜色和光线。"在美国西部，更长的线被画，虽然它们未必与步行相关：迈克尔·黑泽尔借使用摩托车在沙漠创作"摩托车画"；瓦尔特·德·玛利亚在内华达州的沙漠用推土机创作宏伟的地表艺术，它的线条能从飞机或地面上观照；但或许罗伯特·史密森一千五百英尺长的《螺旋形防波堤》，一蜿蜒进大盐湖的砂石路，就宜于步行。虽然美国西部最早的居民步行了许多年，但美国西部常被感知为对行人不友善；美国西部的地表艺术似乎常常反映西部的种种发展计划：铁路、水坝、水道、矿坑。

英国则一直适于步行，它的风景未被太多开发，因此那儿的观察使用较轻的笔触。最致力于探索步行作为艺术媒介的当代艺术家是英国人理查德·朗。他的早期作品，一九六七年的《走出来的线》即已显露他的企图。这张黑白照显示草中的一条路延伸过中央到草地远处的树。如标题所说明的，朗以脚画线。它比传统艺术更有野心也更谦逊：野心在于在世界印上自己的标记；谦逊在于姿势是这样的平常姿势，产生的作品是在脚下产生。一如其他许多当代艺术家的作品，朗的作品很有野心：《步行制造的线》是场表演？或是一件雕塑？或照片是艺术品？或以上皆是？

步行变成朗的题材。他的作品包括记录自己步行的纸上作品、步行中所拍的风景照片、指涉自己户外活动的室内雕塑。有时步行被一张带有文字的照片或地图、文字再现。在地图上，步行路线被画进以暗示他进行很多步行，他的步行之于陆地就像他的笔之于地图，且他常走直线、圆圈、方形、螺旋形。同样地，他的景观雕塑通常是借将岩石和树枝安排成直线和圆圈来制造——直线和圆形无言地勾起一切事物：循环和线性时间、有限和无限、路和路线。朗的许多作品陈列在线、圆圈、由树枝和石头做成的迷宫，或美术馆地板上的泥上。但走在风景中向来是他作品的主轴。一件结合圆、美术馆地板上的泥与步行的早期壮丽雕塑被题为《登顶西尔布利山的步行长度》。靴子浸在泥中，他走的不是直线而是美术馆地板上的螺旋形，因此，泥路既代表他在别处走的路也变成新的室内路程，既是步行证据也是邀请步行。西尔伯里丘是位于南英格兰，具有宗教意义的古代土垒。它玩弄经验的具体性——步行及其场所、语言的抽象性和步行的长度。经验不能被化约成地名和长度，但仅地名和长度足以开启想象。"步行表现空间与自由，而空间与自由能存在于任何人的想象，那是另一个空间。"朗多年后写道。

在某些方面，朗的作品类似旅行书写，他的简短文字和自由形象不是告诉我们他如何感觉、他吃什么等细节，而是把大部分旅程留给观者的想象，这是表演艺术的特点之一，即要求观者做许多工作，诠释企图，想象看不见的。它给我们的不是步行也不是步行的再现，而是步行的概念对步行场所的召唤（地图）或步行的景象（照片）。强调正式、可以计量的层面；几何学、计量、数字、持续时间。例如，朗的某幅螺旋形画被题为《一千英里一千小时和一九七四年夏天在英格兰的顺时钟行走》。它以国名和年份玩弄时间与空间的关系、玩弄能被测量和不能被测量的。然而一九七四年我们很高兴地得知，当生活变得更复杂、拥挤和犬儒时，有人找到时间与空间来从事这样艰辛而显然令人满意的与陆地的遭遇。然后有带有文字的地图:《以塞尼阿巴斯巨人为中心直径六英里圆圈内的六日步行》。另一段文字描述该巨人——在多塞特郡山边，带有棍棒的一百八十英尺高人物，其轮廓是有两千年历史的白垩。

朗喜欢每件事物都和古老过去有联系。他的作品修正英国乡村步行传统，同时再现英国乡村步行传统最迷人、最有问题的面相。他曾到澳洲、喜马拉雅山脉、玻利维亚的安第斯山脉创造作品，而"澳洲、喜马拉雅山脉、玻利维亚的安第斯山脉能被吸收入英国乡村步行传统"的想法有殖民主义的气味。它再次使"忘记乡村步行是文化仪式"的危险浮出，尽管乡村步行可能是文明的优雅之事，将乡村步行的价值强加在别处并不是文明的优雅之事。尽管乡村步行的文艺深陷在传统、感伤癖和自传式絮叨里，朗的艺术在强调"步行有形状"中是严肃而有新意的，朗的艺术与其说是文化遗产，不如说是有创造力的再评估。他的作品有时极美，且其"步行的单纯姿势能将步行者连接往地表、能测量路径、能转化步行者身心、能是艺术"的坚持是深刻而优雅的。朗的同侪哈米什·富尔顿也以步行创造艺术，而他带有文字的摄影作品与朗带有文字的摄影作品几乎不能区别。但富尔顿强调步行的精神——情感面、较常选择圣地及朝圣之旅，且他不制作美术馆中的雕塑或地上的标记。

还有别种步行艺术家。第一个将步行做成表演艺术的艺术家可能是来自荷兰苏里南的寒微移民史丹利·布朗。一九六〇年，他请求街上的陌生人指引他往城中各地点的方向，并将结果制成相遇的地方艺术；后来他举行要求观者进行步行旅行的"阿姆斯特丹的所有鞋店"之观念艺术展；在美术馆装置指示世界各城市的路标，邀请观者走向喀土穆或渥太华；一九七二年时他花了一整天数自己的脚步；并探究都市步行的世界。有权威的德国表演艺术家、雕塑家乔瑟夫·波伊斯常以深刻意义浸染简单行动，他曾在某次表演中激昂地跟随一个政治游行，在另一次表演中走过他爱的一片沼泽。此类一九七一年的《穿越沼泽》被记录在显示他步行的照片里，有时照片中只见他的头和男式软呢帽浮现在水上。

一九六九年纽约表演艺术家维托·阿肯锡以二十三天时间做《跟踪》；一如当时许多观念艺术，它借选择一陌生人，跟踪他直到他进入一建筑物来玩弄规则与现象间交点。作品处理互动与相遇的法国摄影师苏菲·卡尔后来以自己的两个人修正阿肯西的表演，记录在照片和文字里。《威尼斯套房》叙述她在一场巴黎派对里遇见一男人，暗中跟踪他到威尼斯，在那里她像个侦探般跟踪他，直到他面对她；多年后她让她母亲雇一真正的侦探在巴黎跟踪她，并将侦探对她拍的照片编入她的艺术作品作为一种肖像画。这些作品探究城市之于怀疑、好奇、监督的潜力。一九八五、一九八六年，巴勒斯坦—英国艺术家莫娜·哈图姆用街道作为表演空间，印刷谢菲尔德市街道上包含失业字眼的足迹，仿佛要彰显谢菲尔德市行人的悲哀秘密，在伦敦的工人阶级卫星城布里克斯顿表演两场步行行动。

在所有牵涉步行的表演中，最戏剧化、有野心、极端的是一九八八年玛丽娜·阿布拉莫维奇和乌韦的《万里长城行》。身为来自东欧的激进表演艺术家——她来自南斯拉夫，他来自东德，他们在一九七六年开始合作一连串他们称为"关系作品"的东西。他们喜欢用威胁、危险、痛苦、踰越、无聊的表演来测试自己和观众的身体和心理边界；他们也对象征性结合男女成为理想整体感兴趣；且他们日益受黄教、炼金术、藏传佛教等秘教传统影响。他们的作品使我们想起卡里·史奈德描述为"四尊严"的中国传统——立、卧、坐、行。它们是"尊严"，因为它们是我们在自己体内安居的方式。在他们第一件作品《空间中的关系》里，他们从房间中对立的墙疾走向彼此直到相撞，一次又一次。在一九七七年的《无法测知的状态》里，他们裸体，一动不动地站在美术馆门廊，因此参观者必须决定在走过他们之间时要面对谁。在二十世纪八十年代的《休息能量》里，他们站在一起——她握着一具弓，他则握着搭在拉紧的弓弦上的箭，指向她的心；他们巧妙地将千钧一发的危急情势，与静止不动的体态凝固成了永恒的瞬间。同年，他们去澳洲内地，希望与原住民沟通，但原住民不理他们。他们在炽热的沙漠花了一个夏天练习静坐，从沙漠学习"不动、静止和守望"。之后，他们发现当地居民较爱说话。从此经验产生他们在悉尼、多伦多、柏林等城市的《横渡夜海》表演：一天斋戒二十四小时的同时，他们每天花数小时在美术馆或公共空间静坐，隔桌面对彼此，像呈现专注精神的活雕塑。

"当我去中国西藏时，也见识了一些苏菲派仪式。我认为藏传佛教和伊斯兰教苏菲派为了制造精神跃界、消除对死亡的恐惧、对病的恐惧、对一切身体限制的恐惧，而将身体推向体能极限。"阿布拉莫维奇说："表演是使我们得以跃向那另一个空间和领域的形式。"《万里长城行》是在阿布拉莫维奇与乌韦合作的最高峰产生的。他们打算从长达四千公里防卫墙的对立两端走向彼此，相遇，结婚。多年后，当他们终于克服重重困难达成目的时，他们的关系已变化甚多，以致《万里长城行》成为他们合作和关系的终结。一九八三年，他们花了三个月时间从两千四百英里外走向彼此，在中间拥抱，然后分道扬镳。

被筑来防御匈奴的万里长城，是"借划界线来定义、保护自我"欲望的伟大象征之一。对两位铁幕后成长的艺术家而言，万里长城将南北分隔成连接东西的道路墙，充满了反讽和象征意义。毕竟，墙分割而路连接。他们的表演能被解读为东西方、男女性、隔离和连接的建筑的象征性相遇。研究"万里长城行"计划的评论家托马斯·麦克埃维约指出，艺术家相信"万里长城是由风水专家筹划，因此，如果你正确地步行万里长城，你会碰触连接地表的拥有灵力的线"。记录"万里长城行"计划的书指出："一九八八年三月三十日，玛丽娜·阿布拉莫维奇和乌韦开始他们从万里长城对立两端的步行。玛丽娜从东、从海边出发。乌韦从西、从戈壁沙漠出发。六月二十七日，在号角声中，他们在陕西省神木附近的山隘，在佛寺、孔庙和道观中相遇。"麦克埃维约指出，此最后表演也扩大了他们"走向彼此直到相撞"的第一次表演。

　　书中有一段落，简洁的文字和有召唤力的照片表达了两位艺术家的经验，好似理查德·朗表达复杂经验的带有文字的摄影作品。麦克埃维约的书也揭示了万里长城行的另一面：与无尽官僚政治的纠缠。和托尔斯泰笔下希望步上朝圣之旅的玛雅公主一样，阿布拉莫维奇和乌韦似乎是以"独行在清澈、安静的空间和心境"的形象出发，但麦克埃维约描述每晚带他们到住处的先遣部队、在他们身边喧闹的副手、译者和官员，乌韦在舞厅陷入的争执、日程表、规矩和地理如何分裂乌韦的步行。阿布拉莫维奇则确定她每天早上从她前一晚停止的地方出发并宣布："我要走这墙的每一公分。"万里长城多处年久失修，行走其上时不时会需要停下步伐攀登越过坍塌残破的墙垣，而且在长城顶上风常常很大。这场步行在麦克埃维约眼中已成另一种表演，在该表演中正式目标是以无数非正式困惑与烦恼为代价而被实现。但或许凭借专注力工作的两位艺术家能将周围的喧嚣挡在门外。他们的文字和影像诉说步行的精神，被沙漠的亘古空虚放大的步行简朴。和朗的作品一样，阿布拉莫维奇和乌韦的作品似乎是向观者保证与土地相遇的原始清净仍是可能的，人的存在与寂寞地方的广大相比显得渺小。"经过许多天的准备，第一次，我感到身心舒爽，"乌韦写道，"此身和心在步行的有节奏摆动中调和。"

之后，阿布拉莫维奇开始做邀请观者参与的雕塑。她放晶球、水晶块、磨光的石头入木椅或雕像的台——这些家具供人沉思并供人与石头特有的基本力量相遇。最壮观的雕塑是一九九五年在爱尔兰现代艺术美术馆展出的几双水晶鞋。我从都柏林下城走到美术馆，发现美术馆坐落在一栋优雅的老军医院里，而这步行和建筑物的历史似乎是为鞋——被挖空、内部磨光的大块透明紫水晶，像欧洲农夫曾穿木鞋的童话版——而做的准备。观者被邀请穿上鞋、闭上眼睛，穿上鞋后我了解到我的脚在土地里，虽然走路是可能的，但要走路很困难。我闭上眼睛，看见奇怪颜色，这鞋好像是医院、都柏林、爱尔兰、欧洲绕其旋转的定点；这鞋不是供你旅行而是让你了解你可能已在那里。后来我读到这鞋是供步行禅，为提高对每步的觉知用的。它们被题为《旅行鞋》。

卡布罗一九五八年的预言被步行艺术家实现："他们将从平凡事物中发现平凡的意义。他们不会试图使平凡事物非凡，只会陈述它们的真实意义。但从陈述真实意义中他们能想出不平凡。"作为艺术的步行促使人注意步行最单纯的层面：乡村步行使身体和土地彼此测量，都市步行引出无法预知的社会遭遇。并促使人注意步行的最复杂层面：思想和身体间丰富的潜在关系；一人的行为可以是对别人想象力的邀请；每个姿势都能被想象为看不见的小型雕塑；步行借走入、遭遇世界而重塑世界；每项行动皆反映再发明它所处的文化。

拉斯维加斯或两点间的最长距离

　　我很想进入山峰区。我一直在寻找适宜的地点进行步行史的最后之旅，而山峰区似乎拥有一切。我打算从查特沃斯宅邸别致的篱笆迷宫动身，然后漫步穿越其周边围的正统花园，最后抵达"全能"布朗的迷人花园。从那里我能进入山峰区，朝正在进行伟大的通行权战役的金德史考特进发，路经著名的"工人阶级攀岩革命"的发生地——粗砂石攀岩区，然后前往城郊地区独具一格的曼彻斯特，或谢菲尔德市，那儿有不少工业废墟和从前是铁工厂的攀岩场。也许我还能从工业城市出发，进入乡下，然后再到花园和迷宫。但这一切美丽的计划最终不了了之，因为我发现证明在英国仍可行走这件事本身其实并无多大意义。英国的工业荒地彰显着欧洲北部苍白的过去，而我想调查的不是徒步的过去而是徒步的未来。所以一个十二月的早晨，我走下帕特的大货车来到了拉斯维加斯下城的福利蒙特街，帕特则出发到红岩区去攀岩。

　　在拉斯维加斯多数东西向的大路尽头，你可以看到长达十三英里的红岩断壁，在它的沙岩圆顶和柱子后面是一万英尺高的春地灰峰。拉斯维加斯三面依山、一面是沙漠，干燥贫瘠。它引人入胜的壮观地貌向来是最被人诟病的缺点之一，但这个新兴都市从不是自然风景地。Las Vegas 意指"草地"，这名字显示了西班牙人在英国人之前来到此地。这里曾是美国南部印第安人的绿洲，直到一九〇五年，从洛杉矶到盐湖城的铁路决定在拉斯维加斯设站时才变成了城镇。绿洲被吸干许久以后，拉斯维加斯成为了漂流者和游客的城镇。这个城市缺乏矿物资源，直到一九三一年赌博在内华达州合法时才开始日渐繁荣，而拉斯维加斯东南方十三英里处的科罗拉多河上也建起了胡佛水坝。一九五一年，内华达州核子测试基地被建在城市西北方十六英里处，而此后数十年内，有逾千件核子武器在此测试基地被引爆。（一九六三年前，多数引爆都在地面上进行。不少蕈状云飘浮在赌场招牌之上的照片重现了当时的场景。）有这些庞大的丰碑式工程助阵，拉斯维加斯显露出统治河流、原子、战争、乃至世界的雄心。不过，使这座位于莫哈维沙漠城市最适合人生存的也许是一个很小却无处不在的发明——空调。这归功于近年来美国人的大量迁移，他们来到西南部后大都想在凉爽的室内度过夏天。拉斯维加斯虽然常被描述为是异常的，它却极具象征性，是建在美国乃至全世界的新型地方的极端范本。

拉斯维加斯的下城区绕铁路车站而建：建设者期待游客一下火车，便能走到福利蒙特街的下城繁华的灯光峡谷，那里有鳞次栉比的赌场和饭店。随着美国旅行者们摒弃火车而开始选择自驾出行，焦点转变：一九四一年，在通往洛杉矶的九十一号公路——现在的拉斯维加斯大道上诞生了第一座赌场饭店综合体。很久以前，我在一辆驶往年度反核集会的汽车里睡着了。该集会在内华达州的核子测试基地举行，醒来后我发现车子停在长街的红绿灯前，周围五光十色，令人眼花缭乱的霓虹灯闪烁跳跃。沙漠的黑暗留给我的震撼尚未消失，对比此时眼前的景象，真犹如地狱与天堂天差地别。二十世纪五十年代，文化地理学者杰克逊描述当时长街周边的新兴建筑为另一个世界、一个为陌生人和驾驶汽车的人而建的世界："这些建筑的效力在于那个世界的最终意义：那是否是你一直梦寐以求的世界。在此你发现长街边新建筑群的真实活力：它为我们的休闲生活创造了一个上一代人所未见的梦幻环境。新的建筑不断诞生，彰显着新的大众品味。"他说该品味是崭新的，是为了适应汽车文化、满足驾车人的至高理想而诞生的，人们不再如之前那样极尽所能地模仿欧洲了。"那些流线型的外观、华丽的出入口和奇异的色彩效果，那些彰示自我的色块，极具个性的灯光与古老和传统的事物相互冲撞。"著名的一九七二年建筑宣言《向拉斯维加斯学习》中曾赞美过长街这种为美国汽车文化而发明的地方建筑。

　　不过近年，长街上发生了始料未及的状况。众多汽车蜂拥而至，以致八条汽车专用道总是忙碌不堪。驾车驶过长街时，就像每一商业长街上都能见到许多大招牌一样，总能见到漂亮的霓虹招牌。拉斯维加斯长街在过去几年内已成为行人生活的新地点。长街上一度分散的赌场已发展成一条充满幻想与诱惑的大道，游客现在能把车停在赌场的大停车场内，在长街上漫步数日。事实上，他们确实也这么做了，每年有逾三千万人在长街上漫步，在最繁忙的周末漫步的人数多达二十万人。八月夏日炎炎，日暮后气温仍高达华氏一百度时，长街上的人群也依然熙熙攘攘漫步徐行，不过他们再怎么慢也比身边的汽车速度快。自一九六六年凯撒皇宫酒店用霓虹招牌创建了梦幻迷离的建筑风格、一九八九年金殿大酒店推出了第一座行人景观的拱廊以来，赌场建筑已经历翻天覆地的变化。我觉得如果步行能在拉斯维加斯如此荒凉如此不可思议的地方复兴，它便会有未来，而借着步行大道我或许能发现那未来会是怎样。

福利蒙特街的旧式光彩与长街的新梦幻环境相比黯然失色，因此它已被重新设计为梦幻拱廊。它的中央道路禁止车辆通行，因此行人能自由地游逛。街道上方安置了高耸的拱形顶棚。夜晚会举行镭射秀，五彩缤纷的灯光在顶棚上闪烁，将整个天空都化为电视机的绚丽屏幕。福利蒙特街在日光下是悲伤的半废弃之地，我在那儿转了一圈，向南漫步到拉斯维加斯大道，此地最终也将成为长街。在它成为长街前，它仍是汽车旅馆、破烂公寓、萧索的纪念品店、黄色书籍店、当铺的聚集地，堪称赌博、观光业、娱乐业的丑陋后方。在公车站一位无家可归的黑人男子蜷缩在棕色毛毯里，他望着我在其身边走过，而我则将视线落在街对面从婚礼教堂走出的亚洲夫妇，他穿着黑西装，她则穿着白色礼服，完美得像从大结婚蛋糕上掉下来一样。这里每种经济似乎都自成一格，结婚教堂不受情趣用品店干扰，最时髦的赌场被废墟和空地围绕。路上行人稀少，似乎并没有多少人会像我这般会在拉斯维加斯两种截然不同的文化交界处游逛。

我继续往前走到旧瑞秋酒店，这里曾被烧为灰烬，如今又高朋满座。沙漠和西部被许多早期赌场赋予了浪漫的文化：沙丘、沙、撒哈拉、长街上的金沙酒店、先锋俱乐部、金块、边界俱乐部、福利蒙特街上的阿帕契饭店，但更多近来的赌场抛弃了沙漠味。"沙"被有水道的"威尼斯"取代。我后来了解到我的步行是企图发现此地经验的连续性，步行常提供的空间上的连续性，但此地以其光线和幻想的不连续性打败了我。它还以另一种方式打败了我。在二十世纪初仅有五人的拉斯维加斯，到二十世纪四十年代人口增长至约八千五百人，到八十年代则达到五十万人。彼时赌场似乎竖立在一片矮树丛和丝兰中，而现在拉斯维加斯约有一百二十万居民，成为了全美发展最快的城市。迷人的长街被停车场、高尔夫球道、有出入口的小区、小长街围绕——拉斯维加斯的许多反讽之一是，在完全为汽车而设计的郊区中心有一片行人绿洲。我想从长街走到沙漠，因此我打电话到当地地图制作公司请求推荐路线，因为我所有的地图都早已过期。他们告诉我，拉斯维加斯成长得实在快，以致他们必须每月制作新地图，然后他们推荐长街南边和城市边缘间一些最短路线，但帕特和我开车经过这些路线、发现它们对独行者而言是令人担忧的地方——布满了仓库、轻工业工厂、多灰尘的空地、发散荒废气息的有围墙的房子，只有汽车或肮脏的流浪汉偶尔经过。因此我固守行人绿洲，发现我能在精神上移开赌场：十年前梦幻赌场尚不存在；二十年前赌场散置，几乎没有行人；五十年前只有几处孤立的边区村落；一个世纪前只有一小酒店扰乱一望无际的黄沙。

在"星尘"酒店面前的凉亭下，一对法国老夫妇问我去金殿大酒店的方向。我看着他们缓缓踱离陈旧、闪亮的美国梦土，朝位于长街中心的新怀旧式梦土去，我自己也跟着他们往南走。当我往南走时，分散的步行者逐渐变成群众。我看到走出结婚教堂的新郎和新娘又出现了，她在结婚礼服外加了一件精致的中间衬有轻软之物的外套，脚踩高跟鞋。来这儿的游客多半来自第一世界，雇员则来自较不富裕的地区，尤其是中美洲。另外拉斯维加斯的反讽是，它是世界上最常被造访的城市之一，但很少人会注意真正的城市。举例来说，在巴塞罗那或加德满都，游客来看自然住所中的当地居民，但在拉斯维加斯，当地居民大致是观光城中的雇员和演艺人员。观光是步行的主要目的之一。步行向来是任何人都能从事的活动，不需要特殊技巧或装备的活动，侵蚀休闲时间及满足视觉好奇的活动。为满足好奇，你必须愿意做天真状、参与、探险、看和被看，而人们今日似乎较愿或能在家乡以外地点进入该状态。常被视为"他地的欢乐"的东西可能只是缓缓步行时得到不同时、地、感官刺激感的欢乐。

　　"边疆"是我进入的第一家赌场。有六年半，游客能看到这里的户外秀——工人、女仆、酒保、餐厅的帮手与工会作战，日夜用脚和标语牌在夏日的热和冬日的暴雨中作证。在那些年里，在"边疆"罢工者中有一百零一个婴儿出生、十七人死亡，而罢工者无一越过警戒线。它成为二十世纪八十年代重大的工会抗争、对劳工运动者的重大激励。一九九二年，美国劳工联盟与产业劳工组织组织了一场沙漠团结游行。工会激进分子和罢工者从"边疆"经沙漠到洛杉矶的法院走了三百英里，以显示他们愿意受苦并证明他们的决心。拉斯维加斯电影导演艾米·威廉斯边给我看她所拍的"边疆"罢工纪录片边指出，工会像美国的家庭、团结宗教。它有个信条："对一人的伤害是对所有人的伤害"——而沙漠团结游行是此信条的实践。在艾米的电影里，看来像没有走很多路的人沿旧六十六号公路三三两两地行走，他们光着脚，每晚以绷带包扎，翌日起床，继续走。一位名叫霍默的木匠暨工会代表——一个看来像是骑自行车有胡须的男人为此行的奇迹作证：在暴风雨当中，一太阳黑子跟随他们，因此他们保持干爽；他说话的样子像摩西一样狂热。终于，"边疆"的老板被迫出售俱乐部，而在一九九七年一月三十一日，新老板邀请工会回去。花了六年岁月抗争的人回去调酒、铺床。如今"边疆"内不见该抗争，只见图案炫丽的地毯，丁铃响的吃角子老虎机，闪烁的灯、镜，疾走的职员和在晨光缓缓转来转去的游客。赌场是现代迷宫，被造来使人沉迷其中——无窗户的空间充满奇怪角度、吃角子老虎机和其他你会在购物中心和百货公司里见到的娱乐，为的是延长游客与诱惑相遇的时间。许多赌场有"行人输送带"（类似机场的那种输送坡道），但是这里只有内输道。出去的路只能自己去找了。

漫步和赌博有共同处：他们都是"参与比抵达更甜美、欲望比满足更可靠"的活动。放一只脚在另一只脚前面或放牌在桌上是测试机会，但赌博对赌场而言已成为可预测的科学，而赌场和拉斯维加斯的执法机构正试图控制走下长街的几率。长街是真正的大道。它受风吹雨打、面向环境、是宪法第一修正案授予的自由能被实践的公共空间，但许多人想取走这些自由，好让长街成为游乐或购物中心，我们是消费者而非公民的空间。"边疆"隔壁是"服装秀购物中心"，那儿聚集了许多发传单的人，形成长街许多次文化之一。艾米·威廉斯说，许多发单的人是偷渡来美的中美洲人，而传单的内容常常是关于性。虽然拉斯维加斯有庞大的性产业，顾客大致被广告、而非街道骚扰寻找；长街旁数十个书报摊包含很少报纸，却有很多有彩色照片小册、卡片、传单。由于妓女大致是不露面的，广告成为攻击目标。郡通过了给"旅游区内'场

303

外拉生意'"定罪的法令。美国公民自由联盟内华达州理事长加里·佩克对我谈及"明显的吊诡：拉斯维加斯市场是'任何事都通行'——性、酒精、赌博，但另一方面，拉斯维加斯政府当局又竭力控制公共空间、广告牌上的广告"。美国公民自由联盟对传单法令的抗争已到达联邦上诉法院，而其他议题也不断出现。该年稍早，请愿者被骚扰，一牧师和四名同伴因"阻塞福利蒙特街上一人行道"的罪名而被逮捕，尽管该人行道是宽广的人行道，需数十人才能阻塞。

佩克告诉我，赌场和郡正试图私有化人行道，赋予自身"起诉或移开在人行道上从事宪法第一修正案活动——谈论宗教、性、政治、经济——的人"的权力，扰乱游客应有的顺利经验。同样地，图森近来试图借出租人行道、准许人行道上做生意的人驱逐游民来私有化人行道。佩克担心，如果赌场和郡顺利取走人行道的"城市自由"，这会为别处树立先例，使公共空间购物中心化，使城市变成游乐场。迈克·索金写道："游乐场以经过筹划的欢乐——各种欺人耳目的玩意——取代民主的都市领域，且它是借剥夺贫穷、犯罪、脏污等都市性来达成。"金殿大酒店已在其草地上树立一块小标语牌："此人行道是金殿大酒店的私有财产，本酒店致力于促进人行道上的行人移动。被发现游荡或阻碍行人移动的人将遭到逮捕。"长街上有许多标语牌写道："旅游区：不准在人行道上进行妨碍性活动。"这样的标语牌不是用来保护行人的行动自由，而是用来限制行人能做或看的事。

从福利蒙特街走了四英里左右，我感到热而疲惫，因那天是个温暖的日子，空气充满疲惫的气息。距离在长街上是骗人的：主要的交叉点相距约一英里，但二十或三十楼的新赌场看来仿佛离得很近。"金银岛"是人从北走来抵达的第一座新赌场，十分富于梦幻气息——不像前场那样以地方或时期命名，而是以关于南太平洋海盗生活的童书命名。在棕榈树和海盗船后面有着假岩外观和美丽的建筑前部，它类似迪斯尼乐园加勒比海盗的饭店——娱乐场版。但一九八九年邻接的金殿大酒店发明了行人景观——它的火山在日暮后每十五分钟喷发一次，令围观的群众惊叹不已。"金银岛"一九九三年开张，那时火山喷发的时候伴随着一场酣畅淋漓的海盗战，以一艘船的沉没达到节目的高潮——不过这种海盗战一天只发生几次。

《向拉斯维加斯学习》的作者们很久以前埋怨道："美化委员会会继续推荐长街变成西部的香榭丽舍区，以树模糊招牌并以大型喷水池提高湿度。"喷水池抵达，金殿大酒店与"金银岛"前的巨大水幕被贝拉吉欧街上八亩大的湖比了下去。这湖在"沙丘"赌场过去的所在地，在弗朗明哥路的另一边与西泽宫相望。这四座赌场造成了崭新又旧式的事物，正统花园和欢乐花园的狂野混合物。金殿大酒店的火山像维苏威火山埋葬庞贝那样埋葬了旧拉斯维加斯，完全改变了建筑和观众。喷水池遍布各处，长街确实像西部的香榭丽舍区，步行去看建筑和其他步行者已成为娱乐。长街正以欧洲——欧洲的流行文化版，充满漂亮建筑和穿短裤、T恤的闲荡者的欧洲——取代闪亮的美国未来主义视野。在沙漠里建巨大宫殿和桥，在内华达州的大道上建火山，不就和在英国花园里建小型罗马式宫殿和桥、在德国的沃尔利茨花园等十八世纪花园里建火山一样特殊吗？前面有暗绿丝柏、喷水池、古典雕像的西泽宫，令人想起正统花园的许多元素，而这些元素就是被法、荷、英国花园采纳的罗马式风格。前面有喷水池的贝拉吉欧街令人想起凡尔赛——凡尔赛的规模是财富、力量、战胜自然的表现。这些地方是风景的突变异种，也发展出游赏乐事的步行。拉斯维加斯已成为沃克斯霍尔、雷尼拉、蒂沃利等过往欢乐花园的继承者，在这里，步行和观看的散漫欢乐与有组织的表演混合。音乐台、剧场、哑剧是欢乐花园的重要部分，跳舞、饮食、闲坐区亦然。诚如一位拉斯维加斯宣传者所言，花园正卷土重来，林荫大道随之产生，行人生活随花园和林荫大道而产生。

控制谁散步、如何进行那步行的努力可能多少仍是颠覆性的。起码它颠覆了完全私有化空间、受控制的群众理想，且它提供了完全不花钱的娱乐。虽然步行可能是赌博的偶然副作用——毕竟，赌场外观不是出于公共精神而被建立——长街如今是步行的地方。毕竟，巴黎的香榭丽舍区今日也属于游客和外国人，游客和外国人可在香榭丽舍区散步、购物、吃、喝、欣赏风景。新的行人陆桥竖立在弗朗明哥路与长街的交叉点，它们是风姿绰约的桥，使周遭风景更添美丽。但这些桥是由赌场内部出入，因此未来可能只有打扮得体者才能在这里安全过街，而一般大众只有与车争地或绕远路。长街也不是香榭丽舍区的再版；它缺乏勒诺特赋予香榭丽舍大道的完美笔直。长街弯曲、鼓起，虽然总有交叉路——而弗朗明哥路上的天桥提供沙漠至西边和红岩区为止的最佳景色。从贝拉吉欧街至巴利街间的天桥我能看见——巴黎！我忘了一座巴黎赌场正在兴建中，但艾菲尔铁塔像座都市海市蜃楼般从摩哈维沙漠的尘土中隆起，虽只完成一半，但已雄赳赳地跨坐在看来像是矮胖的卢浮宫的东西上，凯旋门紧立边上。

无疑，拉斯维加斯重新发明了花园城市："纽约，纽约"就在从贝拉吉欧街过去的路上，向东京致敬的帝国皇宫在马路上，酷似旧时旧金山的巴贝利海岸面对西泽宫。一九九六年的"纽约，纽约"是著名特征；里面看来是许多曼哈顿小区的有趣的小迷宫，另外还有街道招牌、商店——我蠢蠢地走向一家书店时发现只有纪念品店和食品店是真实的，从三楼窗户伸出的空气调节器，以及一个涂鸦角落。当然，那里没有真正都市的多变、创造性、危险以及种种可能性。前面是欢迎赌徒的自由女神像，"纽约，纽约"是纽约市的纪念品。不再是口袋大小，可携带，而是目的地，"纽约，纽约"履行纪念品的功能：使人想起纽约市几个舒适而令人记忆深刻的地方。我在"纽约，纽约"吃了一顿午餐，并喝了三品脱水以补充整日行走沙漠所流失的水分。

回到大道上，一位来自香港的年轻女人请求我为她与她身后的自由女神像、街道另一边的巨大金色米高梅狮子拍照，她在两个地点看起来都欣喜若狂。胖子和瘦子、穿着袋状短裤和光滑裙子的人、一些小孩和许多老人在我们身边流动。我交回照相机，与众人一起往南走，到最后一家赌场——金字塔，它的金字塔形状和狮身人面像诉说古埃及，但它的闪亮玻璃（镭射光夜晚在玻璃上闪烁）诉说的是科技。我之前见到的新婚夫妇在入口：她把外套和皮包放在一边，在狮身人面像前摆姿势让丈夫拍照。我很想知道他们为何选择以漫步长街来度过蜜月的头几个小时。我凭什么认为这些在我左右流动的人是拉斯维加斯游客，因此他们就是庸俗的：这对英国夫妇可能不在湖区度他们下一个假期；法国老夫妇可能不住在巴黎；非洲裔美国人可能年幼时并未在塞尔玛游行；轮椅上的乞丐可能不曾在纽奥良被车撞；新郎和新娘可能不是富士山的日本攀登者、山上隐士的中国后代、家里有跑步机的南加州总经理；交出乘坐直升机折价券的危地马拉人可能没走过她教会里的圣瞻亭；去工作的酒保可能不曾参加美国劳工联盟与产业劳工组织的游行？步行的历史就像人类历史一样宽广，而关于此大沙漠中央郊区行人绿洲的最迷人事情，是它暗示步行历史的宽广——不在于它的假罗马和假东京，而在于它的意大利和日本游客。

拉斯维加斯暗示地方对城市、花园和荒野的渴望强烈，人们仍将寻求户外漫步以检视建筑、景象、货物的经验，仍将向往惊奇与陌生人。拉斯维加斯整体而言是世界上最不适宜步行的城市之一，这本身说明了一些问题，但拉斯维加斯的景点是一行人绿洲，这又暗示了恢复步行空间的可能性。空间可能被私有化以使步行、谈话、示威的自由成为非法，暗示美国正面对和半世纪前英国漫步者面对的通行权战斗一样严肃的通行权战斗，不过这次争斗是关于都市而非乡村的空间。使人提心吊胆的是大家愿意接受对真实空间的模拟，之所以说提心吊胆，是因为这些模拟通常阻止了公民自由的完全行使，也赶走了可能刺激诗人、文化评论者、社会改革者、街头摄影师的景色、遭遇、经验。

但这世界在变坏的同时也在变好。拉斯维加斯不是异数，而是主流文化的深化，步行将在那主流外继续且有时会重新进入主流。当汽车通行道和郊区在第二次世界大战后数十年内被发展，马丁·路德·金正研究甘地并将基督徒朝圣之旅改造为具有政治力量的事物，而盖瑞·施耐德正研究道家圣者、步行禅，并重新思考精神性和环境论间的关系。目前，步行空间正被保护，且有时被在全美各城市兴起的激进步行团体，譬如西雅图的"足部第一"、亚特兰大的"两足"到"菲利走路"及"行走奥斯汀"，还有以英国为基地的"取回街道"组织、"协步者协会"等老组织及英国其他争取通行权的团体，包括阿姆斯特丹和马萨诸塞州康桥在内有利行人的都市重设计所扩大。步行传统被朝圣之旅、攀岩和登山的日益受欢迎、以步行作为题材的艺术家和以步行作为创作方式的作家、佛教与其步行禅和绕行山等仪式的传播、对迷宫的世俗和宗教挚爱……所维持。

　　"这地方是个迷宫。"帕特在与西泽宫相连的西泽广场找到我时这样抱怨。西泽广场是拱顶石、拉斯维加斯对过去重建的无上宝石。它是个正像瓦尔特·本雅明所描述的巴黎拱廊——他引用一本一八五二年的旅行指南说道："这些从上方采光的走廊两边布满了最高雅的店，因此这样的拱廊是座城市，甚至是座小型世界。"他又说："拱廊是一条街道和一个'内部'间的十字形。"西泽广场的弓形顶棚被涂得看来像是天空，搁在深处的照明每二十分钟变换一次，因此西泽广场比本雅明描述的拱廊更厉害。它弯曲的"街道"漫无方向且充满娱乐：充满衣服、香水、玩具、装饰用小东西的店铺，后方是巨大热带鱼箱的喷水池，有男神和女神的著名喷水池。这些男神和女神定时在由镭射光在天空般圆顶蜿蜒而成的仿真雷雨中苏醒过来。我在六个月前才造访过巴黎的拱廊，它们是美丽的死地，像水不再流过的河床，半数店铺是关着的，在仅有几个人镶嵌细工的走廊漫步。但西泽广场总是拥挤，贝拉吉欧街上用米兰著名的维托·艾曼纽二世拱廊作范本的拱廊也总是拥挤。《华尔街日报》指出，西泽广场是世界上繁华的购物中心之一，并指出一处新的增建——罗马山城的重建——正计划中。拱廊其实和购物中心差不多，虽然闲逛者被认为比一般逛购物中心的人爱沉思，但肤浅的绅士就和充满热情的购物者一样普遍。"让我们离开这里。"我对帕特说，于是我们一口气饮尽饮料，朝红岩区而去。

红岩区像拉斯维加斯大道一样开阔，但无人宣传红岩区，就像无人将步行的自由活动置于获利的汽车工业之先。拉斯维加斯大道有成千上万的人漫步前行，而最多只有百人漫步红岩区，但红岩区的尖顶和扶壁其实比任何赌场都要来得高而壮观。许多人只是开车经过或在这里拍照，不愿沉溺于此地的慢步调——在这里，微光一天只出来一次，野生生物为所欲为，这里没有人迹，只有几条小径、岩石、垃圾、标语牌。多数时候这里无事发生，除了季节、天气、光线、人的身体和心灵的运作。

沉思发生在想象力的草地——这部分想象力尚未被耕种、发展，或给予实际用途。环保主义者总是主张那些蝴蝶、草地、分水岭，在事物体系里扮演必要角色，纵使它们不创造市场价值。想象力的草地也是一样；被花在想象力草地上的时间不是工作时间。然而若无时间，心灵就会变得贫乏、沉闷、柔弱。争取自由空间——争取荒野、公共空间——必须由争取花在漫步自由空间的休闲时间陪同。否则个人想象会被虚掷在连锁商店、不良嗜好、名人危机上。拉斯维加斯尚未决定是否要为自由空间开路。

那夜我们睡在红岩区附近一个非正式营地，那里的人在星空下到处燃烧的小火背景上现出轮廓，拉斯维加斯的光辉遍照山丘。翌晨，我们与保罗集合——保罗是个常从犹他州开车到这里攀岩的年轻导游，他邀请帕特与他一起攀岩。他带领我们走一条蜿蜒过小峡谷与干河床的小径，经过绚烂的群叶——带有沙漠槲寄生的桧属植物、小叶的沙漠橡树、丝兰、石兰科常绿灌木、仙人掌，稀稀落落地散布在多岩石的土上，使人想起日本花园。帕特六个月前跌了一跤，有点跛，他拄着拐杖，保罗和我则边走边谈音乐、攀岩、专注力、自行车、解剖学、猿。当我转过身来看拉斯维加斯，保罗说："别回头看。"但我一直看，被拉斯维加斯厚重的烟雾吓了一跳。拉斯维加斯像是里边只有几座尖塔的棕色圆顶。此类"沙漠能从城市被清楚看见，城市无法从沙漠被清楚看见"的事态，似乎是我见过最精巧的寓言。仿佛我从未来看到过去，但无法从古老地方看到笼罩在麻烦、神秘与熏烟中的未来。

保罗带领我们离开小径，进入通向陡峭、狭窄朱尼珀峡谷的灌木林，我走过各式各样的岩层——岩石变得愈来愈华丽，有的上面有红、米黄色条纹，有的上面有硬币大小的粉红色斑点——直到我们来到峡谷底部。"橄榄油：此路向上爬升七百英尺到玫瑰塔的南边。"我在帕特的《美国高山俱乐部攀登者指南》中读到对朱尼珀峡谷这样的说明。我闲逛、看他们轻松爬最初几百英尺、研究老鼠，它们比金殿大酒店的白老虎和海豚要丑，但较有生气。之后我回头，花一整个下午在较平的地方漫步，沿松树小湾清澈潮水旁几条小径散步，探究另一个峡谷，折回去看山丘上的影子变得更长，光线更厚、更金黄，仿佛空气变成蜂蜜，融入夜的蜂蜜。

步行一直是人类文化星空的星座之一，这星座的三颗星是身体、想象力和宽广的世界，虽然这三颗星分别独立存在，但它们之间的线——由为达成文化目的的步行行为所画——使它们成为星座。星座不是自然现象而是文化建构；星子间的线像从前走过的人的想象力所磨成的路。此类名唤步行的星座有自己的历史——被所有那些诗人、哲学家、叛乱分子、闯红灯的行人、妓女、朝圣者、游客、徒步旅行者踩出的历史，但它是否有未来，系于那些路是否仍有人走。

附 录

这不是很奇怪吗？自人类踏出第一步以来，无人曾自问我们为何步行、如何步行、是否会永远步行、是否能走得更好、又在步行中达成了什么这些与哲学、心理学、政治体系相关的问题。

——奥诺雷·德·巴尔扎克《步伐理论》

爱斯基摩人有这样一个习俗：若遇人愤怒，就让他笔直前行，以消解他的愤怒；直到怒气烟消云散时，在终点插上一根树枝，以见证愤怒的力度或长度。

——露西·利帕德《外罩》

小时候，我们以步行和想象力了解一个地方并学习如何使空间关系可视化。地方和地方的规模必须以我们的身体和身体的能力测量。

——盖瑞·施耐德《行走蓝山》

绘一幅想象的地图，放入你想去的目标。

——小野洋子《地图》

某天我漫步在塔维斯托克广场，正如撰写别的作品那样，在一种油然而生的巨大冲动中，《到灯塔去》浮现在我的脑海中。

——弗吉尼亚·伍尔夫《存在的瞬间》

在我的房间，世界在我的理解所不及之处；而当我行走，世界为三四座山丘及一朵云。

——华莱士·史蒂文斯《事物的表面》

在我心中，亚里士多德的作品永远与泥炭的气味和花岗石与石南花的残影同在。

——约翰·巴肯《朝圣者之路》

先生，我已接到你针砭人类的新书，谢谢你……人类实在愚蠢。读完这本书后，我希望自己是四足动物。

——伏尔泰《论人类不平等的起源》

嗅觉敏锐度的降低似乎是人变成两足动物的结果。两足行走曝露人类曾藏匿的生殖器且使之需要保护，并使人类产生羞耻感。

——弗洛伊德《文明及其缺憾》

约翰和奥地利人漫步在岸边，讨论着沙岸的形成和潮汐理论，夏洛特和我则往向走了两个多小时，最后来到一片草地小憩、拾贝，直到我们的手帕塞满贝壳。

——埃菲·格雷·罗斯金

你必须出行 / 走过那寂寞的山谷 / 你必须前行 / 且孤身一人 / 形单影
只 / 是的，你必须独自出行

——传统福音歌

人在黑夜走路，必会绊倒，因为他没有光。

——《新约·约翰福音》

朝圣者离现世愈远，他们就愈接近神圣的领域。日语中用来表示步
行的字与用来指涉佛教仪式的字相同；行者（gyōja）亦是步行者，
是不定居在任何地方、住在空虚里的人。这一切当然关于"佛教是
路"的概念。修行则是成佛的具体方式。

——亚伦·G. 葛雷帕德《飞越山和空虚的行走者：试定义日本
宗教中的神圣空间》

你缓缓绕行房间时计算吐纳的次数。由左脚起步，沉稳地踏上地板，
先是脚跟，然后是脚趾。步履坚定，泰然自若且富有尊严。不可心
不在焉，须全神贯注于你计算呼吸。

——《禅门三柱》

弗洛伊德相信，所有旅行的精神基础都是与母亲的分离，包括进入
死亡的最后旅程。所以旅行是与阴性领域相关的活动。因此，弗洛
伊德对旅行怀着爱恨交织的情绪。对于风景，他说："所有这些黑
暗的树林、狭窄的隧道、高地和深沟都是无意识的性形象，我们在
探索女人的身体。"

——保罗·谢泼德《自然与野性》

地理上的朝圣之旅是内在之旅的象征性演出。内在之旅是外在朝圣之旅的意义和信号的解读。人能有一种而无另一种。但最好两者兼有。

——托马斯·默顿

我是六代中第一位离开谷的，也是唯一离家的一位。但我并未迷失自己：我保留了我存在的基础。我带着土地、谷、得克萨斯州一起离开，它们一直与我同在。

——葛罗丽亚·恩萨尔杜亚

没有目标，游走自如，只为行走。

——保罗·克利

行文如遇瓶颈，仿若行走绊到石头。

——夏尔·波德莱尔《太阳》

另一尽头是伯明翰凯利英格拉姆公园的一组华丽纪念碑。这些碑试着将观者拉回到过往的喧嚣。自由步道上有几件詹姆斯·德瑞克的作品，纪念一九六三年春天那场被残酷镇压的著名游行。在一件作品中，人行道通过两垂直厚板之间，铜制的蜡犬从两边冒出、冲入行人的空间。在另一件作品里，人行道通过金属墙中的间隙，正对着两尊水炮；就在墙外、人行道旁，有两座非裔美国人铜像，一男人跌到地上，一女人用背堵着水炮的激流站着。这些雕塑融入公园行人的体验，邀请每个人在那一刻体验别人曾经历的。

——柯克·萨维奇

我正视前方，镇定地大步前行；带着满腹愤怒与宽恕之心。

——巴勃罗·聂鲁达

对某些可人的处女而言，如果她母亲十分讲究便会让她离开城镇去呼吸乡下新鲜的空气。让她离开歌剧院去公园、集会和游戏。进行晨间散步，并一天祈祷三小时。

——亚历山大·蒲柏《致布朗特小姐书》

他们去了海德公园。菲利普先生一路吹嘘他的聪敏才智。而克莱伦斯则抗议说他自己的头脑比英国任何人都优秀，并说此刻他走得比团体里的任何人都要好。菲利普先生对此并不苟同。他是著名的行人，他立刻要求我们的英雄和他一起比赛行走。

——玛丽亚·埃奇沃思《贝林达》

黄昏，沿着克罗公园独自漫步走到湖边，只见夜幕降临庄严肃穆。最后一抹余晖消失在山顶，万物寂籁，山的长影穿过翠菊，直到触及最近的岸边。远方传来许多瀑布的呢喃，你在白天或许会充耳不闻。我盼望月亮出现，但月亮黑暗而沉默，藏在她的洞穴里。

——托马斯·格雷《湖边日记》

在玛丽·沃斯顿克拉夫特与威廉·葛德文做爱后那天，她退入不安与自我怀疑："就当过去是一场春梦吧！我将再成为独行者。"

——E. P. 汤普森

翌日我在谷中漫步。我站在阿尔维隆河旁的源头，河水缓缓从山顶淌入河谷……这些崇高壮丽的景色赋予我极大的宽慰，使我从渺小中上升。虽然它们未消弭我的悲伤，却抑制、削弱了我的悲伤。

——玛丽·雪莱《弗兰肯斯坦》

不能体会这种惬意的人无法享受夏日苦行后泉边的清凉休憩……在这样的时刻我找不到同情，而夏洛特也不愿安慰我，不让我在她的掌中以泪洗面，我哭着离开她，撒腿跑入乡间，爬上陡峭的悬崖，走过无人迹的树林，荆刺把我扎得伤痕累累……莪相已取代我心中荷马的位置。如此优秀的他把我带入多么美的世界！漫步石南树丛，迎风而行，树丛因微弱的月光显出古老的灵魂……中午我到河边散步——我没有胃口。周围的一切都显得忧郁。

——歌德《少年维特的烦恼》

当柯勒律治健康时，他在湖周围独自进行最惊人的步行和登山。他事实上是现代健行第一人，是首位仅为爬山的乐趣出发去登山的户外活动者。他在一八〇二年登顶湖区最高峰斯科费尔峰，是第一桩该奇峰的登顶记录。

——杭特·戴维斯《威廉·华兹华斯传记》

他刚完成一首优美的牧神赋，由于没有副本，我请求济慈再念一次。最动人的是，他在房间里来回行走，以半吟唱的方式把它念了出来。

——班杰明·海登

浴后我们在用餐前的散步，使早餐成为每日最好的一餐。安娜和伊丽莎白逐渐发现散步对心灵和身体多么有益。我们体会着整个季节，若花儿一般。

——阿莫斯·布朗森·奥尔科特

最后，当我们沿着尘土飞扬的路一步步前行，我们的思维也变得混乱不堪；所有思维都即刻停止、崩溃，或只是有一搭没一搭被动地想着，就好像机械地重复罗宾汉歌谣里的一些诗句。

——梭罗《漫步瓦楚塞特山》

有一次，当我独行抵达蜥蜴旅馆，问他们有否床位。他们问："你是特里维廉先生吗？"我回答："不。你们在等他吗？"他们说："是的，他妻子已经到了。"这令我惊奇。因为我知道这是他的结婚纪念日。我发现她孤零零地面露哀伤，因为他在特鲁罗离开她，说他不能整天不走一点路。他在晚上十时抵达，筋疲力尽，破纪录地走了四十里路。但我觉得这对蜜月而言是奇怪的开端。

——伯特兰·罗素

"那才是人生！"海伦富有深意地说。"你如何能有那么多美丽的事去看和做——听音乐、夜间散步？""散步有益于工作中的男人。"他回答。"噢，有个法警在屋里时，在他的逼迫下我确实说过许多不知所谓的话。当我看见他用指头抚弄我的罗斯金和史蒂文森，我仿佛看到真实的人生，那并不是美丽的景象。"

——E. M. 福斯特《霍华德庄园》

韵律最初是脚的韵律。每个人都走路，人类双足步行，他们有意或无意地轮流迈步行走，因而产生富有节奏的声音……动物也有它们的步态。它们的韵律常常比人更丰富更易听见。有蹄的动物成群逃跑，如群鼓激奏。狩猎动物的知识，是人最古老的知识。人类借由动物移动的韵律来了解动物。人类最早学会解读的便是动物足迹，那是印在柔软地面上富有韵律的符号……人类期望狩猎庞大的兽群，他们以律动与激动的鼓动表达自己的兴奋。达到此状态的媒介首先是足下重复的节奏。

——埃里亚斯·卡内蒂《群众与力量》

自莱斯利·史蒂芬的时代以来，对登山生活的辩护一直很少。对大自然的爱似乎与登山无关。整体而言，登山者不喜欢徒步旅行，对天气不耐烦，对风景的微妙变化也不敏感。

——大卫·罗伯特

挑战和测试的魅力，成就的喜悦，与最淳朴的接触，逃离琐碎的生活，发现价值、美、愿景。以上种种值得为其而活，也值得为其而死。

——哈米什·布朗

有各式各样的走路——从笔直地走过沙漠到在丛林中曲折前行。从岩石的山脉斜坡而下是项技能。那是一种不规则舞蹈——总在改变——脚踩在厚板和小石子上。你的呼吸和眼睛总会跟随着不规则的节奏。它从未规律地或以顺时钟方向行走，而是富有变化——小跳跃——横跨一步——去找风景优美的地方，把脚踩在岩石上，蹬踏，继续前进——小心翼翼地曲折前行。机警的眼向前看，搜寻立足处，但也不逸失当下的步伐。身心与粗糙的世界结为一体，如果你有所锻炼，如此行走毫不费力。

——盖瑞·施耐德《行走蓝山》

土地的意义完全变了：在法律典范下，人们通过一系列联系不断地在一处地界确定领域；但在移动性的典范下，人民通过弱化领域而扩大领土。

——吉尔·德勒兹和费力克斯·瓜达里《游牧学论述》

这人藉他的秘书或其他人向我写信道："莱斯特·戴德拉克爵士向劳伦斯·波伊松先生致意，在此提请他注意到旧牧师住所边的绿色通道。事实上是切斯尼沃德庄园的一部分，它的通行权现属于莱斯特先生，莱斯特先生认为封闭它很合宜。"

——查尔斯·狄更斯《荒凉山庄》

很少有比黄昏独行于熙熙攘攘的人群中更有趣的了。阳光或从树叶间泻下，或映照在建筑上。倾听音乐、陌生人的交谈与交通的声音，享受鲜花的芬芳、美食的香味与海风拂来的清新气息。人行道两旁罗列着小店铺、酒吧、水果摊、舞厅、电影院与亮着乙炔灯的电话亭。到处是陌生的脸和服饰，他们的形象陌生而可爱。走过喧闹的街区，进入城里较安静拘谨的地段，亦是游行的一部分。这是永无止境的仪式，我们被邀入城市，不断地重新审视它。

——J. B. 杰克逊《陌生人的路》

骑马、搭车、行过各个据点。漫漫长路后，我们抵达花园，那儿已经有许多人。我们走了两圈，高兴地离开，虽然和来时一样费力。

——霍勒斯·沃波尔

如此频繁地漫步街头……给予他审视途中所见贫苦民众的机会。他反复观察，变得愈发敏感与准确。而每个以他为榜样的人会很快发现，此练习使他更具慈悲之心，这是人在马车里做不到的。

——帕特里克·德拉尼评奥雷里勋爵《论斯威夫特的生命和书写》

他们对屋顶和墙壁毫无兴趣。那如何能与街道相比？街道是令孩子们堕落的深渊。街道是比他们在五金店里买的溶剂更强的耽溺……只有街道是他们的。它抚慰了他们的寂寞和缺乏关爱的心灵。街道使人晕眩。它给他们在家里得不到的钱。它给他们韵律与节奏以及当下的补偿。

——埃莱娜·波尼亚托斯加《在街上》

在迷人的旅行里，吉拉丁夫人某天说到"对巴黎人而言，走路不是运动，而是寻找。巴黎人很像探索者，或者生命的炼金术士，总是准备再出发。

——布洛赫《林荫大道的类型》

对哲学家而言，游荡是过日子的好方式；尤其在丑陋但流露奇特气氛的城乡郊区，这些郊区围绕若干大城市，比如巴黎。

——雨果《悲惨世界》

无所事事，我们无目地地漫步、随处浏览；为了打发无聊，我们买了两只旧圣云茶壶。装饰银箔图案的茶壶被装在带有百合花形纹章锁的盒子里。

——《龚古尔兄弟日记》

她生命的结局很悲惨。她曾是最美丽、最受瞩目的女人，而如今却成了一个对走路狂热的半疯女人。她住在旺多姆街二十六号，每天傍晚穿着黑衣，将脸藏在面纱后，拽着两条可怜兮兮、肥胖气喘的狗走上街道。她小心不让人认出，去她一度引以为傲的街——里沃利街。她步行了许多个小时，直到绚丽的黎明驱走黑暗时才回家。

——安德烈·卡斯特洛论路易士·菲利普的情妇维吉妮亚女伯爵

法式蛋糕店！似乎每条街上都有几家。橱窗里的展示像情色艺术品。我尤其喜欢切成布里干酪似的一种香草奶蛋糊。漫步街头，艾菲尔铁塔近在眼前，吃我手上的糕饼就像享受性。

——大卫·海斯

在巴黎伟人祠的那些迷宫里芳汀设法逃避索罗米斯，但却总会遇见他。明明是躲一个人，结果却像是寻找一个人似的。

——雨果《悲惨世界》

在沿海岸散步时，他心里形成这个主题。群众是沉思的对象，汹涌的海则是它的自然写照。思考此永恒景象的思考者才是群众的真正探勘者。他在海的怒吼中迷失自己，就如同他在群众中迷失自己。

如此巨大的对照与他而言是不可或缺的。

——瓦尔特·本雅明《波德莱尔》

然后我们外出到街上,手挽手,继续当日的话题,或漫游到天黑。在人口稠密的城市灯影下寻觅,那安静的观察能提供无限的精神兴奋。

——爱伦·坡《莫尔格街谋杀案》

黑人表演艺术家基思·安塔·梅森最近告诉我,他现在愈来愈多地在受政府积极支持的非洲裔美国人公共空间——监狱里工作。

——诺曼·克莱恩《遗忘的历史》

独行时,我们什么也不是;与他人一起踏出高贵的步伐前行时,我们是一切。

——副指挥官马可士(1995)

我若独自外出,家人一定怀疑;要是我被看见去会见男人,猜猜结果会如何!

——玛丽·沃特利·蒙塔古

你穿着平底鞋。你是女同性恋者吗?

——伦敦行人对一妓女说

她的身体十分均衡,相当挺直,但不僵硬。她步伐中等,且像所有

324

动姿优美的人一样，走路时臀部用力，而非膝盖。她绝不挥舞手臂，也不放手在臀部！她也不在走路时挥手示意。

——埃米莉·波斯特《礼仪》

"我称它们为礼车鞋。"她如此评价今秋将卷土重来的尖头鞋。"一女人写信给我：'我男友要我穿高跟鞋，但那会弄伤我的脚。'我说：'告诉他你会穿高跟鞋，如果他提供接送服务。'"

——《时尚芭莎》（1997）

在〔韩国〕城门关闭后，城市交给女人，她们在城内随意走动，与携纸灯笼的朋友一起散步聊天。

——伊丽莎白·威尔逊《城里的狮身人面像》

步行作为交通方式在现代欧美家庭中已被淘汰。现在很少有人步行上班。人们步行更多是为了休闲。一位爱尔兰女士对此也有同感："本世纪出现两种最重要的交通方式，现今却变成人们的特别爱好。"

——南希·露易丝·弗雷《朝圣者的故事：目标圣地亚哥》

我们在得克萨斯州不走路。只有墨西哥人走。

——埃德娜·菲伯《巨人》

这时他步履轻快地以一种"克普勒椭圆"的方式行走，不断以低沉的声音解释自己的"互补性"思想。他眉头紧锁地低头走着：有时抬头看我，温和地强调某些重要观点。当他说话时，我从前在他论文里读到的词句突然有了生命，充满意义。

　　　　　——利昂·罗森菲尔德论一九二九年与尼尔斯·玻尔相遇

图书在版编目（CIP）数据

走路的历史 / [美] 丽贝卡·索尔尼（Rebecca Solnit）著；
刁筱华译 . -- 上海：上海三联书店，2018.10
ISBN 978-7-5426-6512-6

I. ①走… Ⅱ. ①丽… ②刁… Ⅲ. ①步行—体育运动史—世界
Ⅳ. ① G806-901

中国版本图书馆 CIP 数据核字（2018）第 230137 号

走路的历史
Wanderlust: A History of Walking

著　　者 / [美] 丽贝卡·索尔尼
译　　者 / 刁筱华

责任编辑 / 职　烨
策划机构 / 雅众文化
策 划 人 / 方雨辰
特约编辑 / 林小慧
装帧设计 / 徐佩瑶
监　　制 / 姚　军
责任校对 / 曹雪峰

出版发行 / 上海三联书店
　　　　（200030）中国上海市漕溪北路 331 号中金国际广场 A 楼 6 层
邮购电话 / 021-22895540
印　　刷 / 山东鸿君杰文化发展有限公司

版　　次 / 2018 年 10 月第 1 版
印　　次 / 2018 年 10 月第 1 次印刷
开　　本 / 880 × 1230　1/32
字　　数 / 230 千字
印　　张 / 10.5
书　　号 / ISBN 978-7-5426-6512-6 / G · 1509
定　　价 / 58.00 元

敬启读者、如发现本书有印装质量问题，请与印刷厂联系 0533-8510898